Topos plus **Taschenbücher**
Band 318

Herbert Vorgrimler

Auf dem Weg zum göttlichen Geheimnis

Meditationen und theologische Besinnungen

Topos plus Taschenbücher

Topos plus **Verlagsgemeinschaft**

Die Mitglieder der Verlagsgruppe Engageme█
Butzon & Bercker -Kevelaer | Don Bosco -München | Echter -Würzbu█
Lahn-Verlag -Limburg | Matthias-Grünewald-Verlag -Mai█
Paulusverlag -Freiburg Schweiz | Friedrich Pustet -Regensbu█
Styria -Graz Wien Köln | Tyrolia -Innsbruck Wi█

Einige Beiträge dieses Bandes erschienen erstmals 1996 in dem Buch
„Gottesgedanken Menschenwege" im Oros-Verlag, Altenberge

Die Deutsche Bibliothek – CIP-Einheitsaufnahme
Ein Titeldatensatz für diese Publikation
ist bei Der Deutschen Bibliothek erhältlich

Einband- und Reihengestaltun█
home.made designarbeit -Ess█
Herstellung: Pustet -Regensbu█
Printed in Germa█

Topos plus – Bestellnummer: **3-7867-8318-7**

Vorwort

Die hier gesammelten kleinen Beiträge zur Spiritualität haben in der Vergangenheit so viel an Nachfrage ausgelöst, daß ich sie nun einem breiteren Kreis von Leserinnen und Lesern zugänglich machen will. Die Versuche, den religiösen Glauben zu leben, ohne das Nachdenken aufzugeben, rufen immer mehr Fragen als endgültige Antworten wach. So ist der Ton dieser Besinnungen gedämpfter als derjenige in der umfangreichen heutigen Literatur zur Glaubens- und Lebenshilfe, die den Glauben meist in übergroßer Sicherheit als fröhlich, lustvoll und schön darstellt. Mein Wunsch ist es aber, daß das „Dennoch" vernommen wird, das diesen Meditationen und theologisch verantworteten Besinnungen zugrunde liegt. Sie sind in einfacher, verständlicher Sprache gehalten, wie ich hoffe, ohne jene gesuchte theologische Kunstsprache, die mir oft menschenverachtend, auf jeden Fall rücksichtslos und eitel vorkommt. Da die meisten Beiträge gesprochen vorgetragen wurden, ist häufig von „wir" und „uns" die Rede. Niemand möge sich dadurch vereinnahmt fühlen.

Zueignen möchte ich den vorliegenden Band den Menschen, die den Dienst an den Kranken im Clemenshospital in Münster versehen. Vor allem widme ich ihn meinen dortigen Freunden, Schwester Marianne Candels und Pater Dr. Edilbert Schülli OFMCap, denen ich unendlichen Dank schulde.

Münster, im Januar 2000   Herbert Vorgrimler

Inhalt

Besinnung auf Gott, den Dreieinigen

Die Gegenwart Jesu in der Gemeinschaft der Glaubenden

Wegsuche des Glaubens

Hoffnungsausblicke

Was weiß die Theologie vom Jenseits?

Zitierte Literatur

Besinnung auf Gott, den Dreieinigen

Gott, unser Geheimnis und unser Vater

Wir Europäer leben in einer bestimmten Gottestradition. Andere Kulturen mögen eine andere Auffassung von Gott haben als wir – wir jedenfalls sind überzeugt, daß wir nicht durch Zufall in unserer Gottestradition aufgewachsen sind. Denn es gehört zu unserer Glaubensüberzeugung zu denken, daß es keine Zufälle gibt. Unsere Gottestradition ist auf uns zugekommen als ein Geschenk, aber auch als Aufgabe, sie lebendig zu halten, sich immer mehr in sie zu vertiefen, sie von allzu menschlichen Vorstellungen zu reinigen.

Der Gott unseres Glaubens ist bezeugt in der Heiligen Schrift. Das Bekenntnis der Kirche formuliert diesen Glauben so: „Ich glaube an Gott, den Vater, den Allmächtigen, den Schöpfer des Himmels und der Erde." Bevor das Credo vom Schöpfer, von der Erschaffung der Welt und aller Kreaturen spricht, nennt es Gott den Vater. Es spricht von dem Gott, der in der Geschichte Israels erfahren wurde, der – wie das 3. Buch des Propheten Jesaja (Jes 63,16; 64,7) eindringlich sagt – vom auserwählten Volk als Vater angerufen wurde, weil er beschützend und behütend, fürsorglich und mahnend mit Israel unterwegs war und, wie wir glauben, das bis heute ist; beim Exodus, bei der Ansiedlung, im Exil und in so vielen Verfolgungen, ein Vater, der stark und zuverlässig ist und zärtlich liebevoll wie eine Mutter. In diesem Glauben an den guten, fürsorglichen Vater stand Jesus, der sich gewiß in einzigartiger Weise als „der Sohn" dieses Vaters wußte, der oft nachts auf den Berg stieg, um sich in die Gegenwart seines Vaters zu versenken und mit ihm zu sprechen. Jesus hat uns ermutigt, auch unsererseits an Gott den Vater zu glauben und ihn mit diesem Vater-Namen anzurufen. Für diesen göttlichen Vater gibt es keine ungewollten Kinder. Wir alle sind von ihm gewollt und von ihm ins Leben gerufen. Unser Leben begleitet er, er hält es in seinen Händen, und wir vertrauen darauf, daß er uns am Ende bei sich im Vaterhaus aufnimmt.

Dieser Vater-Gott hat einen Willen, wie wir uns verhalten sollen, wie wir miteinander umgehen sollen, wie wir humane Verhältnisse unter den Menschen herbeiführen sollen, so daß Gott bei uns sein Reich, seine väterliche Herrschaft errichten kann. Das heißt: Dieser Vater ist nicht stumm, er spricht, er sprach vielfältig in der Geschichte, er offenbart sich, er erschließt sich in seiner innersten Natur, er ist ein Gott, der in Beziehungen mit uns leben will. Im 15. Kapitel des Evangeliums nach Lukas beschreibt Jesus eindringlich die Güte und verstehende Menschenfreundlichkeit des Vaters, in der Erzählung vom „verlorenen, bereuenden und liebevoll wieder aufgenommenen Sohn". Gott der Vater ist ständig mit dem Versagen seiner Kinder konfrontiert. Aber er reagiert nicht wie der himmlische Richter, der im Buch Daniel als unerbittlicher alter Mann vorgestellt wird. Deutlich wird dies, wenn im Ersten Testament – wieder beim Propheten Jesaja – für das Erbarmen Gottes das Wort „rechamim" verwendet wird, welches das Beben des Mutterschoßes bezeichnet. Auch das mütterliche Erbarmen gehört zu diesem ersten Namen Gottes: „Vater". Und wir als seine Kinder sind gehalten, Gott nicht mit menschlichen Maßstäben erklären und ihm vorschreiben zu wollen, daß er jede Schuld bestrafen, gerecht sein und dementsprechend sein gerechtes Gericht halten müsse, vor dem sich die Menschen zu fürchten hätten. Die Angst muß immer neu aus dem Glauben, aus der religiösen Praxis entfernt werden. Sie muß Platz machen für ein einfaches Vertrauen. Man müßte hier noch vieles sagen über deformierte Gottes-Vorstellungen; die Kritik der Propheten Israels am Kult, die sich Jesus zu eigen gemacht hat, gehört auch hierher: Wie viele Menschen sind mit dem Gedanken an religiöse Leistungen, an Opfer, Verzichte gequält worden! „Darum lernt, was es heißt: ‚Barmherzigkeit will ich, nicht Opfer'" (Mt 9,13, vgl. Hos 6,6).

Wenn das Credo sodann Gott als den Allmächtigen preist, dann wird unser zutraulicher Glaube an Gott den Vater herausgefordert. Wir stehen hier vor vielen Fragen, auf die es keine Antworten gibt. Ich möchte nur einige solcher Fragen benennen. Gerne akzeptieren wir, daß Gott so groß und mächtig ist, dieses gewaltige Universum, von dem wir nachts am Sternenhimmel nur einen winzigen Teil sehen, zu konzipieren und seine Entwicklung zu programmieren. Eine Entwicklung, die dahin führte, daß nur auf einem drittklassigen Planeten, unserer Erde, Bedingungen für organisches Leben und menschliches Bewußtsein entstehen konnten. Aber warum gehören zu dieser Entwicklung Prozesse auf dem Planeten Erde, die Leben zerstören und entsetzliche Leiden über die Bewohner bringen, Erdbeben, Überschwemmungen, Dürrekatastrophen? Warum gehört zur Entwicklung des menschlichen Lebens diese schreckliche Freiheit, die dazu führt, daß Menschen einander Gewalt antun, daß sie sich das Lebensnotwendige nicht gönnen, daß Kriege, Vergewaltigungen, Folter, Rassenhaß, Völkermorde mit zum Tagesgeschehen gehören? Warum muß das biologische Leben der Menschen im Tod so grausam enden? Die Berufung auf die Sünde der Vorfahren im Paradies erklärt uns nichts, denn es würde absolut nicht zu Gott, dem erbarmungsvollen Vater, passen, wenn er – wie die Bibel im Buch Genesis meint – so ohne jedes Maß und ohne jede Verhältnismäßigkeit unzählige Generationen für den Ungehorsam zweier Menschen strafen würde. Und wir wissen ja aus der Naturwissenschaft, daß der Tod in die Evolution des Lebendigen einprogrammiert wurde, lange bevor es Menschen gab, weil die Zahl der menschlichen Zellen und ihrer Teilung von vornherein begrenzt ist. Warum, so fragen wir, konnte der Gott, den wir als den Allmächtigen bekennen, seinen Kreaturen solche Leiden nicht ersparen? Wollte er nicht? Dann wäre er nicht so gütig, wie es das Wort „Vater" vorgibt. Konnte er nicht? Dann wäre er nicht allmächtig. Wir sind angesichts des menschlichen Elends, angesichts der leidenden Kreaturen ratlos. Wir haben keine Antworten auf diese Fragen. Sollte man zu denken wagen, daß Gott gleichsam zwei Gesichter oder zwei Seiten hat, daß Gut und Böse in ihm zu finden sind, daß er zugleich voll Erbarmen und ohne jedes Mitgefühl ist? Nach dem zweiten Buch des Propheten Jesaja sagt Gott von sich: „Ich bin es, der Licht bildet und Finsternis schafft, der Heil wirkt und Unheil schafft, ich bin es, der dies alles wirkt" (Jes 45,7). Wie läßt sich das vereinbaren?

Sollen wir warten, bis wir eines Tages von Gott eine Antwort erhalten werden? Wenn Gott jetzt stumm ist, wenn er schweigt zu den bittenden Schreien seiner Kinder, wird er am letzten Tag, an seinem Tag, reden? Was wird sein an „jenem Tag"? Auch „die Kirche" in ihrem „Lehramt" weiß das nicht. Es gibt ein wichtiges Beispiel dafür, wie die kirchliche Lehrinstanz von einem sicheren Wissen zu einer Hoffnung übergegangen ist:

Im Jahr 1442 hat das Konzil von Florenz erklärt, daß alle Menschen, die nicht der römisch-katholischen Kirche angehören, alle Juden, alle Heiden, alle ungetauft sterbenden Kinder und alle, die sich vom Papst getrennt haben, sofort nach ihrem Tod in die ewige Feuerhölle geworfen werden und für immer dort verdammt bleiben. Das Zweite Vatikanische Konzil hat 1964/65 in Erinnerung gerufen, daß Gott, wie die Bibel sagt, will, daß alle Menschen selig werden; daß er alle in Ungehorsam fallen ließ, um sich aller zu erbarmen. So konnte das Konzil erklären, daß die nichtkatholischen Christen, also die Orthodoxen und die Protestanten, zur einen Kirche Jesu Christi gehören; daß für die Juden und die Muslime das ewige Heil bei Gott bestimmt ist; daß alle, die Gott suchen, wie die Anhänger animistischer Naturreligionen, nicht außerhalb des Heilswillens Gottes sind; und daß dies schließlich auch von den Atheisten gilt, insofern sie nur guten Willens sind. Gott kann Menschen zu sich retten auf Wegen, von denen die Kirche nichts weiß, die nur er allein kennt, sagte das letzte Konzil.

Damit wird nicht geleugnet, daß sich in der Menschheit von Anfang an ein negatives Erbe ausgebreitet hat, eine Solidarität in Schuld und Ablehnung des Guten. Ein Baby wird in eine Gemeinschaft von Sündern hineingeboren, in eine Mentalität, die negativ geprägt ist. Aber die Liebe Gottes ist größer, sie umfängt und trägt das Baby vom ersten Moment seiner Existenz an. Wir bekennen uns zum Sieg der Liebe Gottes über das Böse in der Feier der Taufe, aber wir wissen zugleich, daß Gott das Kind nicht erst seit der Taufe liebt. Der große Kirchenlehrer Thomas von Aquin sagte: Gott hat seine Gnade nicht an die Sakramente gebunden.

Wenn es also scheint, daß Gott zwei Seiten hat, eine helle und eine dunkle, so vertrauen wir in unserem Verhältnis zu ihm, in unserer gelebten Religiosität heute, und in unserem Ausblick auf die endgültige Zukunft auf seine, helle, freundliche und erbarmungsvolle Seite.

In einem dritten Schritt bekennt das Credo Gott als den Schöpfer des Himmels und der Erde. Diese Worte „Himmel und Erde" sind eine Umschreibung für alles, was nicht Gott ist. Alles, was nicht Gott selber ist, ist von Gott geschaffen, das heißt, er hat es sich ausgedacht und hat es nach bestimmten Gesetzen entstehen lassen; er bejaht es in jedem einzelnen Augenblick und hält es im Dasein. So ist „Schöpfung" nicht nur eine Bezeichnung für den Anfang. Alles, was existiert, benötigt einen Grund, auf dem es existiert – außer Gott, der keinen Grund außerhalb seiner selbst benötigt. Dieser tragende Grund aller Kreaturen ist der Wille Gottes. Weil Gott will, daß wir existieren, darum existieren wir. Wir sprechen hier davon, *daß* wir sind; wir sprechen nicht davon, *wie* wir sind. Gott will in jedem Augenblick, *daß* wir sind. Wir selber bestimmen mit unserer Freiheit, *wie* wir sind. Die Schöpfung geht darum jeden Tag weiter, weil Gottes schöpferischer Wille sie trägt. Wenn wir darüber nachdenken, dann sehen wir ein, daß es in der Schöpfung keinen wirklichen Feind Gottes, keinen Konkurrenten geben kann. Es gibt nicht einen guten und einen zweiten, bösen Gott, die in der Schöpfung und in der Geschichte ihre Kämpfe austragen würden. Die Glaubensüberlieferung der Juden und Christen hat immer eine dualistische Auffassung abgelehnt. Alles, was nicht Gott ist, ist von Gott geschaffen, und wenn Gott es nicht bejahen würde, müßte es augenblicklich im Nichts versinken. Und alles, was von Gott geschaffen worden ist, ist gut geschaffen worden. Das, was heute nicht mehr gut ist, hat sich selber zum Bösen hin verändert.

Wenn wir die Schöpfung betrachten, die Seen, die Gärten, die Blumen, die Berge, die Sonne, die Sterne, also die Natur, und so viele Menschen, die gut und freundlich sind, unsere Begegnungen mit ihnen, die Musik, die Farben – dann bekommen wir trotz der Leiden und trotz des Bösen eine Ahnung davon, was es heißt, daß Gottes Schöpfung gut ist. Für uns ergibt sich daraus ein wichtiger Gedanke über Gott. Der gute Gott läßt eine gute Schöpfung hervorgehen. Seine Güte will sich also verschenken. Sie verströmt sich hinein in die Schöpfung. Die Schöpfung ist ein Abbild seiner Güte, kein vollkommenes Abbild, aber ein wirkliches. Und Gott will mit der Schöpfung nicht nur ein Abbild seiner Güte schaffen; er will selber in seine Schöpfung eintreten. Er will das werden, was er nicht immer schon war. Weil Gott Geist ist, entwirft er das Gegenteil von Geist, Raum und Zeit: die Materie. Er findet in der Materie ein Abbild seiner selbst, und er will wissen, wie es ist, unter den Bedingungen der Materie zu leben. Von letzterem sprechen wir später, wenn wir über die „Menschwerdung Gottes" nachdenken.

Vielleicht ist es richtig, in diesem Moment auf ein falsches Verhalten von uns Menschen gegenüber diesem Gott zu sprechen zu kommen, also von der Sünde und von den Sünden zu sprechen. Es gibt eine Anlage zur Schwäche in uns; sie hat mit den vielen Generationen vor uns zu tun, weil die Vererbung uns auch negative Neigungen beschert hat. Es gibt eine gewisse Neigung in uns, zu dominieren, anderen die guten Eigenschaften und die Erfolge nicht zu gönnen, die sie vielleicht haben. Wenn wir solche häßlichen Schwächen und fehlerhaften Verhaltensweisen bei uns entdecken, sollten wir uns nicht als entsetzliche Sünder vor Gott vorkommen, sondern mit allen Kräften eine Abwehr dagegen aufbauen und unsere Energien einsetzen, um uns zu ändern. Allerdings können diese kleinen, alltäglichen Sünden unser Verhältnis zu Gott nicht grundlegend zerstören. Mit Blick auf unsere Überlegungen zu Gott dem Vater und zu Gott dem Schöpfer gibt es zwei fundamental und gravierend falsche Verhaltensweisen. Wenn wir einmal verstanden haben, daß Gott unser Leben liebevoll führt und daß er dialogisch mit uns kommunizieren will, dann wäre es verhängnisvoll, wenn wir von unserer Seite aus dieses Verhältnis abbrechen, den Dialog mit Gott im Gebet verweigern wollten, wenn wir verstummen würden. Es gibt im alten Mönchtum viele Überlegungen zu der Grundsünde der Trägheit, *akedia.* Das ist nicht einfach Faulheit oder Bequemlichkeit, Freude am Nichtstun, sondern es ist Überdruß an Gott. Überdruß an Gott kann auch entstehen, wenn wir uns zu viele religiöse Übungen zumuten oder wenn wir uns unter Leistungsdruck setzen, wenn wir uns religiös überfordern. Auch kirchliche Obere, die zu viele fromme Übungen verlangen, können schuld daran sein, wenn wir in eine solche Stimmung des Überdrusses an Gott hineinkommen. Sie kann aber auch unsere persönliche, von niemand sonst beeinflußte Stimmung sein. In diesem Fall sollten wir uns von theologischen Überlegungen zum Tod sagen lassen, daß der „zweite" Tod schlimmer ist als der erste, biologische Exitus. Der „zweite Tod" im Sinn der Bibel ist der Abbruch der lebendigen Beziehung zu Gott. Diejenigen sind tot, die Gott nicht mehr loben, sagen die Psalmen oftmals. Das ist die eine Art der „schweren Sünde", also die eine schwerwiegende falsche Verhaltensweise. Die andere Art bezieht sich auf Gott, den Schöpfer des Himmels und der Erde. Es könnte sein, daß unsere Augen blind werden gegenüber allen Schönheiten der Schöpfung. Es könnte sein, daß unsere Herzen nicht mehr sensibel sind für die positiven Begegnungen, die Gott uns im Lauf unseres Lebens geschenkt hat und schenkt. Möglicherweise kommen wir in eine grundsätzlich negative Lebenshaltung und pessimistische Grundstimmung hinein. Dann könnte am Ende die Meinung stehen, daß die Schöpfung im ganzen keinen Sinn hat und daß das menschliche Leben absurd ist. Wenn ein Mensch in dieser Weise das Dasein negativ beurteilt, dann lehnt er implizit auch den Schöpfer des Lebens ab. Auch dieses wäre eine Wurzelsünde. Im übrigen gilt, daß es nicht so leicht ist, tödlich zu sündigen, wie dies früher manche Menschen in der Kirche gemeint und verkündet haben.

Wenn wir alles dies, was wir uns von Gott vor Augen gehalten haben, reflektieren, dann zeigt sich uns die größte und eindrucksvollste Eigenschaft Gottes: seine Unbegreiflichkeit. Was immer du begreifst, das ist nicht Gott, sagte ein alter Meister des spirituellen Lebens. Wir begreifen nicht die zugleich helle und dunkle Seite Gottes, wir verstehen nicht, wie Gott auf der einen Seite seine Liebe zur Schöpfung und zu den Kreaturen zeigen kann und wie er es auf der anderen Seite aushalten kann, schweigend und untätig dem Elend so vieler Kreaturen zuzusehen. Wir verstehen nicht, wie er gleichzeitig sich offenbaren und sich verbergen kann. Wir begreifen nicht, wie er eine solche Macht haben kann, dieses gewaltige Universum in Gang zu setzen und zu tragen, und wie er diese Macht nicht einsetzt, um uns zu Hilfe zu kommen. Wir begreifen nicht, wie er sich etwas so Schönes wie die Menschen ausdenken konnte und zugleich ihr elendes Sterben akzeptiert. Wir empfinden unsere Schwächen und unsere häßlichen Seiten und verstehen nicht, daß Gott uns ohne Grenzen liebt und uns so sehr liebt, daß er um unseretwillen das Universum geschaffen, uns diesen schönen Planeten Erde anvertraut und eine ewige Heimat bei sich bereitet hat. So erscheint uns Gott als unbegreiflich, und der beste Name, den man ihm wohl geben kann, ist: „das unbegreifliche, heilige Geheimnis". „Heilig" ist das, was uns fasziniert, was uns staunen läßt und vor dem wir zugleich erschrecken. Erschrecken ist nicht dasselbe wie Angst haben. Gott will nicht, daß wir vor ihm Angst haben, aber auch Gott kann nicht verhindern, daß wir erschrecken, wenn wir uns Auge in Auge mit dem ungeheuren Geheimnis erleben. Die eigentliche religiöse Leistung, die von uns erwartet wird, ist nicht ein großes Quantum an Gebeten, Verzichten, Liebeswerken; dieser Gott will uns nicht erdrücken und zerquetschen. Er möchte, daß wir Vertrauen zu ihm haben, voller Vertrauen zu ihm kommen, in großem Vertrauen uns selber und unsere Zukunft in seine Hände geben.

Gott, Heiliger Geist

Wir haben von Gott gesprochen, wie er die Quelle von allem ist, was nicht Gott ist, und wie er als Vater alles Lebendigen erscheint. Aus den Spuren Gottes in der Schöpfung und aus den Worten seiner Offenbarung haben wir entnommen, daß Gott väterlich und mütterlich den Kreaturen in Güte und Liebe zugetan ist, daß er in eine liebende Beziehung mit ihnen treten will, ja, daß er sich ihnen mitteilen möchte.

Für das theologische Nachdenken zeigt sich, daß Gott zwei Möglichkeiten hat, sich seinen Kreaturen und insbesondere den Menschen mitzuteilen. Diese zwei Möglichkeiten entsprechen den fundamentalen geistigen Anlagen der Menschen, die wir mit der alten Tradition als Verstand und als Wille verstehen. Ich werde gleich Genaueres dazu sagen. Halten wir einmal diese These fest, daß Gott zwei Möglichkeiten hat, sich seinen Kreaturen mitzuteilen. Heute sprechen wir von der einen Möglichkeit. Wie sieht diese Möglichkeit aus?

Gott ist eine ungeheure, unendliche geistige Kraft. Diese Kraft hat einen bestimmten Willen und verfolgt ein bestimmtes Ziel. Um dieses Ziel zu erreichen, teilt sich Gott als diese geistige Kraft den Kreaturen innerlich mit, er geht in sie ein, um in ihnen von innen her als Dynamik zu wirken. Wir wissen, daß die uns bekannte Schöpfung nach dem Gesetz der Evolution existiert. Die Schöpfung ist ein Prozeß, der am Anfang begonnen hat und nie an ein eigenes Ende kommt. Dieser Prozeß ist nicht blind, nicht Zufällen ausgesetzt, weil die innere Dynamik, die ihn antreibt, weiß, was sie will. Im Prozeß dieser Evolution entsteht Neues, das man aus den Bestandteilen des Alten nicht genügend erklären kann. Das Alte bringt mehr hervor, als es für sich allein ist. Es hat also die Fähigkeit, über sich selbst hinauszuwachsen, sich selbst zu überschreiten. Diese Fähigkeit ist ihm geschenkt: Es ist die göttliche Dynamik, es ist Gott, der von innen her der Kreatur hilft, mehr hervorzubringen, als sie aus eigenen Kräften könnte, wirklich Neues hervorzubringen. Wir können in der Geschichte der Schöpfung bedeutende Schritte erkennen, bei denen dieses Werden von wirklich Neuem erfolgte:

- Aus der Welt der leblosen Materie entstand das organische Leben, zuerst in der Gestalt einfachster Pflanzen und kleinster Tiere.
- In der Welt der Tiere entwickelte sich ein großer Bereich komplizierter Fähigkeiten. Wir sprechen von einem Seelenleben der Tiere, das es ihnen möglich macht, die Bedingungen des Lebens wahrzunehmen und das Überleben zu organisieren.
- Aus den höherentwickelten Tieren entsteht durch jene innere Dynamik, die nicht von den Tieren selber stammt, die Menschheit, Kreaturen mit geistigem Bewußtsein, der Fähigkeit zur Selbsterkenntnis und mit der Freiheit zu Entscheidungen.
- Diese völlig neu entstandenen Kreaturen Mann und Frau

haben die Fähigkeit, als Eltern einen neuen Menschen hervorzubringen. Mit seiner absoluten Einmaligkeit ist dieser neue Mensch nicht einfach auf das Erbgut seiner Eltern zurückzuführen, er ist mehr als das Produkt seiner Eltern. Er ist auch das, ein Produkt seiner Eltern, aber er ist zugleich in seiner Individualität von Gott geschaffen, hervorgerufen von der innerlich wirkenden geistigen Dynamik, mit der Gott in der Schöpfung tätig ist, so daß jeder neue Mensch das Wort hören kann, das zuerst an Israel gerichtet ist und bleibt: „Ich habe dich bei deinem Namen gerufen, du bist mein" (Jes 43,1), jeder und jede als Partner bzw. Partnerin Gottes.

- Jeder Mensch, der zu eigener Verantwortung herangewachsen ist, nimmt in sich einen inneren Antrieb wahr, der ihn aufruft, über sich selber hinauszuwachsen, seine natürlichen Neigungen und Wünsche zu übersteigen und für andere dazusein. Es ist der Antrieb, über Egoismus und Egozentrik hinwegzukommen und Neues zu leben, nämlich Liebe. Liebe ist mit den Naturgaben allein nicht zu erklären, wenn sie wirklich selbstlose Liebe ist.

Gott, insofern er in dieser Art und Weise in seine Schöpfung eingegangen ist und in ihr von innen her Neues wirkt, Leben schafft, nennen wir den Heiligen Geist, in der hebräischen Bibel mit einem weiblichen Wort *ruach* benannt, in der griechischen Übersetzung mit einem neutrischen Wort *pneuma*. Das Credo der Kirche bekennt ihn als den Herrn und Lebendigmacher. Wichtige Elemente von dem, was Lebendigmachen heißt, habe ich eben erklärt. Wenn das Credo „Herr" sagt, *Kyrios*, so ist dieses die griechische Übersetzung von *Adonai*, Gott. Der Heilige Geist ist Gott und Lebendigmacher, bekennen wir im Credo. Er geht vom Vater aus, sagt dieses weiter; er wird mit dem Vater und dem Sohn zugleich angebetet und verherrlicht; das ist die einfache Folge der Einsicht, daß der Heilige Geist Gott ist. Und dann die wichtige Aussage: Er hat gesprochen durch die Propheten. Christen dürfen nicht so tun, als sei der Heilige Geist erst an Pfingsten in die Welt gekommen, und zwar in die neu entstehende Kirche, und als sei er seither der exklusive Besitz der Kirche und ihrer Amtsträger.

„Der Geist weht, wo er will", sagt das Johannesevangelium. Zu Beginn der hebräischen Bibel heißt es von ihm, daß er über den Wassern schwebte. Ein Bild von großer Symbolkraft! Der Geist Gottes wirkt aber nicht nur als innere Dynamik in der Schöpfung, in Materie, Tieren und Menschen, um sie seinem göttlichen Willen entsprechend voranzutreiben und immer vollkommener zu gestalten. Er wirkt innerlich in ganz bestimmten Zielrichtungen auch in einzelnen Menschen, lebendig machend und inspirierend. So sprach er aus den Propheten, so nahm er Besitz von den heiligen Frauen und Männern in Israel, bis hin zum greisen Simeon im Tempel, von dem das Lukasevangelium sagt: „Der Geist Gottes war auf ihm" (Lk 2,25). Der Geist Gottes bewirkte die Menschwerdung des ewigen Wortes Gottes in Maria. Er erfüllte Maria, so daß sie lobpreisend ihre Sendung akzeptieren konnte. Er kam auf Jesus herab und nahm Besitz von ihm, so daß Jesus seine Aufgaben in der Öffentlichkeit erfüllen konnte. Der Geist Gottes, der Lebendigmacher, hat, wie das Neue Testament bekennt, Jesus von den Toten auferweckt. Der Geist Gottes wird, wie Paulus im 1. Korintherbrief (Kap. 15) darlegt, die Toten verwandeln, so daß sie nicht mehr verwesliche, sondern geist-gewirkte *(pneumatika)* Leiber haben, die in der geistigen Welt Gottes leben und selig sein können.

Dieser Heilige Geist Gottes, er allein, ist es, der den Glauben an Gott und seine Offenbarungen erweckt. Es ist Bestandteil der alten Glaubensüberlieferung und Dogma unserer Kirche, daß Menschen aus sich heraus keinerlei Initiative in Richtung auf den Glauben ergreifen können. Die Initiativen kommen vom Geist Gottes allein, oder, wie die kirchliche Lehre sagt: Alles Wollen, alles Können und alles faktische Vollbringen kommen von Gott, der als Heiliger Geist in den Menschen wohnt und wirkt. Denn – so sagt es Paulus im Römerbrief (5,5) – „die Liebe Gottes ist ausgegossen in unsere Herzen durch den Heiligen Geist, der uns gegeben ist". Daraus ergeben sich für uns, für unser religiöses Leben und für unser praktisches Verhalten, viele wichtige Schlußfolgerungen. Wenn wir uns manchmal bangen Herzens fragen: Wo ist Gott?, dann sollten wir uns an diese Grundaussage unseres Glaubens erinnern. Er ist nicht fern von uns, sondern er ist uns ganz nah, er ist, wie der Kirchenlehrer Augustinus, ein *coloured man* aus Nordafrika, sagte, *intimior intimo meo,* innerlicher in mir, als ich mir selber bin. Wenn wir beten oder singen: Komm, o Geist der Heiligkeit, *veni, creator Spiritus,* dann ist das ein Akt, mit dem wir uns seiner Nähe in uns bewußt werden. Aber wir bitten nicht eigentlich um sein Kommen, denn er ist doch schon da. Wenn wir beten, wenn wir Worte finden, die wir in das ewige Geheimnis Gott hinein sprechen, dann ist es nach eben dem Römerbrief (Kap. 8) Gottes Geist, der in uns spricht. Und wenn wir nicht wissen, was wir beten sollen, sagt Paulus, dann spricht Gottes Heiliger Geist in uns mit „unaussprechlichem Seufzen".

Wenn wir diese Glaubensaussagen vom Wohnen Gottes als Heiligem Geist in den Herzen der Menschen ernst nehmen, dann müßte das auch Konsequenzen für unser Verhalten in den Begegnungen mit anderen Menschen haben. Wir müssen ja damit rechnen, daß Gott als Heiliger Geist ebenso in den anderen Menschen wohnt wie in uns selbst. Wir sollten unseren Mitmenschen von daher mit anderer Ehrfurcht begegnen als nur mit normaler menschlicher Höflichkeit; wir sollten den Geist Gottes in ihnen ehren. Und wir sollten daran denken: Wenn wir andere kränken oder verletzen, dann kränken oder verletzen wir letztlich den Heiligen Geist Gottes in ihnen. In den Apostelbriefen haben wir ganze Listen oder Kataloge von den „Früchten des Heiligen Geistes", die er in uns hervorbringen will. Wie deutlich ist darin vom Frieden, von der Versöhnung die Rede. So wahr es ist, daß Gott uns mit seiner Initiative zuvorkommt und daß er als Heiliger Geist alles Gute in uns wirkt, so verletzbar ist der Geist Gottes in uns. Wir können seinem Wirken in uns alle möglichen Arten von Riegeln und Barrieren entgegensetzen, wir können seine leise Stimme in uns zum Verstummen bringen, die Ohren verschließen. Darum mahnt uns Paulus: „Löscht den Geist nicht aus!" (1 Thess 5,19) Ja, der Heilige Geist ist wie ein wärmendes und leuchtendes Feuer in uns, das wir zerstören können, so daß wir in Kälte und Finsternis sitzen. Wenn wir aber versagt haben und den Geist nicht wirklich auslöschen wollen, dann wirkt der Heilige Geist alle Vergebung in uns; er schenkt uns den Trost, daß wir nicht fortwährend durch unsere Schuld gequält werden, sondern uns immer neu der vergebenden Liebe Gottes bewußt werden dürfen.

Gottes Heiliger Geist wohnt in allen Glaubenden, in denen er den Glauben erzeugt hat. Er schenkt ihnen je nach ihren Anlagen und Fähigkeiten ein immer weiter fortschreitendes, immer tieferes Eindringen in Gottes Offenbarungsworte und seine geheimnisvolle Führung. Wir nennen das in der Sprache unserer Überlieferung den „Glaubenssinn". Um an diesem teilzuhaben, muß man nicht akademische Theologie studiert haben. Gottes Heiliger Geist will uns innerlich stärken, uns Mut machen, uns das Hören schenken, damit wir wissen, wohin unser Lebensweg uns führt, damit wir seinen Weisungen in unserem Leben gehorchen, damit wir Zuversicht für das ewige Leben gewinnen. Denn Gottes Geist wohnt in uns nicht vorübergehend. Er will diese Wohnung in unserem Herzen nie mehr verlassen, darum ist er das Unterpfand des ewigen Lebens in uns. Er ist die Gabe der Unsterblichkeit.

Wenn Gott auf seine menschlichen Kreaturen einwirkt, dann wendet er sich nie nur an Individuen. Er spricht immer auch die menschliche Gemeinschaft an. Gott der Schöpfer wollte, daß die Menschen in Gemeinschaft leben, darum heißt es in seiner Offenbarung, daß es nicht gut für den Menschen sei, allein zu sein. So hat er den Menschen die Fähigkeit zur Kommunikation und die Sprache gegeben, damit sie ihre Erfahrungen austauschen und die tiefe Gemeinsamkeit in ihren fundamentalen Gotteserfahrungen empfinden können. So entsteht eine Glaubensgemeinschaft: durch Austausch der religiösen Erfahrungen, durch Feststellen der Gemeinsamkeit, durch Einigung auf einen gemeinsamen Weg und auf eine gemeinsame Gottesverehrung. So entstand Israel, so entstand die Kirche. Die Impulse des göttlichen Geistes formen die Glaubensgemeinschaft, und sie führen sie auf ihrem Weg. Eine Glaubensgemeinschaft, wie es die Kirche ist, braucht natürlich um der Ordnung und um der Einheit willen Institutionen und Organe, Normen und Regeln. Aber diese Institutionen haben nur eine Schutzfunktion, sie ersetzen nicht den Geist und seine Impulse. Aus den Schriften der apostolischen Zeit wissen wir, daß die frühe Kirche eine große Mannigfaltigkeit an Geistesgaben – Charismen – erkannte und akzeptierte. Die Authentizität dieser Gaben wurde danach beurteilt, ob sie zum lebendigen Glauben und zum Frieden der Gemeinschaft beitrugen oder ob sie zu Konkurrenz, Ehrgeiz, Neid und Herrschsucht, kurz: zu Unfrieden führten. Im letzteren Fall waren es nicht Gaben des Geistes, sondern des Ungeistes, die nicht von Gott, sondern von solchen Menschen stammten, die überheblich den göttlichen Geist ausgelöscht hatten. Die Charismen der Leitung konnten und können den Geist des Glaubens nicht für sich allein reklamieren und ihn nicht ersetzen. Sie müssen die Impulse des Geistes so weit wie nur möglich respektieren und atmen, leben lassen. Die Leitenden müssen wissen, daß es in der Gemeinschaft der Glaubenden nicht zwei Klassen, oben und unten, gibt, weil Gottes Geist solche Unterschiede nicht dulden will. Sie müssen wissen, daß sie ihr Leitungscharisma nicht zum Herrschen und Befehlen, sondern zum Dienst an der Gemeinschaft und an allen einzelnen ihrer Mitglieder haben.

Leider ist in der Kirche zu allen Zeiten viel Untreue gegenüber dem göttlichen Geist, der ja auch der Geist Jesu war, zu beobachten. Wir haben im 23. Kapitel des Matthäusevangeliums eine heftige Kritik Jesu an hierarchischem Denken und hierarchischer Praxis, die leider immer noch aktuell ist. Das Zweite Vatikanische Konzil hat erklärt, daß die Kirche immerfort und so auch heute der Reform bedürftig ist. Wir leben in einer Zeit, in der die einzelnen Mitglieder der Kirche den Heiligen Geist in sich neu entdecken müssen, sich neu fragen müssen, was für Aufgaben der Geist ihnen in der Kirche und in der Welt zutrauen will. Sie müssen sich auch fragen, ob sie sich bewußt sind, daß der Geist der Kinder Gottes ihre Freiheit will, und keine Art von Unterdrückung oder von Angst – auch nicht von Angst vor Sünden. Ein solches vom Geist Gottes inspiriertes Selbstbewußtsein in der Kirche haben heute besonders die Frauen nötig, die bis heute als zweitrangige Klasse der Duldenden und Dienenden, der Unwissenden und Nicht-Kompetenten in der Kirche gelten.

Der Heilige Geist Gottes wirkt nicht nur innerhalb, sondern auch außerhalb der römisch-katholischen Kirche. Das ist auch die ausdrückliche Lehre des letzten Konzils. Wir können nur unvollkommen erraten, was Gottes Geist außerhalb der Kirche beabsichtigt und tatsächlich bewirkt. Sicher ist: Überall dort, wo die Erkenntnis Gottes gesucht wird, wo – vielleicht einfach in der Befolgung des eigenen Gewissens – Offenheit für Gottes Willen herrscht, wo man versucht, das tiefe, unergründliche Geheimnis im Gebet anzusprechen, überall dort bewirkt Gottes Geist all dieses Gute. Eine authentische Spiritualität, herbeigeführt von der Gegenwart des Heiligen Geistes, findet sich so auch bei Juden und Muslimen. Diese Gemeinschaften sind bei allen Mängeln, die sie ebenso wie die Kirche haben, legitime Wege zum ewigen Heil Gottes. Der Apostel Paulus spricht im Römerbrief davon, daß Gott die Juden und die Heidenchristen in gegenseitiger Eifersucht leben läßt, damit sie einander im Guten übertreffen und so zur Vollendung in Gott gelangen (Kap. 11). Das ist sehr menschlich gesprochen, aber der Apostel wird etwas Richtiges gesehen haben. Wenn wir an die Entstehung der Reformation in Deutschland und an die Entwicklung des Protestantismus denken, dann sehen wir, daß Gottes Geist die kirchliche Praxis und Lehre der einen Seite vor Einseitigkeiten bewahren und korrigieren wollte, indem er eine konträre Entwicklung auf der anderen Seite herbeiführte. Man wird sagen müssen, daß diese Aufgabe einer protestantischen Korrektur noch nicht beendet ist, trotz der großen Bemühungen um Annäherung und Beseitigung der Spaltung. Je mehr man sich in die religiösen Eigenwerte des Buddhismus vertieft, um so deutlicher sieht man, daß auch hier, durch die Existenz eines ganz anderen Kulturkreises und einer ganz anderen Religiosität, wichtige Impulse zur Korrektur des abendländischen Denkens und der abendländischen Frömmigkeit gegeben sind. So könnte man noch viele Momente reflektieren, die zeigen, daß Pluralität nicht Feindschaft bedeuten muß und daß darum die Pluralität mehr noch als die Uniformität unter dem Einfluß des göttlichen Geistes steht. Wo immer Menschen den inneren Antrieben ihres Gewissens gehorchen, müssen wir uns um ihr ewiges Heil bei Gott, um ihre Rettung vor dem Untergang keine Sorgen machen.

Ein letztes Wort soll den sogenannten Sünden gegen den

Heiligen Geist gelten. Es gibt viele fromme Menschen, die sich große Sorgen machen, weil im Neuen Testament gesagt wird, daß diese Sünden weder in dieser noch in der künftigen Welt vergeben werden (Mt 12,32). Es handelt sich um eine leidenschaftliche moralpädagogische Drohung: Wenn jemand Jesus als Sohn und Gesandten Gottes erkannt und schon einmal akzeptiert hat, dann aber, gegen besseres Wissen, bösartig Jesu Wirken auf den bösen Geist zurückführen würde, dann wäre er so verhärtet im Bösen, daß keine Spur einer Umkehr mehr denkbar wäre. Das ist eine Aussage über menschliche Unwahrscheinlichkeit, keineswegs aber werden damit Gott und dem heilenden Wirken seines Geistes Grenzen gezogen. Es ist die Lehre der Kirche von allem Anfang an, daß es keine unvergebbaren Sünden gibt. In der Tat gibt es in Gottes Offenbarung Worte über schwere Sünden, über solche, die zum ewigen Tod führen. Aber die Bedingungen für solche Sünden sind so schwer, daß es auf jeden Fall unwahrscheinlich ist, daß solche Sünden oft und leicht im Leben von Menschen vorkommen. Die deutschen Bischöfe haben im Herbst 1997 ein Dokument über Umkehr und Versöhnung veröffentlicht, in dem es heißt, die schwere Sünde oder Todsünde sei die Zurücknahme der Taufentscheidung. Wann nimmt ein Mensch mit vollem Wissen und freiem Willen die Entscheidung des Glaubens, die mit der Taufe besiegelt wird, total zurück? Das hat nichts mit der Vielzahl von großen und kleinen schuldhaften Taten oder Gedanken zu tun, mit denen wir uns jeden Tag belasten. Letztere sind Dinge aus unserer labilen menschlichen Konstitution, gegen die man kämpfen, die man bearbeiten kann. Der beste Weg dazu ist, dem Heiligen Geist in sich immer neuen Raum zu geben und ihm die Vergebung zuzutrauen: Vertrauen statt Angst.

Gott – Gottes Wort – Dreieiniger Gott

Wir haben von zwei Möglichkeiten gesprochen, wie Gott sich den Kreaturen mitteilen kann. Die eine Möglichkeit war, als Geist in die Schöpfung einzugehen, in ihr dynamisch von innen her zu wirken, Neues hervorzubringen, in die Herzen der Menschen einzugehen, Glaube, Liebe und Hoffnung zu bewirken, in den Prophetinnen und Propheten, in Maria und in Jesus, in den Menschen der Glaubensgemeinschaften zu wohnen, sie für Gottes Ziele zu gewinnen. Dieses Wirken des Geistes geschah und geschieht überall. Es ist unabhängig von Zeiten und Orten, und es ist mehr in Gestalt leiser Impulse als in Worten und Weisungen am Werk. Gott hat aber auch die Möglichkeit, konkret in die Geschichte, und zwar speziell in die Geschichte der Menschheit, einzugehen und sich dort als verkündetes Wort vernehmen zu lassen. Er vermag es, als sein eigenes Wort in die Geschichte selber einzutreten und bei den Menschen zu sein. Wenn wir die erste Möglichkeit Gottes „Geist" genannt haben, so nennen wir die zweite Möglichkeit „Wort". Sie gehören beide zusammen, aber es ist klar, daß auch ein Unterschied zwischen ihnen besteht.

In der Heiligen Schrift ist oft von Gottes Wort die Rede. Durch das Wort – hebräisch *dawar*, griechisch *logos* – bewirkte Gott die Schöpfung: „Und Gott sprach: ..." Das Wort war mächtig in den Prophetinnen und Propheten, in ganz konkreter, gezielter, in bestimmte historische Umstände hineingesprochener Weise. Und dieses Wort ist nach dem Prolog des Johannesevangeliums Fleisch geworden, im Menschen Jesus von Nazaret. Es ist in diesen Menschen eingegangen, hat sich mit ihm unlösbar verbunden, wollte durch ihn sprechen: Gott wollte sich in Jesus zur Sprache bringen. Man könnte sagen: Ja, gewiß, aber bei den Propheten war es doch ebenso. Wir halten im Bereich des christlichen Glaubens an der hervorragenden Bedeutung der Prophetinnen und Propheten Israels fest und anerkennen auch die Prophetenwürde Mohammeds. Aber bei Jesus war es nicht genauso, sagt unser Glaube. Denn Jesus wurde von Gott in einzigartiger Weise für seine Sendung zubereitet. Wir Menschen setzen dem Kommen Gottes oft Widerstände entgegen, auch den Überdruß, von dem wir in der letzten Meditation gesprochen haben. So kann Gott in uns und durch uns nicht rein und ungebrochen wirken. Auch die Propheten kannten diese Zurückhaltung, dieses Zögern. Es kam vor, daß ein Prophet nur befristet mit einer Aufgabe betraut war. Jesus aber wurde als Mensch vor allen

Schranken und Hindernissen gegen Gott bewahrt, damit er in einzigartiger Weise der Offenbarer Gottes und der Verkünder des göttlichen Willens sein und für immer bleiben konnte. Er wurde fähig gemacht, Gott ohne Einschränkungen in sich aufzunehmen und von ihm zu sprechen – wenn auch entsprechend dem menschlichen Fassungsvermögen und innerhalb der Grenzen der menschlichen Begriffe. Zu diesem besonderen Wirken Gottes, durch das er sich selber mit Jesus zu einer Einheit verbinden wollte, bekennen wir uns, wenn wir sagen: „... empfangen durch den Heiligen Geist, geboren aus der Jungfrau Maria". Damit ist die einzigartige religiöse Qualität des Menschen Jesus als Verkörperung des Wortes Gottes ausgesprochen.

Die theologische Tradition hat eine Redeweise aus Israel übernommen, wo vielfach von „Söhnen Gottes" die Rede war, und hat von Jesus als dem Sohn Gottes gesprochen. Das Neue Testament bezeugt ein spezielles Bewußtsein Jesu, der Sohn Gottes zu sein, und es enthält viele Zeugnisse, daß Jesus sich in einem intimen Verhältnis zu Gott als seinem Vater wußte, den er mit dem vertrauensvollen *Abba,* das heißt Papa, Daddy, anredete. Wegen dieser Zeugnisse hat das theologische Nachdenken dieses Verhältnis Vater–Sohn zurückprojiziert *vor* die Zeit der Empfängnis und Geburt Jesu und hat davon gesprochen, daß Gott von Ewigkeit her einen Sohn zeugte. Man hat so in der frühchristlichen Frömmigkeit das Psalmwort verstanden: „Mein Sohn bist du, heute habe ich dich gezeugt" (Ps 2,7). In der Geschichte der Kirche kamen manchmal Tendenzen auf, Jesus nur und ausschließlich als einen Menschen zu sehen, wenn auch als besonders bewährten Menschen, als eine besonders gute Kreatur Gottes und nichts weiter. Das wird natürlich den biblischen Zeugnissen, „Am Anfang war das Wort, und das Wort war bei Gott, und Gott war das Wort" (Joh 1,1), nicht gerecht. Darum sprach man im großen Credo den Glauben so aus: „... und an den einen Herrn Jesus Christus, Gottes eingeborenen [das heißt eigenen und einzigen] Sohn, aus dem Vater geboren vor aller Zeit, Gott von Gott, Licht vom Licht, wahrer Gott vom wahren Gott, gezeugt, nicht geschaffen, eines Wesens [oder: wesensgleich] mit dem Vater". Heutige Theologie macht darauf aufmerksam, daß durch die Worte

„Sohn" und „gezeugt" schwere Mißverständnisse entstehen können. Welche Mißverständnisse? Das Wort „zeugen" bezeichnet einen Vorgang, der einen zeitlichen Anfang hat, der kurz dauert und der ein Ende hat, und am Ende ist ein Produkt da, das am Anfang nicht da war. Wenn ein Vater einen Sohn zeugt – das Credo spricht nicht von einer Mutter –, dann steht am Ende der Sohn als selbständiges „Produkt" neben dem Vater. Alles das trifft in Gott nicht zu, es sind menschliche, unzulängliche, unbeholfene Begriffe, in denen das Gemeinte ausgesprochen wird. Diese Zeugung in Gott hat keinen Anfang und kein Ende, und dieser Sohn des göttlichen Vaters steht nicht als eigenständige Größe neben dem Vater, sondern er ist „eines Wesens" mit ihm. Wären Vater und Sohn zwei selbständige Größen, dann wären wir ja von der Religion und dem Glaubensbekenntnis Jesu abgefallen, vom strengen Ein-Gott-Glauben der Vorfahren in Israel. Wir hätten einen Zwei-Gott-Glauben oder – zusammen mit dem Heiligen Geist – einen Drei-Gott-Glauben. Das hat die Christenheit aber mit der Dreieinigkeit Gottes nie gemeint. Das Mißverständnis spielt bis heute noch eine große Rolle im Dialog mit Juden und Muslimen. Es läßt sich nach manchen heutigen Theologen möglicherweise vermeiden bei der Wahl folgender Ausdrucksweise: Um die Herkunft Jesu aus der ewigen Gottheit zu bekennen, sprechen wir vom ewigen Wort des Vaters, das in der Zeit Mensch geworden ist. Um das einzigartige Gottesverhältnis Jesu von Nazaret zu bekennen, sprechen wir von Jesus, dem Sohn Gottes. Blicken wir einen Moment schon voraus auf die Vollendung des Lebens Jesu. Wir bekennen, daß dieser konkrete Jesus, in dem Gott für immer Wohnung genommen hat, in das innerste Leben Gottes aufgenommen wurde. Dort sind es jetzt in Wahrheit zwei, aber nicht zwei Götter, sondern der Vater und der mit Gott geeinte Menschensohn Jesus.

Nun können wir, um im Hinblick auf die Dreieinigkeit Gottes etwas klarer zu sehen, es uns nicht ersparen, eine ganz kleine Aufmerksamkeit der Theologiegeschichte zuzuwenden. Wir haben uns angewöhnt, vom einen Gott in drei Personen zu sprechen. So sagt es auch die Liturgie am Fest der göttlichen

Dreieinigkeit. Das Wort „Person" kommt vom Theater der Antike: Die Schauspieler hielten sich Masken vor das Gesicht, an denen man sehen konnte, wen sie darstellten, und sprachen durch die Masken hindurch, lateinisch heißt das *personare*, hindurchsprechen. *Persona*, die Maske, griechisch *prosoopon*, ist das, was man vor das Gesicht hält. In die christliche Religion kam das zuerst im 2. Jahrhundert, also vor 1800 Jahren: Der eine Gott hat sich in drei Weisen, auf dreierlei Art, bekundet: als Ursprung der Schöpfung und Vater, als menschgewordenes Wort und als Geist, ein und derselbe Gott. Die griechischen Kirchenväter des 4. Jahrhunderts, besonders Basilius und Gregor von Nazianz, haben für dieses antike lateinische Wort *persona* das griechische *hypostasis* genommen, das bedeutet: konkrete Form der Verwirklichung. Der eine Gott verwirklicht sich konkret dreifach: als Vater, Wort und Geist. Immer haben die Lehrer der alten Kirche dabei betont: ein einziger Gott, ein einziges göttliches Wesen, eine einzige Natur. Aber das Wort „Person" hat im Denken, in der Philosophie des Abendlandes eine revolutionäre Entwicklung mitgemacht. Seit mehr als 200 Jahren bedeutet es nicht mehr „Maske", „Erscheinungsform", sondern eben das, was wir heute damit meinen in Ausdrücken wie „einzigartige Person", „Würde der Person", „Rechte der Person", nämlich jeweils ein Individuum mit einem eigenen Bewußtsein, mit einem eigenen Willen. Wenn wir in diesem Sinn von heute sagen: ein Gott in drei Personen, dann verstehen die Menschen unwillkürlich: dreimal verschiedenes Bewußtsein, drei Willen. Und so meint es der Glaube gerade nicht. Gott ist *ein* Bewußtsein, hat nur *einen* einzigen Willen, so sagt es die kirchliche Lehre seit Jahrhunderten. In welche Richtung sollten also unsere Gedanken gehen? Der ewige Gott ist und bleibt ein unbegreifliches, undurchdringliches Geheimnis. Aber er hat von Ewigkeit her in sich die Möglichkeit, sich hineinzugeben in die Schöpfung: als Heiliger Geist. Und er hat von Ewigkeit her in sich die Möglichkeit, sich hineinzugeben in die Geschichte als sein Wort, und zwar nicht nur in Menschen hinein, die ihm als Instrumente dienen, sondern auch in einen Menschen, mit dem er sich in seinem Wort unlösbar für alle Zeit verbindet. Gott, Geheimnis, Ursprung und Quelle, nennen wir den Vater. Gott, der sich als Gabe mitteilen kann und mitteilt in die Schöpfung hinein, nennen wir den Heiligen Geist. Dabei ist und bleibt der Heilige Geist eben die Gabe Gottes des Vaters; er beginnt nicht, selbständig zu agieren und zu geben, sondern es ist der Vater, der gibt. Und Gott, der sich in die Geschichte hinein als Wort mitteilen kann und sich in seinem Wort unlösbar mit dem Menschen Jesus von Nazaret verbunden hat, nennen wir den Sohn Gottes oder das ewige Wort Gottes. Und alle Male ist es ein Gott, ein einziger, ungeteilter.

Es war nicht glücklich, daß der griechische Bischof und Theologe Basilius im 4. Jahrhundert den alten Lobpreis Gottes „Ehre dem Vater durch den Sohn im Heiligen Geist" ersetzte durch die Nebeneinandersetzung „Ehre dem Vater und dem Sohn und dem Heiligen Geist"; nicht glücklich deshalb, weil dieses „und … und" nahelegt, wir hätten es mit drei verschiedenen zu tun. Basilius hat es gut gemeint, weil er vermeiden wollte, daß wir Jesus und den Geist als bloße Geschöpfe des Vaters ansehen. Immer aber geht das Gebet der Menschen zu Gott dem Vater, dem Ursprung aller Dinge und Menschen, für die glaubenden Christen geht es zu ihm „durch den Sohn", weil Jesus für sie der definitive Offenbarer des Vaters ist, „im Heiligen Geist", weil wir Gott nur im Heiligen Geist erkennen können, weil wir nur im Heiligen Geist glauben können und weil nur der Heilige Geist uns eingibt, wie und was wir beten sollen. Das kam in der alten Formulierung sehr schön zum Ausdruck. Gut und richtig ist, daß die Formel des Basilius in der Dormitio-Abtei zu Jerusalem wenigstens so weitergeht: „… dem einen Gott von Ewigkeit zu Ewigkeit".

Wenn wir beten, dann spricht der Geist in uns. Wir können unsererseits zu Gott, dem Geist in uns, sprechen. „Atme in mir, Heiliger Geist", beginnt ein altes Gebet. Auf menschlicher Ebene können wir zu Jesus, dem menschgewordenen Wort, sprechen, der uns auf menschliche Weise versteht. Aber beide Male geht das Gebet letztlich in die Richtung von Gott dem Vater, dem der Geist und das Wort gehören. Gott, das ewige Geheimnis, möchte, daß wir ihn als solches nicht nur schweigend verehren, sondern auch ansprechen, daß wir unser Leben vor ihm ausbreiten, daß wir ihn bitten, uns auf seinen Wegen zu führen, damit auch durch uns sein Wille auf der Erde und in der Menschengemeinschaft konkret verwirklicht werde.

Jesus, das menschgewordene Wort Gottes, hat nicht gepredigt, wie wir in den Himmel kommen. Natürlich hat Jesus an das Leben der Toten in Gott geglaubt, wenn er sagte, der Gott Abrahams, Isaaks und Jakobs sei nicht ein Gott der Toten, sondern ein Gott der Lebenden (Mk 12,26), und so kann das Evangelium auch berichten, wie die in Gott lebendigen Mose und Elija kommen und mit Jesus reden (Mk 9,4). Aber das große Programm Jesu war das Reich Gottes: Wie sollen Menschen sich verhalten, damit Gott kommen und für immer und ewig bei ihnen wohnen kann? Die Menschen sollten eine geschwisterliche Gemeinschaft bilden, im Kontrast zur weltlichen Gesellschaft. Sie sollten so zuverlässig sein, daß es überflüssig ist zu schwören; die Männer sollten in Treue zu ihren Frauen stehen und sie nicht als Eigentum behandeln, das man bei Mißfallen weggibt; die Aggressionen sollten durch den Geist der Versöhnung bezwungen werden – wir können das alles im Kontext der Bergpredigt nachlesen. Ist das alles verwirklicht, dann kann Gott in seiner Herrschaft Himmel und Erde erneuern, den Tod abschaffen, die Toten selig machen. Das Programm Jesu war nicht die Abschaffung der Weisungen in Israel, für die man – nicht besonders zutreffend – auch den Begriff „Gesetz" verwendet; sein Programm war die Radikalisierung der Tora, die Konzentration auf das wirklich Wesentliche, nämlich die strikte Einheit der Liebe zu Gott und zu den Menschen. Daß Jesus sich selber als der bevollmächtigte Bote Gottes verstand und daß er in Anspruch nahm – weil Gott in ihm wohnte – zu sagen, wie Gott in Wirklichkeit ist, „Barmherzigkeit will ich, nicht Opfer", das brachte Jesus die Feindschaft der führenden Autoritäten am Tempel in Jerusalem, die Denunziation bei der römischen Besatzungsmacht und deren Todesurteil ein.

Jesus ist seinem Auftrag konsequent treu geblieben, bis in den Tod hinein. Ich denke nicht, daß er sein Leben in tiefer Verzweiflung, in der Meinung, von Gott verlassen zu sein, beendet hat. Wenn das Evangelium einerseits von Jesus am Kreuz berichtet, er habe laut den Anfang des Psalms 22 gerufen, „Mein Gott, mein Gott, warum hast du mich verlassen?", dann wird auf der anderen Seite aber auch berichtet, daß er den letzten Satz dieses Psalms gesprochen hat, „Es ist vollbracht, es wurde vollbracht, Gott hat es vollbracht". Der Psalm ist nicht nur eine Klage, sondern auch ein Bekenntnis voll großer Zuversicht und Hoffnung. Und so überliefert das Evangelium auch das letzte Wort Jesu, das wieder einem Psalm Israels entnommen ist: „Vater, in deine Hände lege ich mein Leben." Das Letzte, was ihm geblieben ist, das Leben, gibt er voll Vertrauen Gott, seinem Vater. Dieser Vater läßt den getreuen und gerechten Jesus nicht im Tod, sondern macht ihn lebendig, und er zeigt ihn vor, er läßt ihn bei den Jüngerinnen und Jüngern als Lebendigen erscheinen. Dieses Schockerlebnis, daß der schändlich Hingerichtete lebt und mit Menschenaugen gesehen wurde, ist der Grund unseres Osterglaubens und der Moment der Geburt der Kirche. Mit dem natürlichen Verstand ist es nicht erklärbar, daß die geängstigten Anhänger Jesu in kurzer Frist nach seinem Tod den Mut aufbrachten, seine Verkündigung aufzunehmen, und in Galiläa, in Judäa und Samaria das Evangelium, die befreiende Botschaft vom Reich Gottes, verbreiteten. In dieser Aktion Gottes, Jesus dem Tod zu entreißen und ihn als Lebendigen vorzuzeigen, liegt so etwas wie eine Rechtfertigung Gottes für sein Schweigen während der Passion, aber auch die Bestätigung der ganzen Predigt Jesu. Gott hat damit öffentlich deutlich werden lassen, wie authentisch die Gottesbotschaft Jesu war und für immer ist. Darin liegt dann auch ein neues Zeugnis der Liebe Gottes zu allen Menschen, ohne Ausnahme.

Wir können von hier aus ein neues Verständnis für die „Erlösung" gewinnen. Was meinen wir, wenn wir sagen, daß wir durch das Kreuz Jesu erlöst sind? Zwei Mißverständnisse muß man von vornherein aus dem Weg räumen. Das eine Mißverständnis könnte darin bestehen, daß wir an das Geschehen des Kreuzes den großen und umfassenden Begriff von „Erlösung" herantragen, dasjenige, was in der Verheißung an Israel *schalom* heißt. In diesem totalen Sinn sind wir nicht erlöst, ist die Welt nicht erlöst, solange es Leiden und Not, Krankheit und Tod gibt und die Herrschaft Gottes sich nicht durchgesetzt hat. Auf diese totale Erlösung warten wir, zusammen mit den Juden, und um das Kommen dieser Erlösung – „Erlöse uns von dem Bösen" – bitten wir sehr oft in der Liturgie. Das andere Mißverständnis könnte darin bestehen, daß Gott bis zum Kreuz Jesu unversöhnt gewesen sei, daß er für die Sünden der Menschheit eine blutige Sühne verlangt habe und daß Gott erst nach dem grausamen Leiden und Sterben Jesu ein versöhnter Gott geworden sei. Diese Sicht ist eine Erfindung der Theologen des Mittelalters, sie steht im Widerspruch zur Heiligen Schrift. Der Vater des verlorenen Sohnes, dessen Erbarmen Jesus verkündete, war nicht erst nach dem blutigen Opfer eines anderen Sohnes bereit zur Versöhnung. Paulus sagt ganz eindringlich, daß Gott sich mit uns versöhnt hat, daß also der immer schon versöhnte und versöhnungsbereite Gott uns einen Beweis seiner Versöhnung, seines Friedens mit uns schenken wollte (Röm 5,8). Indem Gott selber in Jesus die Mühen eines irdischen Lebens, Freuden und Schmerzen, Zustimmung und Ablehnung, Leiden und Sterben, erfahren hat, lieferte er uns einen Beweis seiner Liebe. Die Erlösung in diesem Sinn beginnt nicht erst mit dem Leiden, sondern sie beginnt im Kommen Gottes in diese Welt, ganz konkret in Nazaret. Fragt man aber nach der besonderen Bedeutung des Kreuzes bei der Erlösung, so kann man das in aller Kürze so formulieren: Nicht, weil es das Kreuz gab, ist Gott mit uns versöhnt, sondern weil Gott uns liebt und immer schon gegenüber jeder Schuld versöhnungsbereit ist, darum gibt es das Kreuz.

Die Auferweckung und der verklärte Leib

Einiges von dem, was wir bisher schon überlegt haben, muß nun noch etwas genauer betrachtet werden. Leider kommen wir dabei um gewisse elementare philosophische Überlegungen nicht herum. Aber wir wollen es uns nicht unnötig schwer machen. Die folgende Meditation kreist um die Brennpunkte „Auferweckung der Toten", „Wirken des Heiligen Geistes" und „Verklärung unseres irdischen Leibes".

Die frühesten Auffassungen der hebräischen Bibel über die Elemente, aus denen ein Mensch „zusammengesetzt" ist, waren anders als diejenigen, die wir heute gewohnt sind. Es ist der hebräischen Bibel auf der Basis des Buches Genesis geläufig, daß der Leib der Menschen von der Ackererde genommen ist und wieder dorthin zurückkehren muß. Das Lebenselement, das bewirkt, daß dieses Gebilde aus Erde überhaupt atmen, sich bewegen, denken und lieben kann, stammt von Gott. Er hat es dem einzelnen Menschen eingegeben, wörtlich sagt die Bibel auch: eingeblasen, und er nimmt es beim Tod wieder an sich. Diese Sicht wird von der kirchlichen Lehre nicht akzeptiert, weil hier der Unterschied von Menschen und Gott nicht deutlich wird. Wenn der Lebensatem von Gott stammt, könnte man ihn für etwas Göttliches, für einen Teil von Gott, halten. Die Kreatur wäre dann nicht mehr reine Kreatur. In christlicher Sicht wird das Schöne an diesem Gedanken dadurch gerettet, daß man an den Heiligen Geist Gottes glaubt, der kommt und in den Herzen der Menschen Wohnung nimmt.

In einer späteren Schicht der hebräischen Bibel ist nicht mehr vom Lebensatem, der zu Gott zurückkehrt, die Rede. Zugleich kehrt auch nach diesen Überlieferungen der Leib im Tod zu der Erde zurück, von der er genommen worden ist, aber etwas Mittleres, das nicht eindeutig der Leib und nicht eindeutig die Seele ist, dieses Mittlere geht in die Unterwelt hinab, als Schatten, dem eine graue, lieblose Existenz bevorsteht, jedoch nicht ohne sinnliche Empfindungen. Diese Unterweltsvorstellung ist in der Antike im Bereich des Mittelmeeres und des Nahen Ostens weit verbreitet gewesen. In Israel war es eine wichtige Frage, ob die Macht Gottes an den Grenzen zur Unterwelt ende. Die Psalmen zeigen solche Überlegungen. Es ist bekannt, daß der Glaube Israels keinerlei Grenzen für die Macht Gottes akzeptierte, auch nicht die Grenze des Todes.

Eine weitere Überzeugung in Israel bezog sich auf die besonders Frommen und Gerechten und vor allem auf die Märtyrer, die aus Treue zu ihrem Glauben den blutigen Tod auf sich genommen hatten. Von ihnen glaubte man, daß sie im Tod zu Gott genommen würden, um dort den Lohn für ihre Treue und die ewige Seligkeit zu empfangen. Die ersten Zeugnisse für eine solche Hoffnung betreffen Henoch und Elija. Bei ihnen sprach man von einer Entrückung zu Gott. In späteren Zeiten nahm man zwei Arten von menschlichem Leib an, einen groben und einen sehr subtilen. Der grobe werde im Grab zugrunde gehen oder verbrennen, dachte man, während die gerechten Menschen mit ihrem feinen Leib in Gottes Seligkeit gelangen würden.

Unter dem Einfluß der griechischen Philosophie drang sodann die Unterscheidung von Leib und Seele in den Glauben Israels und des Christentums ein. Nun hatte man die Möglichkeit, die Seele als etwas Geschaffenes und nicht als einen Teil von Gott zu denken. Die griechischen Philosophen nahmen an, daß die menschlichen Seelen zur geistigen Welt der Ideen gehörten und gleich ewig wie die geistigen Ideen seien; sie seien zur Bewährung in irdische Leiber verbannt worden und würden im Tod wieder in den Bereich der geistigen Ideen zurückkehren. Das Christentum hat diese Ansicht, daß die Seelen von Ewigkeit her existieren, nicht akzeptiert. In christlicher Sicht wird die Seele im Augenblick der Empfängnis von Gott geschaffen, ist aber von da an – weil sie geistig ist – unsterblich. Die menschliche Seele ist nach der Auffassung der christlichen Theologie auf die Materie angewiesen. Das unterscheidet sie von reinen Geistern, nämlich von Gott und den Engeln. Die Seele braucht einen materiellen Leib, um existieren zu können. Sie besteht aus geistiger Aktivität, wie Denken, Beten, was ihr aber nur möglich ist durch die Anschauung in der Materie. Ohne Materie kann ein Mensch nicht denken, nicht sprechen und nicht beten.

Durch diese Auffassung kommt die christliche Theologie bis heute in Schwierigkeiten, wenn sie erklären soll, was mit der menschlichen Seele im Tod geschieht. So gab es viele Theologen, die behaupteten, im Tod müsse Gott durch seine Wunder das ersetzen, was der materielle Leib für die Seele war; er müsse also die Seele, wenn ich so sagen darf, künstlich ernähren und am Leben halten. Am Jüngsten Tag, wenn Gott das Ende der Geschichte herbeiführt, würden die Leiber aus den Gräbern auferstehen und mit den Seelen wieder vereinigt werden. Das nennt die Tradition die „Auferstehung des Fleisches". Nach dieser Wiedervereinigung würden die Auferweckten nicht nur an ihrer Seele, sondern auch an ihren Leibern belohnt oder bestraft.

Wir sehen heute in der Theologie die großen Schwierigkeiten und Verlegenheiten, in die wir durch diese Theorie kommen. Viele Fragen stellen sich. Wenn es Menschen gibt, die in ihrem Tod bei Gott in die selige Vollendung kommen – wir nennen sie die Heiligen, und wir hoffen, daß es Unzählige von ihnen gibt –, können sie dann ganz und gar selig sein, wenn sie noch auf die Auferstehung ihrer Leiber warten müssen? Bei den meisten Menschen ist eine einfache Auferstehung aus den Gräbern auch gar nicht möglich, denn es ist praktisch nichts von ihnen übrig. Die Auferstehung würde dann aber bedeuten, daß Gott ihre Leiber nicht erwecken, sondern neu erschaffen würde. Was für Leiber wären das? Sollte man sie wiedererkennen können? Aber benötigen Menschen in der Ewigkeit Gottes denn Instrumente, die völlig der zeitlichen Existenz dienen, wie den Kreislauf des Blutes und den Stoffwechsel? Wir wissen inzwischen, daß der Planet Erde nicht ewig ist. Wenn es auch noch sehr lange gehen wird, die Erde wird vergehen. Sie wird entweder in eine Sonne hineinstürzen und verglühen, oder sie wird so kalt werden, daß keinerlei Leben auf ihr mehr möglich ist. Was soll dann die Auferweckung der Toten aus den Gräbern dieser Erde bedeuten?

Das sind nur die wichtigsten Fragen, die sich für unsere Theologie heute stellen. Sie nötigten die Theologie dazu, in eine andere Richtung zu denken.

Ein wichtiger Anhaltspunkt dabei ist Kapitel 15 im 1. Korintherbrief des Apostels Paulus. Er spricht dort vom Leib der Auferstandenen im Unterschied zum irdischen Leib. So deutlich wie nur möglich erklärt er, daß der auferweckte, für die Ewigkeit verwandelte Leib keine Ähnlichkeit mit dem zeitlichen, irdischen Leib hat. Er ist nicht mehr der Verwesung ausgesetzt, denn er ist vom Geist gebildet *(pneumatikos)*, vom Geist durchformt, durchdrungen. Daraus ergibt sich für die Theologie die Frage, ob denn der auferweckte, für die Ewigkeit Gottes zubereitete Mensch noch mit dem alten irdischen Menschen identisch sei. Ja, was macht eigentlich meine Individualität und Identität aus? Meine Nase, Ohren, Augen, Haarfarbe? Die Antwort der kirchlichen Tradition ist seit dem Mittelalter klar: Die Individualität eines Menschen liegt in seiner Seele.

Dort zeigen sich seine Eigenschaften, die guten und die bösen. Dort spielt sich sein dialogisches Verhältnis zu Gott ab. Dort sind die Entscheidungen und Begegnungen seines Lebens aufbewahrt. Gewiß braucht die Seele ein inniges Verhältnis zur Materie, um existieren zu können, aber die Materie kann so oder so sein, sich ständig verändern, während die geistige Seele zwar reicher oder ärmer werden kann, aber unverwechselbar, individuell und identisch bleibt.

Zu diesen Beobachtungen aus der Bibel und aus der Tradition kommt ferner noch die Überlegung: Wenn ein Mensch zu Gott gelangt ist und von Gott mit der ewigen Seligkeit beschenkt wird, was soll ihm die Auferweckung seines alten Leibes noch an zusätzlicher Seligkeit bringen? Sind vielleicht die Erwartung der Auferweckung aller Toten am Ende der Zeiten und die Versammlung aller Auferstandenen im Tal Josaphat zwischen dem Ölberg und der Stadt Jerusalem nur eine bildliche Vorstellung der jüdischen Apokalyptik, mit der zum Ausdruck gebracht werden soll, daß kein Mensch Gott verlorengeht und daß Gott dafür sorgen wird, daß allen menschlichen Opfern der Geschichte Gerechtigkeit widerfährt?

So kommen nun in der heutigen Zeit immer mehr Theologen zu der Überzeugung, daß die Auferweckung des Leibes schon im Tod erfolgt, indem die aus dem Tod gerettete Seele mit einem neuen, vom Geist gebildeten und durchformten Leib beschenkt wird. An diesem neuen Leib erkennt man den individuellen früheren Menschen, weil es die individuelle frühere Seele ist, die sich im neuen Leib zum Ausdruck bringt. Diese neue Existenzweise ist völlig konform mit jener Dimension, in der Gott lebt. Da es eine geistige Dimension ist, völlig anders als unsere irdische, greifbare Dimension, können wir die auferweckten Toten sowenig sehen, wie wir Gott zu sehen vermögen. Unsere Augen sind für ein Eindringen in diese Dimension Gottes nicht geschaffen. Wenn wir unseren Glauben an die Auferweckung der Toten zum Ausdruck bringen, sollten wir – wenn wir dieser theologischen Auffassung folgen – nicht eine Wiederbelebung der alten Leichname erwarten, sondern auf das Geschenk eines völlig verwandelten Leibes hoffen. Einen schönen Gedanken von Joseph Ratzinger möchte ich anfügen. Er möchte nicht von natürlicher Unsterblichkeit der Seele sprechen, sondern von dialogischer Unsterblichkeit. Dazu greift er auf ein Wort des deutschen Reformators Martin Luther zurück, der gesagt hatte: Derjenige, mit dem Gott einmal gesprochen hat, der ist in Wahrheit unsterblich. Dazu könnte man an den Heiligen Geist erinnern und sagen: Derjenige, in dem der Heilige Geist einmal Wohnung genommen hat, der ist in Wahrheit unsterblich. Beides ist bei uns der Fall: Wir sind die Gesprächspartner Gottes, er spricht zu uns, ob wir es merken oder nicht; der Heilige Geist wohnt in uns, ob wir es merken oder nicht.

Was wir bisher zur Auferweckung der Toten überlegt haben, ist nun auf Jesus anzuwenden. Von ihm sagt der Apostel Paulus, daß der Heilige Geist Gottes ihn von den Toten erweckt habe. Ich möchte von den Glaubenszeugnissen nichts wegnehmen. Deshalb nehme ich im Glauben an, daß Gott den Leib Jesu aus dem Grab genommen und so verwandelt hat, daß der verklärte Leib konform ist mit der geistigen Welt und Dimension Gottes. Diese völlige Veränderung des Leibes ist keine Wiederbelebung des alten Leibes mit dessen Ausstattung; es handelt sich hier um das Geschenk eines total geistgewirkten, geistdurchformten Leibes. Daher konnte der Auferstandene nach dem Zeugnis des Neuen Testaments bei geschlossenen Türen zu den Jüngerinnen und Jüngern kommen. Daher kann man ihn mit irdischen Augen nicht sehen, sondern Gott muß ihn zu erkennen geben. Daher erkannte ihn selbst Maria von Magdala nicht, sondern sie hielt ihn für den Gärtner; daher erkannten ihn die Jünger auf dem Weg nach Emmaus nicht; daher erkannten sie ihn zunächst am Ufer des Sees nicht. Einmal, heißt es, habe Jesus ihnen Essen bereitet, selber aber nicht gegessen, während er das andere Mal mit ihnen gegessen habe. Ich denke, daß Gott es möglich gemacht hat, das eine oder andere Mal Jesus mit unseren irdischen Sinnen wahrzunehmen, beim Berühren seiner Wunden durch Thomas oder eben beim Essen, damit der Glaube der Zeugen gestärkt wurde: Jesus lebt, er ist nicht im Tod geblieben. Das heißt aber nicht, daß dieses Essen des Auferstandenen für Jesus selber eine Bedeutung als Ernährung gehabt hätte.

Wenn wir auf dieser Spur weiterdenken, können wir sagen: Unsere Toten leben bei Gott, in Gottes geistiger Welt. Sie leben dort als Menschen, das heißt, ihre Seele benötigt auch dort eine Art von Leib. Gott hat sie im Tod mit dem neuen, verwandelten, verklärten, vom Geist durchformten Leib beschenkt. Wo ist Gott? Überall. Alles ist in Gott, außerhalb von Gott ist nichts. Also ist Gott auch bei uns, weil wir in Gott sind. In ihm leben wir, bewegen wir uns und sind wir, sagt die Heilige Schrift. Wenn die Toten bei Gott sind und wenn Gott bei uns ist, dann sind auch die Toten mit ihrer Seele und mit ihrem neuen Leib bei uns.

Es gibt für uns, von uns aus gesehen, diese Möglichkeit, in der Nähe unserer Toten zu sein: wenn wir uns vergewissern, daß wir in der Nähe Gottes sind. Es ist eine irrtümliche, allzu menschliche Vorstellung, daß Gott fern ist von uns und daß wir, wenn wir Sehnsucht nach ihm haben, bitten können, bitten sollen: Komm zu uns. In Wirklichkeit ist niemals Gott uns fern, sondern wir sind fern von Gott, wenn wir seine Nähe nicht aushalten können oder nicht aushalten wollen, uns freiwillig ins Abseits begeben. Darum sage ich: Wenn wir uns vergewissern, daß wir in der Nähe Gottes sind, dann ist es unfehlbar sicher, daß er bei uns ist, und in seiner Gegenwart dürfen wir uns auch unseren Toten verbunden glauben, weil er allem gegenwärtig ist. Es gibt aber noch eine andere Möglichkeit, den Verstorbenen nahe zu bleiben, nämlich daß die Toten uns versprechen, in unserer Nähe zu sein. Viele liebe Angehörige, die zum Sterben gekommen sind, haben dies versprochen: daß sie eigentlich nicht weggehen, sondern dableiben werden. Diese Versprechen können uns nicht völlige Gewißheit schenken, weil das Leben der Toten völlig unter der Dominanz Gottes steht und man nicht von hier aus im voraus zusagen kann, wie man sich im Tod verhalten wird. Bei unseren Angehörigen, die so etwas versprechen, bleibt nur die allerfesteste Hoffnung, daß sie ihre Zusage werden einhalten können. Anders aber bei Jesus. Wenn wir von unseren bisherigen Überlegungen über das bleibende Wohnen Gottes in Jesus ausgehen, dann versteht es sich von selbst, daß dasjenige auch eintreten wird, was Jesus zusagt. Er hat wiederholt sein Bleiben bei uns, bei den Gläubigen, fest versprochen: Ich bin bei euch alle Tage bis ans Ende der Welt. Wo zwei oder drei in meinem Namen – das heißt im Blick auf mich, in der Orientierung an mir – beisammen sind, da bin ich mitten unter ihnen.

Was uns auffällt, wenn wir uns auf diese Verheißungen Jesu konzentrieren, ist der Plural, in dem er von denen spricht, bei denen er sein will. Als wir vom Heiligen Geist Gottes sprachen, fand mehrfach das menschliche Individuum unsere Aufmerksamkeit: Die menschlichen Herzen, in die Gottes Liebe ausgegossen ist, weil sein Heiliger Geist darin wohnt, sind jeweils individuelle Herzen; und wenn wir beten oder zu beten versuchen und uns dabei der Heilige Geist leitet, dann sind das höchst private, persönliche, individuelle und intime Vorgänge. Anders ist es bei Jesus. So wie der irdische, historische Jesus selbst Jüngerinnen und Jünger sammelte, den Zwölferkreis, die Dreiergruppe aus dem Zwölferkreis – wir können hier einmal den „Jünger, den Jesus liebte" außer acht lassen, denn diese Position läßt sich ja nicht auf uns heute übertragen –, wie also Jesus Menschen zusammenführte, so beschäftigte er sich in seinen Ausblicken auf die Zukunft immer mit mehreren. Davon ist auch der eschatologische Ausblick Jesu in der Situation seines Abschiedsmahles geprägt: Ich werde von nun an nicht mehr von diesem Gewächs des Weinstocks trinken bis zu dem Tag, an dem ich es neu trinken werde mit euch – mit euch! – im Reich meines Vaters. Daß die Sammlung von Menschen ein Hauptanliegen Jesu ist, stellt eine harte Aufgabe für diejenigen unter uns dar, die eine ganz persönliche, intime Beziehung zu ihm kultivieren wollen. Sie müssen immer andere, die dazugehören, mit dem gleichen Recht dazugehören, mit in Kauf nehmen, mit akzeptieren.

Wenn wir von solchen Überlegungen oder Einsichten aus noch einmal zurückdenken an unser Thema von der Dreieinigkeit Gottes, dann können wir folgendes sagen: Gott, das unbegreifliche Geheimnis, hat sich Menschen kundgetan als der Ursprung aller Dinge und als der mütterliche und väterliche Beschützer auf den Wegen der menschlichen Geschichte, nie greifbar, nie begreifbar, immer geheimnisvoll bleibend. Trinitarisch nennen wir diese Gottesoffenbarung die Offenbarung des Vaters. Dieser geheimnisvolle Gott verfügt über zwei Möglichkeiten – in der traditionellen Sprache „Personen" genannt –, seinen Geschöpfen noch näher zu kommen und bei ihnen zu sein: im Heiligen Geist und in der Sendung seines ewigen Wortes in den Menschen Jesus von Nazaret. Bei diesen beiden Möglichkeiten zeichnet sich jetzt noch einmal eine Verschiedenheit ab, zusätzlich zu dem unterschiedlichen Wirken, von dem wir früher sprachen, ohne daß diese Verschiedenheit überbetont werden soll: Das Bei-uns-Sein des Heiligen Geistes hat primär einen individuellen Charakter, auch dann, wenn es zur Bildung von Glaubensgemeinschaften und Kirchen führt, denn die Grundlagen – Glaube, Hoffnung und Liebe – müssen individuell gelegt werden. Das Bei-uns-Sein Jesu dagegen hat primär gemeinschaftlichen Charakter. Ganz deutlich wird das in den sogenannten Abschiedsreden Jesu im Johannesevangelium. Achten wir darauf, wie betont Jesus von den Seinen spricht, die ihm der Vater gegeben hat, bei denen er darauf geachtet hat, daß ihm keiner verlorengeht. Jesus ist in unserer Spiritualität nicht primär „mein Jesus", sondern er ist „unser Jesus".

Die Gegenwart Jesu in der Gemeinschaft der Glaubenden

Gegenwart der Geheimnisse Gottes im Gottesdienst

Wir haben zu Beginn dieses kleinen Buches von der Gegenwart Gottes, von der Gegenwart des Heiligen Geistes und von der Gegenwart Jesu Christi gesprochen. Aber wir haben nicht von der Liturgie, nicht vom Gottesdienst gesprochen. Dem soll jetzt unsere Aufmerksamkeit gelten.

Es gibt in der benediktinischen Tradition eine ganz wichtige Entdeckung. Sie ist Grundlage der sogenannten „Mysterientheologie" und geht vor allem zurück auf den Mönch Odo Casel, der in der Benediktinerinnen-Abtei Herstelle in der Osternacht 1948 gestorben ist. Folgende Korrektur würde Casel mit seiner Mysterientheologie an unseren bisherigen Überlegungen zur Gegenwart Gottes anbringen – seine Anfragen sind theologisch bis heute aktuell –: Ihr habt nur an die statische Gegenwart von Personen gedacht, was aber ist mit den Ereignissen? Sprecht ihr nicht von Heilsereignissen in der Heilsgeschichte? Sind sie bloße Vergangenheit? Oder können sie nicht auch gegenwärtig werden? Auf die wissenschaftliche Diskussion um Casel brauchen wir nicht einzugehen. Sie betrifft die Frage nach den Beziehungen zwischen dem frühchristlichen Gottesdienst und den griechischen Mysterienkulten. Fragen wir nur nach dem, was von Casels Impulsen bis heute bleibt.

Wenn wir uns vergewissern, daß wir uns vor Gottes Angesicht stellen, daß uns Gottes Gegenwart immer und überall geschenkt ist, dann werden uns mit Gott nicht nur die Toten gegenwärtig, die in Gott geborgen sind, weil nichts Gott verlorengeht. Auch die entscheidenden Ereignisse in der Geschichte Gottes mit der Menschheit sind nicht verloren, sondern sie sind in Gott für immer und ewig lebendig, und wenn Gott uns gegenwärtig ist, sind auch diese Ereignisse uns gegenwärtig. Wir freilich, wir müssen uns von uns aus für sie öffnen. Wir dürfen sie nicht vergessen – Gott vergißt sie nie. Aber die Kraft unserer Erinnerung ist begrenzt. Uns kann nicht, so wie Gott, die ganze Vergangenheit und mit ihr die entscheidenden Begegnungen Gottes mit den Menschen auf einmal gegenwärtig sein. Wir richten unsere Aufmerksamkeit einmal auf dieses, einmal auf jenes. Gott nimmt uns das nicht übel, weil er weiß, wie begrenzt unsere Kapazität ist und wie selektiv wir vorgehen müssen. Heute wird uns der Exodus aus Ägypten gegenwärtig, morgen die Geburt Jesu, übermorgen die Begegnung von Maria mit Elisabeth und dann das Erlebnis der Jünger auf dem Tabor. Für uns ist das eines nach dem andern, für Gott ist alles gleichzeitig. Wichtig aber für uns ist, daß es gegenwärtig wird; darum heißt es in unserer Liturgie an Tagen, an denen wir wichtiger Ereignisse gedenken, das heißt, uns in ihre Gegenwart bei Gott stellen: „Heute", „hodie". „Heute ist er geboren." „Heute hat Gott Jesus vom Tod erweckt." „Heute ist Maria für immer zu ihrem Sohn Jesus gekommen." Dieses „Heute" ist keine Fiktion, keine Phantasie. Wenn wir uns der Gegenwart Gottes vergewissern, dann ist in Gott und bei Gott dieses „Heute" eine totale Realität. Für unsere Auffassung der christlichen Liturgie ist das von größter Bedeutung. Ich möchte hierzu auch noch daran erinnern, daß das Zweite Vatikanische Konzil in der Konstitution über die heilige Liturgie im wesentlichen den Impulsen Odo Casels zugestimmt hat, so daß diese Sicht von der Gegenwart der scheinbar vergangenen Heilsereignisse nun auch amtliche kirchliche Lehre geworden ist. In der wissenschaftlichen Forschung seither ist nachgewiesen worden, daß die Grundeinsicht „Gegenwart durch Erinnerung" auch wesentlich zur jüdischen Liturgie gehört. Auch sie kennt dieses „Heute". Wir sind wieder vor den gemeinsamen Wurzeln Israels und der Kirche.

Die liturgiewissenschaftliche Forschung, vor allem in Italien, hat nach dem Konzil zu einem Konsens über die Grundstruktur unserer Gottesdienste geführt: Sie umfaßt Anamnese und Epiklese. Zu Beginn des Gottesdienstes machen wir uns die Nähe Gottes – in seinem Heiligen Geist, der in uns wohnt – bewußt. Wir bitten nicht um das Kommen Gottes, sondern wir wissen um seine Gegenwart. Die Anamnese ist der Erinnerungsteil des Gottesdienstes. Erinnern heißt im Gottesdienst:

vergegenwärtigen. Die Erinnerung besteht in den meisten Gottesdiensten und vor allem in den Eucharistiefeiern aus dem Vorlesen bestimmter Teile der Heiligen Schrift. Dieser Vorgang des Erinnerns läuft auf die Präfation zu – das ist kein gutes Wort, weil es wörtlich „Vorwort" heißt; in Wirklichkeit aber ist dieser Teil der Feier eine wesentliche Zusammenfassung des Erinnerns. Das Erinnerungsvermögen ist, wie gesagt, bei Menschen begrenzt, so daß wir uns jeweils nur auf ein bestimmtes Ereignis aus der reichen Palette der Heilsgeschichte konzentrieren können. In der Eucharistie feiern wir dieses jeweilige Geschehen, das heißt, unsere Erinnerung hat frohen und dankbaren Charakter. Indem wir ein wichtiges Ereignis in der Geschichte von Gott und Menschen feiern, wird es Gegenwart, denn Gott ist Gegenwart und mit ihm die ganze Vergangenheit. So können wir mit Recht sagen: „Heute".

In der Eucharistiefeier geschieht eine doppelte Anamnese. Denn zum einen gedenken wir eines bestimmten Ereignisses in der Heilsgeschichte oder eines bestimmten Heiligen, zum Beispiel erinnern wir uns in konzentrierter Form an den Apostel Petrus, an seine Heimat am See Gennesaret, an seine Berufung, an sein ungestümes Temperament, an seine menschlichen Schwächen und Treulosigkeiten, an seine Beauftragung zum besonderen Dienst in der Gemeinschaft der Glaubenden, an sein Martyrium in Rom. Dieses Gedenken oder Andenken bewirkt Gegenwart, Gegenwart des Ereignisses oder des Heiligen. Zum andern aber ist in jede Eucharistiefeier ein zweites Gedenken eingebettet, die Erinnerung an das letzte Mahl Jesu zum Abschied von seinem engeren Kreis. Auch das, was dort geschah, wird für uns Gegenwart, weil wir uns in Gottes Gegenwart befinden, in der es keine Vergangenheit gibt.

Im Gottesdienst tritt zur Anamnese die Epiklese, das fürbittende Gebet. Die Epiklese ist nicht eine gewöhnliche Fürbitte, so wie wir sie mit ganz aktuellem Inhalt nach dem Evangelium und im Stundengebet vortragen. Sie ist eine Bitte an Gott im Zusammenhang mit der Erinnerung: So wie er in der Geschichte gehandelt hat, helfend und rettend bei den Menschen war, geholfen hat, daß sein Name geheiligt werde und sein Reich komme, so möge er sich auch heute und in Zukunft zu uns und bei uns verhalten, bis die Erlösung vollendet sein wird. Wir bitten dabei auch um die ganz besondere Wirkung des Ereignisses oder des Menschen, dem das Andenken des Tages gilt: Wir bitten, wenn wir das Fest der Verklärung auf dem Tabor feiern, darum, daß auch wir den Glanz auf dem Antlitz Jesu wahrnehmen, daß wir Mose und Elija hochschätzen und daß auch wir die Stimme vom Himmel vernehmen mögen. Oder wenn wir des heiligen Franz von Assisi gedenken, dann bitten wir, seine Liebe zu den kleinen Kreaturen und zu Gottes guter Schöpfung möge in uns lebendig werden. Wir nennen das die „Fürsprache" der Heiligen, wenn wir wollen, daß ihre Lebensgestaltung in uns wirksam wird. Das, was wichtig an ihnen war, was durch Gottes Gegenwart und Hilfe unvergänglich geworden ist, ihr unverwechselbares, eigenes Profil, kann durch unser Gedenken in uns wirksam werden.

Von hier aus können wir die sieben Sakramente der römisch-katholischen Kirche besser verstehen. Es handelt sich nicht um sieben Institutionen, die deswegen unantastbar und unveränderlich wären, weil sie göttliche Stiftungen sind. Dennoch kommen sie von Gott: Wenn Gott durch das Wirken seines Heiligen Geistes in unterschiedlichen Menschen die Haltung des Glaubens erzeugt und die individuellen Glaubensüberzeugungen kommunizierbar macht und so Glaubensgemeinschaften ins Leben ruft, dann sind die wesentlichen, lebensnotwendigen Akte dieser Gemeinschaften von Gott selber gewollt. Und vor allem die Akte ihrer Gottesverehrung zusammen mit ihren Gebeten sind von Gott gewollt. Die sieben Sakramente der Kirche sind, um es mit ganz kurzen und präzisen Worten zu sagen, liturgische Symbolhandlungen. Die Symbole begleiten die Gedanken und die Worte, oder anders gesagt: Die innersten Gedanken und die Worte über diese Gedanken finden einen leibhaftigen Ausdruck in den Symbolen. Die Sakramente der Kirche sind Liturgie. Sie sind daher aufgebaut – oder sollen aufgebaut sein – nach dem Strukturgesetz der Liturgie, von dem wir vorhin gesprochen haben, also bestehen sie aus Anamnese und Epiklese. Die Anamnese ist bei den Sakramenten auch deswegen besonders wichtig, weil sie zeigt, welchen Anhaltspunkt oder welche Wurzel ein bestimmtes Sakrament in der Geschichte Gottes mit der Menschheit und in der Verkündigung Jesu hat. Wenn die Kirche im Bewußtsein der Nähe Gottes, in ihrem ganzen Vertrauen auf Gott liturgische Symbolhandlungen eingeführt hat und wenn sie Wurzeln oder Anhaltspunkte dafür in den Offenbarungszeugnissen fand, dann muß sie sich nicht darum sorgen, daß man diese liturgischen Symbolhandlungen für rein menschliche Erfindungen halten könne. Sie weiß sich in der Verwendung dieser Symbole von Gottes Heiligem Geist geführt und fühlt sich im Einklang mit dem Willen Gottes. Diese Frage spielt eine Rolle in den ökumenischen Gesprächen mit den evangelischen Geschwistern im Glauben. Diese erkennen nur zwei Sakramente, Eucharistie und Taufe, als Sakramente an, weil nur bei ihnen ausdrückliche Worte der Einsetzung im Evangelium zu finden seien, verbunden mit einer Verheißung der Gnade Gottes. Wir Katholiken denken, daß hier dem Wirken des Heiligen Geistes durch die Kirche und in der Kirche mehr zugetraut werden darf, über den Wortlaut der Bibel hinaus.

Die Kirche hat bei der Gestaltung der Sakramente große Freiheit, wenn sie dem Geist Gottes vertraut. Im Lauf der Geschichte haben die Sakramente der Buße und der Krankensalbung sehr große Veränderungen in der theologischen Interpretation und in der praktischen Form mitgemacht. Bei vielen Sakramenten ist im Lauf der Geschichte die sogenannte Spendeformel geändert worden. Das letzte Konzil hat die Kirche im ganzen als Sakrament bezeichnet, das heißt als Zeichen und Werkzeug für die Einheit von Gott und Menschheit, ohne daß damit ein achtes Sakrament erfunden worden wäre. Ebenso hat das Konzil die Weihen zum Bischof und zum Diakon als Sakrament bezeichnet, ohne damit ein achtes und ein neuntes Sakrament einzusetzen. Vielmehr wurden diese Weihen als Ausfaltungen des Weihesakramentes verstanden. Damit zeigt die Kirche, daß sie in der konkreten Ausgestaltung des Weihesakramentes völlig frei ist. Die Presbyter des Neuen Testaments sind nicht die Priester von heute. Priester im heutigen Sinn wurden erst eingeführt, als die ersten Amtsträger, die Bischöfe als Nachfolger des Apostelkollegiums, die Seelsorgeaufgaben nicht mehr allein bewältigen konnten und daher Gehilfen einsetzen mußten. Auf diesem Weg, so könnte man sagen, wird es eines Tages auch möglich sein, eine Ausfaltung des Weihesakraments speziell für Frauen zu schaffen, eine Teilhabe am Weihesakrament, die qualitativ in nichts hinter der Priesterweihe für Männer zurücksteht, ohne daß den Frauen die traditionelle Priesterweihe erteilt würde.

Kehren wir zurück zur Struktur der Liturgie und so auch der Sakramente, zu ihrem durch Anamnese und Epiklese gegliederten Aufbau. In der Anamnese, dem Wortgottesdienst, sagten wir, müsse an die biblischen Zeugnisse angeknüpft werden. Im Bußsakrament, in der Feier der Umkehr und Versöhnung, sollte der Wortgottesdienst daran erinnern, wie bereit zur Vergebung Gott immer war und auch heute ist, wie sehr sich Jesus als Bote des vergebenden und versöhnten Vaters verstanden und verkündet hat oder wie Paulus in seinen Briefen vom Dienst der Versöhnung spricht. Bei der Feier der Taufe sollte nicht nur die Taufe Jesu im Jordan als Ursprung der christlichen Taufe Erwähnung finden, da wir bei den kleinen Kindern ja nicht die Taufe zur Umkehr und zur Vergebung der Sünden praktizieren – Babys können im theologischen Sinn nicht verantwortliche Sünder sein –, sondern diejenigen Texte sollten zur Geltung kommen, die zeigen, daß Jesus auch die Kinder in seine Sendung einbezogen hat. In vielen Texten des Neuen Testaments, aber auch zum Beispiel in schönen Stellen des Büchleins Rut kommt der religiöse Gehalt der menschlichen Beziehungen und der Ehe zum Ausdruck. Die Apostelgeschichte berichtet vom Dienst an der Vermittlung des Heiligen Geistes, nicht als Gabe der Liebe Gottes, die immer schon im Herzen der Menschen wohnt, sondern als Ermutigung zum öffentlichen Zeugnis für den Glauben – daran sollte der Wortgottesdienst der Firmung anknüpfen. Wir haben Texte über die Salbungen mit heiligem Öl, in denen die Wurzel der Krankensalbung zu suchen ist, und schöne Ausführungen über die Auflegung der Hände, die Hinweise auf den Ursprung des Weihesakraments in seinen verschiedenen Ausfaltungen geben. Von der Eucharistie werden wir gesondert sprechen. Wir haben also bei allen sieben Sakramenten genügend „Material" für die Anamnese, die Erinnerung, das Andenken an die Ursprünge der kirchlichen Gemeinschaft in biblischer Zeit.

Wenden wir uns nun der Epiklese bei den Sakramenten zu. Es handelt sich dabei um intensive Bittgebete zu Gott bei ganz bestimmten konkreten Anlässen. Nicht bloß ein einzelner Mensch, sondern eine Gemeinschaft von Betenden wendet sich an Gott. Sie beruft sich auf frühere Hilfen Gottes, auf erhörte Gebete, auf Verheißungen. Sie bittet im Heiligen Geist, mit den Worten, die der göttliche Geist ihr eingibt. Auf diesen Faktoren beruht die Gewißheit, daß Gott die Bitten erhören wird. Konzentrierter, intensiver kann das Gebet der Glaubensgemeinschaft gar nicht sein. Sie findet sich in diesen Bitten an den entscheidenden Stellen des kirchlichen und individuellen Lebens. Darauf beruht die Sicherheit des Glaubens, daß die Sakramente wirken, unabhängig davon, ob der Amtsträger, der den Sakramenten-Gottesdienst leitet, würdig ist, aufmerksam und gläubig oder nicht. Man sieht, daß diese Überzeugung mit Automatismus oder Mechanik nichts zu tun hat. Die Epiklese der Sakramente ist vom festesten Vertrauen getragen, und in ihm bleiben die Sakramente, wie die Tradition immer gesagt hat, „sacramenta fidei", Sakramente des Glaubens, nämlich des Glaubens der kirchlichen Gemeinschaft.

Wenn wir diese Auffassung der Sakramente des Glaubens meditieren, dann wird uns klar, daß der katholische Glaube an die Wirksamkeit Gottes in den Sakramenten nichts mit Magie oder mit bestimmten magischen Vollmachten und Praktiken zu tun hat. Ein Sakrament wirkt nicht unfehlbar, ob wir wollen oder nicht, sondern es wirkt zusammen mit unserem Glauben, weil Gott beides in Gang bringt, unseren Glauben und die besondere Wirksamkeit eines Sakraments in einer bestimmten Lebenssituation. Es ist die alte Lehre der Kirche, daß wir durch unseren Unglauben das Wirken eines Sakraments behindern können. Wir können gegen die Gegenwart des Heiligen Geistes Gottes in uns Schranken aufbauen, unsere inneren Türen und die Ohren unseres Herzens verschließen.

Werfen wir von da aus einen Blick auf den geweihten Priester, der nach römisch-katholischer Lehre für die Eucharistie notwendig ist. Wir haben den übergeordneten Gedanken, die Gegenwart des Heiligen Geistes, die Gegenwart der Heilsereignisse in der Erinnerung, die Gegenwart Jesu in seiner verklärten Leiblichkeit, schon früher besprochen. Wir haben die Zusage Jesu erwähnt, bei seinen Getreuen zu bleiben bis ans Ende der Welt, wann immer zwei oder drei im Hinblick auf ihn versammelt sind. Bei der speziellen Feier der Eucharistie ist nach römisch-katholischer Lehre ein geweihter Priester notwendig – warum? Es gibt Eucharistiefeiern ohne Priester, zum Beispiel in den evangelischen Gemeinden. Niemand von den Theologen, niemand von meinen Kollegen, würde sagen: Hier kommt gar nichts zustande, hier ist Jesus Christus nicht gegenwärtig. Wir sind aber in der römisch-katholischen Glaubensgemeinschaft an die Ordnung unserer Kirche gebunden. Nach der Meinung der Bibelwissenschaft und der Kirchengeschichte hat es in den frühen christlichen Gemeinden wenigstens hundert Jahre lang Eucharistiefeiern gegeben, bei denen nicht ein bestimmter Amtsträger nötig war. Die spätere Regelung ist eingeführt worden wegen der Ordnung und wegen der Einheit in den Gemeinden, damit während der Eucharistiefeiern und über sie nicht Zank entstand. Wir sprechen davon, daß eine solche Feier ohne Priester bei uns nicht erlaubt ist. Das betrifft den Normalfall; über die Feier in einem Notfall, wenn kein Priester da ist, wird damit nichts gesagt. Wir wagen nicht zu behaupten, daß sie nicht gültig ist – denn wenn sie nicht gültig wäre, dann könnte Jesus Christus nicht gegenwärtig sein. Darüber aber steht uns das Urteil nicht zu. Die Ordnung der Kirche bringt es also mit sich, daß die Leitung der Eucharistiefeier einem Priester oder Bischof vorbehalten ist. Wenn wir den Priester als Vorsteher dieser Feier akzeptieren, dann akzeptieren wir zugleich unsere Zugehörigkeit zur größeren Gemeinschaft. Wir sollten die Priester nicht als magisch-heilige Personen und als Herren, sondern als Diener der Einheit, als brüderliche Diener der Glaubensgemeinschaft betrachten und ihnen dies mit aller Deutlichkeit bewußtmachen.

Grundlinien einer Eucharistie-Theologie

Wir wenden uns nun der Eucharistie zu. Nicht alles, was in einem innersten Zusammenhang mit diesem größten Sakrament steht, können wir an dieser Stelle zur Sprache bringen, aber vielleicht gelingt es, einige fundamentale Linien hervorzuheben.

Manchmal besteht die Tendenz, beim Thema der Eucharistie auf das Verhältnis Jesu zum Essen und zu Einladungen zum Essen hinzuweisen. Die Evangelien legen Wert darauf, daß Jesus manche Einladungen dazu benützt hat, um aufgekommene Auseinandersetzungen mit den Pharisäern – denen er innerlich sehr nahe stand – fortzuführen. Vor allem aber demonstrierte Jesus bei solchen Mahlzeiten seine Sicht der Sünde und sein Verhältnis zu Sünderinnen und Sündern. Nachdem Jesus schließlich die Hierarchie am Tempel in Jerusalem mit dem demonstrativen Akt der „Tempelreinigung", einer prophetischen Zeichenhandlung, bis aufs äußerste gereizt hatte, wußte er, daß spätestens von da an unmittelbare Gefahr für sein Leben drohte. Er beschloß, dieser Bedrohung nicht auszuweichen, sondern seinem Auftrag bis zur letzten Konsequenz treu zu bleiben. In dieser Situation wollte er ein Abschiedsmahl mit seinem engsten Freundeskreis halten. Ich möchte an dieser Stelle nicht auf die wissenschaftliche Frage eingehen, wie sich dieses letzte Mahl zum jüdischen Pesachfest verhielt. Es wird diskutiert, ob Jesus an diesem Abend mit dem Kreis seiner engsten Vertrauten selbst das Pesachlamm essen wollte – wofür sehr viele Textstellen sprechen – oder ob er in der Stunde starb, als in der ganzen Stadt die festliche Mahlzeit mit den Pesachlämmern zubereitet wurde, so daß in der Stunde seines Todes noch einmal ein prophetisches Zeichen gesetzt worden wäre: Jesus als das definitive Pesachlamm. Ich kann hier in diese Diskussion nicht eingreifen. Klar aber sollte sein: Wir müssen den Juden ihr Pesachfest lassen und dürfen es nicht christlich besetzen. Das ist eine dringende Aufgabe von heute; zu vieles wurde den Juden in der Vergangenheit schon weggenommen und „christlich" gemacht.

Auf jeden Fall gestaltete Jesus dieses letzte Mahl als jüdische Hausliturgie, und insofern bestand ein wesentlicher Unterschied zu den üblichen Mahlzeiten, zu denen Jesus eingeladen war und bei denen nicht berichtet wird, sie seien im Rahmen einer Hausliturgie vor sich gegangen. Zu einer solchen gehören bis heute mehrere Segensgebete und das Darreichen mehrerer Becher. Von Jesus wird übereinstimmend berichtet, daß er das Segensgebet, die Beraka, selber betete, daß er das Brot brach und dabei deutende Worte sprach; ebenso, daß er deutende Worte über einen Becher mit Wein sprach. Auch hier gibt es viel Stoff für wissenschaftliche Diskussionen: Hat er zuerst über den Becher und dann über das Brot gesprochen? Hat er das Brot ausgeteilt oder es so gereicht, daß jeder nehmen konnte? Hat er erst nach dem Trinken des Bechers die deutenden Worte gesprochen? Auf solche Diskussionen kann und möchte ich hier ebenfalls nicht eingehen. Einen speziellen Punkt möchte ich aber erwähnen. Wir haben die Überlieferung dieses Abendmahlsgeschehens in zwei verschiedenen Versionen, von denen es wiederum jeweils zwei einander sehr ähnliche Fassungen gibt: die des Matthäus- und des Markus-Evangeliums auf der einen Seite und auf der anderen die des Lukasevangeliums zusammen mit dem 1. Korintherbrief des Paulus, Kapitel 11. Das Johannes-Evangelium hat die Szene mit den Gaben von Brot und Wein und den deutenden Worten bekanntlich nicht, sondern setzt an deren Stelle die nirgends sonst zu findende Darstellung der Fußwaschung; dafür hat Johannes aber im 6. Kapitel eine eingehende, zum Teil sehr realistische Rede über das Brot des Lebens, über Fleisch und Blut Jesu, über das Sakrament der Eucharistie. Nur die Version bei Lukas und Paulus enthält den Auftrag: Tut dies zu meinem Gedächtnis. Es gibt nun eine gewisse Tendenz in der heutigen Forschung, diese Formulierung als spät, nämlich hellenistisch, anzusehen, geprägt in einer Zeit, als frühe christliche Gemeinden in Griechenland bereits Eucharistiefeiern abhielten. Ich darf hierzu an das erinnern, was ich über das Wirken des Heiligen Geistes in der Gemeinschaft der Glaubenden gesagt habe. Daß die Versionen von Lukas und Paulus so etwas enthalten, deutet darauf hin, daß diese Gemeinden fest davon überzeugt waren, mit der Wiederholung der Feiern dem Vermächtnis Jesu treu zu dienen, und die ganze Kirche hat sich diese Auffassung zu eigen gemacht, bis heute.

Das Wesentliche für uns hier und heute sind die Deutungen, die Jesus zu den Gaben von Brot und Wein aussprach. Bei ihrer

Darstellung lassen sich verschiedene Schichten unterscheiden: Schon innerhalb des Neuen Testaments wurden von den Redakteuren Einzelheiten eingefügt, die zeigen, worin man damals die besondere Bedeutung und Aktualität der Feier sah. Die Texte zu den Gaben von Brot und Wein sind auch nach dem Abschluß des Neuen Testaments nicht unverändert geblieben. Man hat in den liturgischen Büchern bis ins 16. Jahrhundert hinein verschiedene Eingriffe in die Texte vorgenommen, und auch bei der Liturgiereform des Zweiten Vatikanischen Konzils ist das geschehen. Man kann das gut verstehen vor dem Hintergrund der Glaubensüberzeugung, daß der Heilige Geist die Kirche nicht verläßt, sondern ihr fortwährend Lebensimpulse gibt. Wenden wir uns unter dieser Voraussetzung den Deutungen zu.

Von größter Bedeutung bei diesem Vorgang, daß Jesus die Gaben von Brot und Wein deutet, ist, daß er dem engeren Kreis, aber darüber hinaus allen an ihn Glaubenden angesichts seines Todes zusagt, er werde ihnen – in einer neuen Weise – gegenwärtig bleiben, sie nicht verlassen. Hier kommt der felsenfeste Glaube Jesu zum Ausdruck, der Vater werde ihn aus dem Tod erretten; der Gott Abrahams, Isaaks, Jakobs, Moses und Elijas werde ihn, den getreuen Jesus, nicht im Stich lassen. Darin liegt die größte denkbare Tröstung der Hinterbliebenen in der Stunde des Abschieds: Jesus bleibt bei uns.

Bei den Exegeten, auch bei sehr kritischen, herrscht weitestgehend Übereinstimmung darüber, daß Jesus selber den eschatologischen Ausblick gesprochen habe „Ich werde von nun an von diesem Gewächs des Weinstocks nicht mehr trinken, bis zu dem Tag, an dem ich es neu trinken werde im Reich meines Vaters" (Mt 26,29). Darin liegt eine Erweiterung der Perspektive, in der Jesus in der vorhergehenden Zeit zum zentralen Thema seines Lebens, zum Reich Gottes, gesprochen hatte. Jesus hatte von einer Umgestaltung der menschlichen Verhältnisse und von einem neuen Denken über Gott gesprochen, unter Radikalisierung der Tora hingezielt auf die Einheit der Liebe zu Gott und zu den Menschen, so daß die Menschheit verwandelt wäre und Gott kommen könnte, um für immer seine Herrschaft anzutreten und inmitten der Menschen zu wohnen. Nun hatte Jesus lernen müssen, daß sich diese Hoffnung nicht zur Zeit seines irdischen Lebens erfüllen würde. Gott hatte sich die Vollendung seines Reiches vorbehalten – niemand kannte den Tag oder die Stunde des Kommens Gottes. Am Vorabend seines Todes – spätestens – sah Jesus, daß Gott nicht am Tod vorbei, sondern durch den Tod der einzelnen Menschen hindurch kommt. Erst nach dem Tod gibt es das neue Trinken vom Gewächs des Weinstocks. Das Abendmahl ist also nicht nur von dem Gedanken auf die bleibende Gegenwart Jesu geprägt, sondern auch vom Ausblick auf das Reich Gottes nach dem Tod.

Die älteste Form bei der Deutung des gebrochenen und gereichten Brotes lautete vermutlich: „Das da – mein Leib für euch". „Das da" ist ein wichtiger Hinweis auf die äußere Gestalt, die äußeren Umstände der neuen und bleibenden Gegenwart Jesu. Jesus setzt voraus, daß die Gemeinde der Jüngerinnen und Jünger zusammenkommt zum Mahlhalten, also zum festlichen Essen miteinander, in der Liebe von Schwestern und Brüdern zueinander. Er setzt voraus, daß sie das Brot miteinander teilen, wobei Brot in Palästina bekanntlich eine Grundform der Nahrung ist und in einer Gestalt vorliegt, die immer das Abbrechen nötig macht. „Mein Leib" – das ist eine typisch hebräische Umschreibung für die Gegenwart eines Menschen, und zwar nicht nur in einer Art Momentaufnahme, sondern mit seiner ganzen Geschichte. Gegenwärtig ist nicht nur der 30jährige Jesus; gegenwärtig ist auch seine Empfängnis in Maria, seine Geburt, sein Lernen und Spielen in Nazaret, sein Weggehen von Nazaret an den See, wo er bei den einfachen Leuten eher Gehör finden konnte, wenn er sagte: „Folge mir!" Gegenwärtig ist er mit dem Mut seines öffentlichen Auftretens, mit der Meditation seines Gottes und Vaters auf den Bergen. Gegenwärtig sind die Freuden, das Zusammensein mit den Jüngerinnen und Jüngern, mit den Frauen, die ihn ernährten, aber auch die Enttäuschungen, der Weg in den Libanon, nach Tyrus, zu den Heiden, und nach Jerusalem, in den Tod. Gegenwärtig ist sein Sterben, ist seine Auferweckung, ist sein Kommen in vergeistigter Gestalt. Gegenwärtig ist der zum Vater in die Seligkeit des ewigen Lebens Erhöhte. Alles das umfaßt dieser kompakte hebräische Ausdruck „Mein Leib". Die Zusage lautet also, wenn wir sie in anderen Worten wiedergeben: Sooft ihr in diesem intensivsten Denken an mich, in dieser kondensierten und konzentrierten Erinnerung an mich, miteinander und füreinander das Brot brecht und teilt, bin ich da, mit meiner ganzen Lebensgeschichte als Mensch, aber auch in meinem verwandelten, verklärten Leib. Zunächst ist das eine Gegenwart für die Gemeinschaft; es heißt ja auch: ihr, euch. Zunächst will Jesus damit andeuten, daß niemand aus der Gemeinschaft der Glaubenden ihn für sich allein reklamieren kann. Es bedeutet immer einen Schritt über religiösen Egoismus hinweg, wenn ein Mensch sich sagen muß: Es ist nicht zunächst mein Jesus, sondern unser Jesus, den anderen ebenso liebevoll zugewandt wie mir. Aber danach, sekundär, hat dieser Vorgang doch auch eine höchst intime individuelle Seite. Es heißt ja: Nehmet und esset. Im Essen liegt eine bedeutende Form des Eins-Werdens. So kann eine Teilnehmerin, ein Teilnehmer an diesem Mahl mit Recht sagen: Er kommt nicht nur zu uns, er kommt auch ganz persönlich zu mir, will in der Gestalt der Nahrung zu mir kommen, will eins sein mit mir, so daß er in mir lebt, in mir liebt, in mir Impulse gibt, wie ich das machen soll, daß ich ihm nachfolgen und seinen Weg realisieren kann. Diese Art von intimster Vereinigung ist von Jesus selber in der Art der Darreichung grundgelegt, in der Entscheidung für die Gabe des Brotes, das man in sich aufnehmen kann. Das ist nicht eine nachträgliche Interpretation der Kirche späterer Generationen.

„Für euch": Dies ist die einfachste Form, in der Jesus sagen konnte: So wie ich immer für andere lebte, für euch lebte, so wird es bleiben. Es lag natürlich nahe, im Brechen des Brotes ein Zeichen im voraus für den gewaltsamen Tod zu sehen. Das ist nicht falsch, sondern durchweg richtig: So wie sein ganzes Leben Dasein für andere war, anderen zugute kommen sollte, so auch sein Sterben. Mein Tod wird auch ein Sterben für andere, für euch sein. Die Erweiterung, die hier durch die früheste christliche Gemeinde vorgenommen wurde, ist keine Verfälschung, sondern gibt die Intention Jesu exakt wieder: für euch *hingegeben.* Man mußte dann schon bald fragen: In welcher Hinsicht konnte das nötig sein, daß auch sein gewaltsames Sterben uns zugute kommen soll? Es ist ja leichter einzusehen, daß einer sagt: Ich will für euch dasein, ich will für euch leben, als daß er sagt: Ich will für euch sterben, ich will mich für euch hingeben, und zwar in den Tod hinein. Auf jeden Fall bedeutet das, was Jesus hier sagte, daß der Tod nichts ändern würde an seinem Verhältnis zu uns. Er möchte konsequent auch im Sterben daran festhalten, wie er sein Leben lebte: für andere, anderen zugute.

Über die Worte, die Jesus sprach, um die Gabe des Bechers in seinem Sinn zu deuten, wird bis heute vielfach diskutiert. Ich kann nur sagen, was sich im Moment als Resultat abzeichnet. Es wird angenommen, daß Jesus sagte: „Dieser Becher ist der neue Bund in meinem Blut." Was heißt das? Das Wort „Bund" gehört zu mehreren jüdischen Theologien – ein komplizierter Sachverhalt, über den ich hier nicht eingehend sprechen kann. Ganz einfach gesagt: „Bund" kann ein Ausdruck für ein ganz bestimmtes, von Gott begründetes Verhältnis von Menschen zu Gott sein, das von gegenseitigen Verpflichtungen bestimmt ist. Auf seiten der Menschen bedeutet es den festen Willen, die Weisungen Gottes getreu zu beobachten. Auf seiten Gottes bedeutet es die Zusage von Liebe, Schutz und Führung. Gemäß der Reihenfolge der heutigen hebräischen Bibel sind drei entscheidende Bundesschlüsse Gottes mit Menschen zu registrieren: Sein Bund mit der ganzen Menschheit am Ende der großen Flut, wobei Gott sich bereit erklärt, in gewisser Weise mit der Schuld und der Schwäche der Menschen zu leben und nie mehr seinen Zorn über seine Liebe siegen zu lassen; sein Bund mit Abraham mit der Verheißung, ihn, den man noch nicht als Israeliten bezeichnen kann, wegen seines Gehorsams gegenüber dem Willen Gottes zum Stammvater eines großen Volkes zu machen; sein Bund mit Israel am Sinai, in dem Gott Israel durch Mose auf die Weisungen der Zehn Gebote verpflichtet. Die hebräische Bibel berichtet mehrfach von Treulosigkeit Israels gegenüber dem Bundesgott, von dessen massiven Drohungen und Mahnungen zur Umkehr und immer wieder von dessen liebendem Erbarmen, so daß Gott selber den Bund nie aufgekündigt hat, bis zur Gegenwart nicht. Das Bundesverhältnis ist somit geprägt durch den Wechsel von

Schuld und Vergebung. Da Israel sich als so schwach und anfällig für fremde Götter gezeigt hat, erweist sich für mehrere Propheten ein neuer Bund als notwendig (Jer 31,31 und öfter). Nach dem heutigen Stand der Diskussion, die sehr umfangreich ist, meinen diese Worte „neuer Bund" nicht einen neuen, vierten Bundesschluß, mit dem der vorangegangene, der Bund am Sinai, abgelöst würde. Darum ist es grundsätzlich falsch, bei den Worten „alter Bund", „neuer Bund" an eine solche Reihenfolge zu denken. Die Worte „neuer Bund" meinen vielmehr eine Erneuerung des Bundes. Von seiten der Menschen bedeutet das die Einsicht in die Situation der Schuld und die Bitte um Gottes Vergebung. Auf seiten Gottes braucht es keine neuen Worte, weil Gottes Herz an den Menschen hängt und seine vergebende Liebe die Menschen immer, in jeder Situation, umfangen hält. Das gilt bis zur Gegenwart. Eine ausgezeichnete Gelegenheit für die Einwilligung in den „neuen Bund" ist bei den gläubigen Juden von heute der *Jom Kippur,* der Große Versöhnungstag. An ihm wird mit dem Bekenntnis der Schuld und mit der Bitte um Gottes Vergebung der Bund jeweils erneuert. Der „neue Bund" ist also eine immer neu angebotene Vergebung und damit die Möglichkeit eines erneuerten Verhältnisses der Menschen zu Gott.

Jesus hat demnach die Situation seines gewaltsamen Todes im voraus als einen solchen Ort der Erneuerung des Bundes und damit der Vergebung gedeutet. Aus den bisherigen Überlegungen ist schon deutlich geworden, daß Gott nicht versöhnt werden mußte. Er hat ja Jesus zubereitet und gesandt als Boten seiner vergebenden Liebe. Der versöhnte Gott hat die Initiative ergriffen, sagt Paulus eindringlich (Röm 3,25). Aber die Menschen bedürfen immer neu der Vergebung, und das ist auch der Hintergrund für die Deutung des Bechers durch Jesus. Da es sich bei der Eucharistiefeier um eine wirksame Erinnerung, um ein Gedenken handelt, werden die Bundesschlüsse Gottes mit den Menschen, wie viele es auch gewesen sein mögen, in dieser Erinnerung gegenwärtig und wirksam, und mit ihnen der Tod Jesu als Ort der Vergebung und Versöhnung, als den Jesus sein Sterben selber verstand. „An sich" ist das schon gegenwärtig bei jener Erinnerung, die mit der Gabe und Deutung des *Brotes* verbunden ist, denn wenn Jesus ganz, mit seiner ganzen Geschichte, präsent ist, dann ist auch sein Sterben für die vielen, das heißt zugunsten von allen, gegenwärtig. Aber es hat doch einen tiefen Sinn, den Ort der Vergebung in einem neuen Akt des Gedenkens präsent werden zu lassen.

Die Konzentration auf die Gegenwart des Blutes Jesu ist das Ergebnis eines weiteren Nachdenkens in frühchristlichen Gemeinden, mit großer Wahrscheinlichkeit in nichtjüdischen, eventuell griechischen Gemeinden, weil das Trinken von Blut für Semiten – uns geläufig als Juden und Araber – bis heute absolut unmöglich ist. Wenn das Johannesevangelium sagt: „Wer mein Blut trinkt" (Joh 6,54), steht bereits die Trennung der jungen Kirche von Israel im Hintergrund. Das Wort „Blut" ist in jedem Fall nicht biologisch, chemisch oder anatomisch zu verstehen; es ist ein Symbolwort für das gewaltsame Sterben. Wenn dieses gegenwärtig wird, dann wird auch die Vergebung der Schuld neu gegenwärtig: die Eucharistiefeier als Ort der Erneuerung des Bundes. Wenn Gott die Einsicht in menschliche Schuld schenkt und mit der Einsicht die Reue, das heißt den wirksamen Willen zur Umkehr, dann ist die Eucharistiefeier selbst das große Sakrament der Sündenvergebung. Man braucht nicht eigene Aktionen innerhalb dieser Feier – Confiteor, Evangelium, „Herr, ich bin nicht würdig" –, um von seinen Sünden befreit zu werden. Die Gegenwart dieses Jesus und seines Todes für uns befreit bereuende Menschen von Schuld, auch von größten Verbrechen *(crimina)*, sagte das Konzil von Trient vor vierhundert Jahren.

Die Wirkungen und die Verehrung der Eucharistie

Nun geht es zusammenfassend um die Wirkungen der Eucharistie und um ihr Verhältnis zu anderen Formen des Gottesdienstes. Und zweitens beschäftigen wir uns nun mit der Art und Weise ihrer Verehrung. Dabei muß leider wieder ein Stück Theologiegeschichte zur Sprache kommen.

Die Gegenwart Jesu, seiner Geschichte, seines Lebens und Sterbens für andere, ist eine geistige Wirklichkeit, ganz geprägt vom Heiligen Geist Gottes. Daher ist diese Gegenwart nicht begrenzt auf die Eucharistiefeier. Das Zweite Vatikanische Konzil hat in der Liturgiekonstitution (Art. 7) auf die verschiedenen Möglichkeiten der Gegenwart Jesu Christi hingewiesen: Gegenwärtig ist er auch in den anderen Sakramenten, gegenwärtig ist er, wenn die heiligen Schriften gelesen werden, gegenwärtig ist er, wenn die Gottesdienstgemeinde betet und singt. Man darf diese anderen Arten seiner Gegenwart nicht abwerten, um die Eucharistie um so höher darzustellen. So darf man nicht denken: In den anderen Formen des Gottesdienstes ist er nicht so real gegenwärtig wie in der Eucharistie. Denn real ist real, da gibt es keine Steigerung. Eine Steigerung gibt es höchstens in unserer Psyche. Und hier ist eine Einteilung interessant, die aus der Theologiegeschichte kommt. Es gibt bei den Sakramenten das Zeichen, das ist oft etwas Materielles: Brot und Wein, Wasser, Öl. Es gibt die Aktion mit dem Zeichen, die liturgische Symbolhandlung: wenn das Wasser ausgegossen wird, mit Öl gesalbt wird oder wenn die Hände aufgelegt werden, das Jawort bei der Ehe gesprochen wird. Bei der Eucharistie besteht diese Aktion mit dem Zeichen aus dem gemeinsamen Mahlhalten: Nehmet, esset, trinket. Und dann gibt es drittens das Bezeichnete, die Gnade des Sakraments, wie die theologische Sprache sagt. Sie ist der Grund, warum es das Sakrament überhaupt gibt. Wie diese Gnade ganz genau wirkt, das ist individuell verschieden. Das hängt damit zusammen, daß die Sakramente, wie wir besprochen haben, Sakramente des Glaubens sind. Der ganz persönliche Glaube läßt uns in der ganz persönlichen Situation erkennen, was wir von Gott brauchen und aufgrund seiner Zusage auch erwarten dürfen.

Nun sagt die theologische Tradition etwas außerordentlich Wichtiges: Diese Gnade eines bestimmten Sakramentes kann uns von Gott auch geschenkt werden ohne das Sakrament, wenn wir in unserem Glauben die gleichen Bitten im gleichen Vertrauen vor Gott hintragen wie bei der Feier des Sakraments. Im Hinblick auf die Eucharistie hat das die kirchliche Tradition schon vor vielen Jahrhunderten gelehrt unter dem Titel „Geistliche Kommunion". In der geistlichen Kommunion ist uns Jesus ganz real und ganz individuell-persönlich gegenwärtig. Wir vereinigen uns mit ihm auf eine denkbar intime Weise. Er ist mit seinem Leben und mit seinem Sterben für uns da. Er ist gegenwärtig als der Auferstandene und Erhöhte, der sich in seiner neuen „himmlischen" Lebensweise mit uns vereinigt, so daß wir in dieser Kommunion auch das „Unterpfand" unseres kommenden Lebens bei Gott haben. Wenn wir uns in Schuld wissen, ist er als der Vergebende bei uns und in uns. Er ist da als Verkünder des Wortes und des Willens Gottes, so daß wir die Wegweisung in ihm haben. Dies sind – ohne Vollständigkeit – die individuellen, persönlichen Wirkungen der eucharistischen Kommunion und der geistlichen Kommunion, identische Wirkungen.

Wir können die geistliche Kommunion auch in anderen Formen des Gottesdienstes praktizieren. Von besonderer Bedeutung ist dabei das Stundengebet. Warum? Das Stundengebet besteht zum größten Teil aus den Psalmen Israels. Wenn wir diese Psalmen mitbeten, weil wir durch den Juden Jesus zugelassen worden sind zum auserwählten Gottesvolk, dann versenken wir uns dabei in die Frömmigkeit Jesu, denn von ihm wissen wir, daß er die Psalmen seines Volkes gebetet hat. Wir denken oft nur an sein Lebensende, gerade in der Eucharistiefeier, wenn wir seinen Tod verkünden. In den Psalmen aber finden wir auch den früheren, den jungen Jesus, seine Bitten, seine Klagen, sein Gottvertrauen. Wir erledigen das Stundengebet nicht wie eine lästige Pflicht, wenn wir uns klar sind darüber, daß Jesus selber uns dabei mit seiner Gnade, Liebe und Vergebung höchst real gegenwärtig sein will und sein kann. Dies gilt auch vom übrigen Wortgottesdienst, insbesondere von den Lesungen des Wortes Gottes. Nehmen wir die überlieferte Lehre von der geistlichen Kommunion ernst, dann gibt es überhaupt keinen Grund, den Wortgottesdienst abzuwerten. Wirkliche Gegenwart Gottes in Jesus durch den Heiligen Geist ist möglich und ist uns angeboten, wo immer wir sein Wort hören.

Es gibt verschiedene Möglichkeiten, Jesus ganz individuell und persönlich zu verstehen. Wir haben dafür in der kirchlichen Tradition viele Hinweise. Die Verschiedenheit dieser Zugangswege ist dadurch bedingt, daß es ja nicht möglich ist, den in Jesus für immer wohnenden Gott abzubilden. Wenn wir in die biblischen Zeugnisse über Jesus mit seinem menschlichen Antlitz schauen, dann legt sich von seiner Tätigkeit her das Wort „Lehrer" nahe; er ist unser „Rabbi". So hat ihn auch Maria von Magdala am Morgen nach seiner Auferweckung von den Toten begrüßt. Er ist die Weisheit, Sophia Gottes, in Person. In der Tradition nach Lukas ist er als Arzt darzustellen, der unsere Wunden und Krankheiten heilt. Im Glaubensbekenntnis sagen wir von ihm: Er wird wiederkommen in Herrlichkeit, zu richten die Lebenden und die Toten. Diese Vorstellung hat jahrhundertelang vielen Menschen Angst und Schrecken eingejagt. Man sieht das auch in den klassischen Gemälden der abendländischen und auch der orientalischen Malerei. Dabei haben die Menschen vergessen, daß Jesus das menschgewordene Erbarmen Gottes ist, nicht gekommen, um zu richten und zu strafen, sondern um zu finden und zu retten, was verloren war. Der Richter Jesus ist mit dem Bild des Hirten verbunden, dem jedes einzelne Geschöpf seiner Herde am Herzen liegt. Das Gericht Gottes mit Jesus als Richter ist ein Tribunal der Gnade und des Erbarmens, das die Menschen so verwandeln wird, daß sie in der bleibenden Nähe Gottes weilen können. In der Theologie der Befreiung wird Jesus als der Befreier verehrt, von dem wir wissen, daß er sich besonders der Armen und Nicht-Privilegierten angenommen hat und daß er Maßstäbe für ein menschenwürdiges Leben gesetzt hat. Wenn wir daran denken, daß der erhöhte, verherrlichte Jesus zusammen mit Gott dem Vater die Menschen vom Himmel her leitet und beschützt, können wir ihm den Namen „König" geben und uns an das Wort bei Johannes erinnern: „Mein Reich ist nicht von dieser Welt" (Joh 18,36). Die mystischen Frauen des Mittelalters haben ihn als ihren Bräutigam geliebt. Viele Menschen heute haben einen Zugang zu Jesus gefunden, wenn sie von ihm sagen können: Er ist mein bester Freund.

Diese Aspekte kann man auch der Reihe nach meditieren. Man ist nicht auf ein einzelnes Bild festgelegt. Die Grundzüge seiner Person, sein Denken und Fühlen, seinen Glauben und sein Beten finden wir, wenn wir uns in den Gottesdiensten des

Wortes und des Sakraments an ihn erinnern, so wie er aus den heiligen Schriften zu uns spricht. So ist es möglich, eine dauerhafte persönliche Beziehung zu Jesus aufzubauen. Sie kann, wie gesagt, in vielerlei Gestalten und in vielen Formen realisiert werden. Dazu gehören das private Beten und Meditieren, auch unabhängig von einem Gottesdienst, im Zimmer, in einer Kirche und besonders vor dem Tabernakel, vor dem wir seine sakramentale Gegenwart verehren. Dazu gehört die Liturgie der Kirche, vor allem in ihrer vornehmsten Form: in den Sakramenten.

Wenn wir nun aber nach unserer alten Tradition fragen: Warum gibt es insbesondere das Sakrament der Eucharistie?, dann finden wir bei den großen Theologen des Altertums eine Auskunft, die uns heute vielleicht nicht besonders gut schmeckt. Das Bezeichnete ist bei der Eucharistie, wie oben bereits angesprochen, die Gegenwart Jesu, seiner Geschichte, seines Lebens und Sterbens, seiner Liebe zu uns. Das Zeichen aber hat die Gestalt von Nahrung, die in einem nicht alltäglichen Mahl zu sich genommen werden will. Die Eucharistie nun gibt es, sagte der Kirchenlehrer und Bischof Augustinus oftmals, weil es ein Zeichen für die Einheit der Glaubensgemeinschaft geben soll, *signum unitatis Ecclesiae.* Von uns verlangt das einen „Sprung über den Schatten", ein Opfer, weil wir neben den legitimen Bedürfnissen unserer persönlichen Frömmigkeit bei der Eucharistiefeier immer auch unsere Gemeinschaft, die Gemeinschaft der miteinander Feiernden, wahrnehmen und akzeptieren müssen. Und die Orientierung an Jesus prägt nicht nur den Moment der Feier. Die Teilnehmer an der Eucharistie erheben ja den Anspruch, auch in den Öffentlichkeit, auch bei den Nicht-Glaubenden, erfahrbar zu machen, daß sie Menschen sind, die sich auf den Geist Jesu verpflichtet haben und nach seinen Weisungen leben wollen. Das müssen Außenstehende nach der Eucharistiefeier auch in den alltäglichen Begegnungen der Gläubigen feststellen können. Wenn die Menschen wirklich voll Glauben zur Eucharistie hinzutreten, müssen sie in ihrem ganzen Verhalten verändert werden. In der Apostelgeschichte wird ein ideales Bild der christlichen Gemeinschaft gezeichnet und zudem der Eindruck wiedergegeben, den die Geschwisterlichkeit auf Außenstehende machte. Die Kirche kann ein Zeichen und Werkzeug für die Einheit der Menschen sein, wie das Zweite Vatikanische Konzil sagte, wenn sie aus der Eucharistie als dem Zeichen ihrer eigenen Einheit, ihres Versöhntseins und ihrer Liebe lebt.

Es gibt heute in der Kirche viele Menschen, die Probleme mit der Häufigkeit der Messen, der Eucharistiefeiern, haben. Viele Priester praktizieren zum Beispiel mit Zustimmung ihrer Bischöfe einen liturgiefreien Tag. Dabei sollte man nicht unterstellen, daß es sich hier um nachlassenden Glauben, um geistliche Faulheit handele. Die Inhalte der Eucharistie sind sehr intensiv für die menschliche Psyche: Jedesmal soll die ganze Person Jesu mit ihrer ganzen Geschichte vor dem inneren Auge auftauchen. Die selbstlose Liebe Jesu zu jedem einzelnen Menschen soll wahrgenommen werden. Jedesmal soll seine Stimme in uns zu hören sein: Liebst du mich? Wer die Eucharistie feiert, soll mit den Kräften des Geistes und des Herzens die Erinnerung an die Passion Jesu, an den Kreuzweg, an das Leiden am Kreuz im Todeskampf, in sich wachrufen und wachhalten. Die Akte des Glaubens und der Liebe sollen in der Meditation der Auferweckung Jesu mit einem Akt der festesten Hoffnung verbunden sein, mit dem Ausblick über den Tod hinaus. Es handelt sich hier um so wichtige Inhalte, lebenswichtig für glaubenswillige Menschen, daß sie auf keinen Fall einer gedankenlosen Routine ausgesetzt werden dürfen. So gibt es heute immer mehr Menschen, auch in sehr kirchlichen Kreisen, die sagen: Die menschliche Seele kann eine so ungeheure Konzentration nicht alltäglich leisten. Sie braucht Pausen, in denen sie sich ganz einfach und natürlich erholt. Die Natur hat so etwas vorgezeichnet durch die Erfindung des Schlafes. Wenn wir müde werden, dann müssen wir Pause machen. Wir können nicht immer produktiv sein, weder im profanen Alltag noch in der Spiritualität. Es gibt in den orthodoxen Ostkirchen viele Klöster, in denen nur einmal oder zweimal in der Woche Eucharistie gefeiert wird. In diesem Zusammenhang wird oft an den Brauch der alten Kirche erinnert, die Eucharistiefeier nur sonntags abzuhalten, um mit dieser Festsetzung die Auferstehung Jesu besonders zu ehren. Von solchen Gedanken her sollte man erwägen, ob die Ansetzung von Eucharistiefeiern zur Verschönerung von Silberhochzeiten und anderen Jubiläen, bei der Einweihung von Stätten oder bei Schützenfesten nicht eine gedankenlose und lieblose Routine fördert.

Wenn wir nun zusammenfassen, was wir zur Eucharistie gesagt haben, dann zeigen sich folgende Resultate:

Die Eucharistie ist in dem großen Rahmen zu sehen, in dem Jesus den an ihn Glaubenden zugesagt hat, er werde bei ihnen bleiben alle Tage bis ans Ende der Welt. Dieses Bleiben Jesu wird für die Glaubenden erfahrbar durch ihre Erinnerung und durch die Intention, mit der sie sich dem Geheimnis der göttlichen Gegenwart nähern. Nur hier können sich Fehler und Mängel einstellen. Von der Seite Jesu her ist und bleibt die Zusage für immer gültig. Wenn wir sagen: Jesus will bei uns sein, uns gegenwärtig bleiben, dann ist das die Gegenwart seines ganzen Lebens von Anfang an, seines Leidens und Todes und seiner Auferweckung und Erhöhung zur Herrlichkeit des Himmels – alles wird uns gegenwärtig.

Wir können uns in unserem Gedächtnis hineinvertiefen in diese Gegenwart in der Mitfeier der Eucharistie, in der ganz persönlichen Vereinigung mit Jesus in der Kommunion und in der andächtigen Verehrung des eucharistischen Sakraments im Tabernakel. Es muß uns dabei aber vor Augen stehen, was Jesus von uns erwartet, denn auch uns gilt der Ruf: Folge mir nach! Das heißt, zunächst muß uns das große Thema seines Lebens immer präsent sein, das Reich Gottes. Wir entscheiden uns bei jeder Eucharistiefeier dafür, das Verhalten zueinander, den Umgang mit den Menschen und die öffentlichen Beziehungen in der Kirche und in der Welt so zu gestalten, daß Gottes Herrschaft sich immer mehr durchsetzt. Zweitens, aber nicht erst an zweiter Stelle, muß uns die Perspektive unseres eigenen Lebensweges immer präsent sein. *Mortem cotidie ante oculos habentes:* Diese Regel des heiligen Benedikt mahnt die Ordensangehörigen, alle Tage ihren Tod vor Augen zu haben. Jesus in den Tod nachzufolgen heißt, aus seinem eigenen Leben eine Gabe der Liebe an Gott den Vater zu machen. Wir sollen einüben, täglich mit Jesus zu sagen: Vater, in deine Hände lege ich mein Leben. In dieser Geste der Hingabe ist dasjenige zu sehen, was die Tradition mit „Meßopfer" bezeichnete.

Es geht nicht darum, wie man mißverständlich meinen könnte, daß Gott der Vater erst durch das blutige Opfer Jesu auf dem Altar des Kreuzes versöhnt worden sei. Darüber haben wir gesprochen und nachgedacht: Die Initiative zur Versöhnung ging und geht von Gott, dem liebenden und vergebenden Vater, aus. Jeder Anschein muß vermieden werden, als habe Gott an den Qualen und am Blutvergießen seines Sohnes Wohlgefallen gehabt. Aus der Auferweckung Jesu wissen wir, daß die Art und Weise, wie Jesus seinen Tod auf sich nahm, nämlich als Übergabe seiner selbst, seines Lebens, an den Vater, daß diese Art und Weise für uns Vorbild sein sollte, weil Gott sich in der Auferweckung Jesu genau dazu geäußert hat. Ein solcher Weg des Sterbens führt direkt zum Leben.

Die Eucharistie ist mitten in der Erinnerung immer Dank. Wir sagen Dank für Jesus, Dank für alles, was wir mit Jesus verbinden, Dank für die Predigt Jesu, in der wir die Liebe Gottes des Vaters kennenlernen dürfen. Wir können den Dank ausweiten auf alles das, was wir persönlich mit Gott dem Vater verbinden, auf die Fügungen und Begegnungen unseres Lebens. Wenn wir die Eucharistie an dem Tag eines bestimmten Heiligen feiern, können wir Gott mit Bezug darauf, was dieser Heilige für uns bedeutet, Dank sagen. Und aus der Erinnerung ergibt sich dann auch unsere Bitte. Wir können uns auf das frühere Verhalten Gottes berufen, und weil wir wissen, daß er treu und zuverlässig ist, können wir an ihn appellieren, er möge sich auch in Zukunft so verhalten: Weil er sich als Gott des Lebens geoffenbart und Jesus aus dem Tod errettet hat, möge er auch unsere Verstorbenen zum Leben führen.

Wir dürfen bei all diesen Gedanken über die Eucharistie nur nicht vergessen, daß Jesus im Hinblick auf unsere Spiritualität einen Unterschied gemacht hat zwischen dem einzelnen Menschen, der Gott im Gebet sucht, und der Gemeinschaft der Glaubenden. Dem einzelnen Menschen sagte Jesus: „Wenn du beten willst, dann geh in deine Kammer" (Mt 6,6). Sein Vermächtnis der Eucharistie indes ist nicht zuerst für die individuelle Spiritualität bestimmt, sondern für die Gemeinschaft, für die Liebe in der Gemeinschaft, für die ständige Erneuerung der Gemeinschaft, damit sie fähig werde, nach „außen" hin ein leuchtendes und anziehendes Zeichen zu sein. Wenn das uns schwerfällt, wenn wir den Sprung über uns selbst und unsere Egozentrik hinaus für mühsam halten, dann sollten wir uns daran erinnern, daß es um das Gedächtnis eines letzten Abschieds, eines Leidens und eines Sterbens geht, und in diesem Sinn ist das Meßopfer als Opfer zu verstehen, in dem wir ein Stück unserer eigenen Interessen aufgeben zugunsten der Gemeinschaft der Glaubenden in der Kirche.

Glaube und Geschichte

Die Auseinandersetzungen um Eugen Drewermann haben ein breites Spektrum von Problemen neu aufgeworfen, die man aufgrund der theologischen Arbeit der letzten 30, 40 Jahre für schon zum größten Teil beantwortet halten konnte. Zu ihnen gehört die Frage, wie sich christlicher Glaube und historische Tatsachen zueinander verhalten: Was hat Jesus gewollt? Was und wie hat er gesprochen? Hat sich die Kirche von Jesus entfernt? Wenn ja, in welchem Sinn? Zur Klärung solcher Fragen können einige grundsätzliche Überlegungen und Besinnungen beitragen.

1. Die Bibel, ein Buch der Kirche

Der Glaube kann nicht durch menschliche Anstrengung begründet werden. Er ist Gabe des heiligen Gottes, der seinen Geist Wohnung nehmen läßt in den Herzen der Menschen und so von innen her zu den Menschen spricht. Gewiß hat der Glaube auch äußere Voraussetzungen, wie ein Mensch angerührt wird und zu festen Überzeugungen kommt, aber sie sind individuell verschieden und können sowenig verallgemeinert werden wie die Verweigerungen, in denen ein Mensch die innere Stimme Gottes zum Verstummen bringt. Der Glaube, von dem hier die Rede ist, ist mehr als ein stummes Fühlen in der Einsamkeit des Herzens. Als feste Überzeugung und Lebensnorm drängt er nach Klärung vor sich selber und nach Verständigung mit anderen. Damit ist bereits die Kirche im Spiel, die Gemeinschaft derer, die ihren Glauben in Grundübereinstimmung miteinander leben. Die Kirche ist der Ort, an dem der christliche Glaube nicht nur eine Gegenwart, sondern auch eine Geschichte hat. Der gemeinsame Glaube äußert sich in der Gemeinsamkeit des sprachlich formulierten Bekenntnisses. Es geht seinerseits zurück auf die Heilige Schrift als die Grundurkunde der Kirche, aber *vor* der Heiligen Schrift war der Glaube der Glaubensgemeinschaft Kirche.

Seit der Bibelenzyklika Papst Pius' XII. vom 30. 9. 1943 können auch katholische Christen je nach ihrem Sachverstand mit geschichtswissenschaftlichen Methoden die Bibel erforschen. Die kirchliche Leitungsinstanz hat nicht die geringste Angst, daß dabei Widersprüche zwischen den Glaubenswahrheiten und den historischen Tatsachen zutage treten könnten. Die historischen Quellen des Glaubens liegen nicht in der Heiligen Schrift, sondern in der historischen Zeugenschaft, die bestand, *bevor* es die Schrift als Glaubensbuch der Kirche gab. Die Befragung der Heiligen Schrift auch mit kritischen geschichtswissenschaftlichen Methoden hat für katholische Theologen den Sinn der Vergewisserung: Inwieweit entsprechen sich heutige persönliche Glaubenserfahrungen, heutige Verkündigung und Glaubensunterweisung *und* die Glaubensüberzeugungen jenes einzigartigen Anfangs?

Die Notwendigkeit einer solchen Vergewisserung wird von manchen katholischen Christen nicht eingesehen oder nur ungern akzeptiert, aus verschiedenen Gründen. Die einen gehen von ihren ganz privaten Bedürfnissen und Stimmungen aus; einem großen Gemeinschaftsstrom der Glaubensüberlieferungen vom Gottesvolk Israel an, von Jesus her, zuzugehören stellt in ihren Augen keinen besonderen Wert dar. Sie betrachten das Konzert der verschiedenen Religionsgemeinschaften und Kirchen eher wie einen riesigen Supermarkt, aus dem sie sich eben nach ihren „Bedürfnissen" bedienen: Ein bißchen Weihrauch, ein bißchen Tiefenpsychologie, ein wenig Fernost, ein wenig Wallfahrt, und ein bißchen kirchenkritische Predigt darf auch dabei sein. Die andern denken dagegen eher, die heutige offizielle Kirchenlehre genüge, wenn sie doch nur umfangreich und klar genug wäre. Die Beschäftigung mit der Bibel sei eher überflüssig, da deren Wesentliches in Verlautbarungen des Papstes und der Katechismen ohnehin enthalten sei. Beide Strömungen werden der Tatsache nicht gerecht, daß die frühe Kirche sich die Bibel als das für alle Zeiten gültige Glaubensbuch geben wollte.

Für die Vertreter der Glaubenslehre, die Dogmatiker, und diejenigen der Bibelwissenschaften, die Exegeten, stellen sich damit in der katholischen Theologie Aufgaben, die nicht neu sind. Vor beinahe 40 Jahren, 1962, habe ich ein Buch herausgegeben mit dem Titel „Exegese und Dogmatik". Ich nehme es heute mit einer gewissen Melancholie zur Hand. Wie ist es möglich, daß fundamentale Einsichten über die literarische Eigenart beispielsweise der Evangelien und ihrer unterschiedlichen Zeichnung der Gestalt Jesu, daß derartige Erkenntnisse heute, 100 Jahre, nachdem Martin Kähler die Frage nach dem historischen Jesus und dem Christus des Glaubens gestellt hat, in katholischen Kreisen immer noch schockierend wirken können? Wie ist es möglich, daß Drewermann – zudem noch als katholischer Theologe! – sagen konnte: „Es stellte sich heraus, daß ein Mensch, der mit sich selbst ins reine kommt, keine Außenleitung durch eine kirchliche Autorität mehr braucht. Sie wird überflüssig, lästig und schädlich" („Der Spiegel" 52/1991, S. 71)? Dieselbe Frage drängt sich auf bei Äußerungen Drewermanns wie dieser: „Religiöse Wahrheit lebt im Menschen und teilt sich ihm persönlich mit. Sie ergibt sich nicht aus überlieferten und außengeleiteten Doktrinen" („Der Spiegel" 52/1991, S. 74).

2. Bibel und überlieferter Glaube

In dem Buch „Exegese und Dogmatik" haben Theologen, die wesentlich an der Erneuerung der katholischen Theologie in diesem Jahrhundert beteiligt waren (K. H. Schelkle, K. Rahner, A. Vögtle, H. Schlier, E. Schillebeeckx, R. Schnackenburg, H. Groß und F. Mußner), ihre Auffassungen vom Verhältnis zwischen Glaube und Wissenschaft dargelegt. So viele andere Bücher und Lehrveranstaltungen wären zu nennen, die sich vor und nach Veröffentlichung dieses Sammelbandes mit derselben

Thematik befaßten, so daß das Urteil durchaus berechtigt ist: Die Theologen haben weder versagt noch geschlafen. Ich möchte einige vielsagende Stellen aus dem genannten Sammelband hier anführen.

Zuerst sei mit den Worten des exegetischen Altmeisters Anton Vögtle der geschichtswissenschaftliche Ausgangspunkt im Hinblick auf das Neue Testament beschrieben:

„Auch der katholische Exeget muß also zuvörderst fragen, was der jeweilige Verfasser der einzelnen neutestamentlichen Schriften – und es sind deren ja sehr verschiedene, die zu verschiedenen Zeiten mit verschiedener thematischer Ausrichtung und Begrifflichkeit zur Sprache kommen – damals und dort seinen Lesern sagen wollte, sicher, wahrscheinlich oder doch möglicherweise. Er muß zu ergründen suchen, welche besondere Situation der einzelne Autor im Auge hat, welche Fragen, Anliegen und konkrete Zielsetzung, etwa auch welche Mißstände und Gefährdungen seiner Leser, zum Beispiel auch durch Irrlehren, ihn beschäftigen. Man muß berücksichtigen, unsere neutestamentlichen Schriften sind ja von Hause aus nicht aufeinander abgestimmt. Sie bilden kein einheitliches Buch im literarischen Sinne, schon gar nicht etwa mit dem Anspruch, die Geschichte und den Inhalt des offenbarenden Wirkens Jesu, die Lehre und das Leben der Kirche des ersten Jahrhunderts erschöpfend darzustellen. Sämtliche Schriften des Neuen Testaments einschließlich der Evangelien sind ihrer Natur nach selbständige Gelegenheitsschriften, die sich in einer bestimmten Situation mit einem konkreten Ziel an einen bestimmten, mehr oder weniger scharf umgrenzten und umgrenzbaren Leserkreis wenden. Wohl nicht ohne Grund bedurfte es ja auch eines mehr als dreihundertjährigen Prozesses bis zum faktischen Abschluß der Bildung des neutestamentlichen Kanons, bis also unsere bekannten 27 Schriften und nur diese von kirchlichen Autoritäten zu einer fest umgrenzten Sammlung inspirierter und heiliger Schriften vereinigt wurden; so daß also die Kirche fast vierhundert Jahre ohne den Besitz eines neutestamentlichen ‚Kanons‘ existierte und existieren konnte" (in: Vorgrimler [Hrsg.], Exegese und Dogmatik, S. 59).

Auch die evangelische Geschichtswissenschaft sagt heute unumwunden, daß angesichts drohender chaotischer Entstellungen die Bewahrung der Jesusbotschaft durch eine so lange Zeit nicht möglich gewesen wäre ohne den Dienst des Bischofsamtes, das in die Funktionen des Jüngerkreises und der Apostelschüler eingetreten war. Jene leider recht zahlreichen Leute, die heute abfällig gegen die „Amtskirche" polemisieren, geben sich darüber gewiß nicht Rechenschaft.

3. Wollte Jesus diese Kirche nicht?

Wer vom Glauben, und zwar vom kirchlichen Glauben, ausgeht und die historisch vergewissernden Rückfragen stellt, der trifft eine Glaubens-Entscheidung. Er stellt die Kirche nicht gleichsam von außen her in Frage, sondern er traut dem Geist Gottes, der bei der Kirche und auch bei ihrem Amt ist.

Anton Vögtle, ein anerkannt kritischer Historiker, bekannte sich ganz selbstverständlich zu dieser Entscheidung: „Selbstverständlich wird der katholische Exeget nach seinen Kräften und Möglichkeiten die direkten Verbindungslinien oder wenigstens die potentiellen Ansatzpunkte aufzuzeigen versuchen, die vom Neuen Testament her in die Zukunft der aktuellen Glaubensverkündigung der Kirche führen" (in: Vorgrimler [Hrsg.], Exegese und Dogmatik, S. 60). Wenn hier von „potentiellen Ansatzpunkten" die Rede ist, dann bedeutet das, daß die allererste Verkündigung des Evangeliums bei Jesus selber und bei denen, die unmittelbar nach seiner Erhöhung in seine Sendung eingetreten waren, „breit", „offen", wenn man will, auch „vage", jedenfalls auf spätere Verdeutlichungen und Festlegungen angewiesen war. Sie konnte nicht alle Fragestellungen und Notwendigkeiten von vornherein im Blick haben. Darum sagt zum Beispiel Edward Schillebeeckx in „Exegese und Dogmatik": „Die kirchlichen Dogmen … sind Entfaltungen dessen, was im apostolischen Bewußtsein (dessen schriftlicher Niederschlag die Heilige Schrift ist) auf eine vage Weise schon vorhanden war" (S. 108), und weiter: „Die Kirche gewinnt ihre Dogmen nicht durch theologische Schlußfolgerungen aus der Schrift, sondern sie erkennt ihr eigenes lebendiges Dogma in der Schrift wieder.

Mit Recht durfte Yves Congar (später auch einer der einflußreichen Konzilstheologen; Anm. d. Verf.) deshalb sagen: ‚Ich respektiere und befrage ununterbrochen die Wissenschaft der Exegeten, aber ich erkenne ihr Lehramt nicht an'" (S. 113).

Glauben heißt also, in der Kirche und mit ihr auf dem von Jesus eröffneten Weg sein. Glauben heißt auch, dem Geist trauen, der das Glaubensbewußtsein der Kirche durchprägt, *vor* und *nach* seiner schriftlichen Fixierung im Neuen Testament. Anton Vögtle sagt es so: „Nicht erst der neutestamentliche Kanon, bereits alle Einzelschriften des später so bezeichneten Neuen Testaments, auch die über den ‚historischen' Jesus, über den Stifter des Christentums, am ausführlichsten berichtenden Evangelien sind Verkündigungsschriften der Kirche, aus dem Schoß der Kirche hervorgegangen. Sie sind ganz und gar eine Funktion der schon Jahre und Jahrzehnte zuvor existierenden, missionierenden, lehrenden, mahnenden, entscheidenden, sakramental lebendigen und sich betätigenden Kirche, die sich deshalb, rein historisch gesehen, zu Recht als die letztlich zuständige, authentische Interpretin dieser *ihrer* heiligen Schriften weiß" (in: Vorgrimler [Hrsg.], Exegese und Dogmatik, S. 68). Wer daher die Bibel als Instanz akzeptiert, der muß logischerweise auch die Kirche akzeptieren, die sich in diesen Schriften erkennt, weil es ihre eigenen Schriften sind.

Die Kirche bejaht damit eine Instanz, an der jeder sachkundige Mensch prüfen und messen kann, inwiefern und inwieweit sich die Kirche von dem entfernt hat, was „breit" und ausbaufähig „offen" in ihren Anfängen gegeben war. Nur: Eine solche Prüfung setzt eben mühseliges Studium, Sachverstand und geduldig-argumentatives Gespräch voraus. Die heutige Medienwelt ist denkbar ungeeignet für die Prüfung einer solchen Problematik.

4. Wissenschaft und Wahrheit

Jede Wissenschaft arbeitet mit Hypothesen. Sie probiert aus, prüft auf Haltbarkeit, weiß um die grundsätzliche Vorläufigkeit ihrer Auskünfte. So ist es auch mit der Bibelwissenschaft, wenn sie geschichtswissenschaftliche Methoden anwendet. Darüber, wie sich die Einzelquellen zu den Endtexten der Evangelien verhalten, in welcher Reihenfolge Bearbeitungen vorliegen, was die letzten Intentionen der Redakteure waren, über diese und viele andere Fragen wird es immer neue Unklarheiten geben, so daß in sehr vielen Fällen nie wird gesagt werden können: Das ist nun völlig gesichert. Wer solche absolut sicheren Forschungsergebnisse vertreten würde, der wäre in einer unfaßlich naiven Weise wissenschaftsgläubig. Wissenschaften erzielen nur Annäherungen, sie verweisen auf vorläufige Richtigkeiten.

Der Glaube empfängt von diesen immer neuen wissenschaftlichen Bemühungen so viel Zuversicht, daß er sich sagen kann: Wenn ich mich auf die Wahrheit Gottes verlasse, brauche ich meinen nachdenklichen Verstand nicht zu opfern und mein wissenschaftliches Gewissen nicht zu verraten. Aber ich erlange meine Gewißheit, auf die hin ich leben und sterben kann, nicht aus der Wissenschaft. Oder mit den Worten von Schillebeeckx aus dem erwähnten Buch: „Die Wahrheit besteht formal nie in einem Buch oder einem Wort, sondern in dem im Schreiben sprechenden, im Zuhören lebendigen Geist. Die göttliche Offenbarung, wie sie uns in Schrift und Tradition dargeboten wird, kann nur dann vom Herzen vernommen werden, wenn Gott selbst durch das Glaubenslicht ihren Sinn in unserem Herzen ans Licht bringt" (S. 105 f.).

Das möge noch ein Beispiel zum Schluß illustrieren. Oft habe ich an Gräbern gehört oder selber vorgetragen: „Jesus spricht: Ich bin die Auferstehung und das Leben. Wer an mich glaubt, wird leben, auch wenn er stirbt; und jeder, der lebt und an mich glaubt, wird in Ewigkeit nicht sterben" (Joh 11,25 f.). Wer sich in der Exegese kundig gemacht hat, der weiß, daß unter heutigen Bibelwissenschaftlern kaum einer behaupten wird, Jesus habe diese Worte so gesagt. Diese Redeweise ist vom Johannesevangelium, einem Buch mit komplizierter Geschichte und Struktur, geprägt. Wenn ich sage: „Jesus spricht", dann ist das historisch nicht richtig, falls die Hypothesen der Wissenschaft stimmen. Jesus aber ist, weil der Vater sein ganzes Tun und Lehren durch die Auferweckung von den Toten bestätigt hat, derjenige, in dem Auferstehung und ewiges Leben für alle Glaubenden verbürgt sind. Und er ist der Erhöhte, der Lebendige. Die Kirche hat ihn nicht verfälscht, wenn sie ihn sagen läßt: „Ich bin die Auferstehung und das Leben." Als Erhöhter und Lebendiger spricht er den Trauernden diese Worte in dem Augenblick zu, in dem sie am Grab vorgetragen oder zu Hause gelesen werden. Die Wissenschaft hilft mir zu erkennen, warum Jesus in den drei übrigen Evangelien so anders spricht als bei Johannes. Den Jesus aber, der mir Trost und Hoffnung zuspricht, ihn habe ich nicht von der Wissenschaft empfangen, sondern von der Kirche.

Die Abendmahlsworte Jesu

In der Diskussion um Eugen Drewermann haben auch die Abendmahlsworte Jesu zu Brot und Wein, bei katholischen Christen oft „Wandlungsworte" genannt, eine Rolle gespielt. In einem Interview, das unter anderem diese Thematik berührte, sagte Drewermann zunächst: „Was Jesus über Taufe und Abendmahl gesagt haben soll, ist ihm lange nach seinem Tode zugeschrieben worden" („Der Spiegel" 52/1991, S. 68). Nach einer Passage über die Taufe dann auf Rückfrage wiederum Drewermann: „(Das Abendmahl, die Eucharistie) kann man auch nicht auf Jesus zurückführen. Er war Jude, und es ist völlig ausgeschlossen, daß der Jude Jesus beim letzten Abendmahl seinen Jüngern Brot gab und dabei die Worte sprach: ‚Das ist mein Leib, der für euch geopfert wird.' Und daß er den Jüngern den Kelch mit den Worten gab: ‚Das ist mein Blut.'" Darauf der Einwand: „Diese Worte stehen fast gleichlautend in den ersten drei Evangelien und bei Paulus. Und so wird es katholischen Christen bis heute in jeder Messe mit den sogenannten Wandlungsworten verkündet. Warum ist es ausgeschlossen, daß Jesus dies gesagt hat?" Die Antwort Drewermanns: „Weil diese Vorstellung, das Fleisch eines Menschen zu essen und das Blut eines Menschen zu trinken, für einen Juden, und nicht nur für den, etwas Gräßliches ist. Jesus wäre nie auf die Idee gekommen, das Fest-Essen des jüdischen

Passahfestes, das die Juden an den Auszug ihrer Vorfahren aus Ägypten erinnert, umzuwandeln in eine Mahlzeit, bei der die Gläubigen sakramental teilhaben am Leben eines Gottes, der sich im Tod opfert" (S. 68). Etwas später sagt Drewermann auf die Frage, welchen Sinn Jesus in seinem Tod gesehen habe: „Er sah in seinem Tod überhaupt keinen Sinn. Er wollte nicht sterben. Als sich die Auseinandersetzung verschärfte, wird er sich gesagt haben: Laßt sie machen, was sie wollen, sie werden nur beweisen, daß sie nichts über den Tod hinaus können. Angst läßt sich überwinden durch Vertrauen auf Gott, komme, was da wolle. So und nur so, durch sein Gottvertrauen, hat sein Sterben einen Sinn gehabt" (S. 71).

Es ist erstaunlich, mit welcher Sicherheit Drewermann zu wissen vorgibt, was Jesus auf keinen Fall dachte und tat, was er wollte und nicht wollte, und mit welcher Zielstrebigkeit hier die gemeinsamen Überzeugungen aller christlichen Kirchen verlassen werden. An diesen verallgemeinernden Urteilen ist nichts wissenschaftlich begründet. Dennoch enthalten die Berichte über die Abendmahlsworte Jesu Probleme, deren wichtigste hier genannt werden sollen.

1. Die Wandlungsworte der Liturgie

Die Feststellung, daß die Wandlungsworte der katholischen Meßbücher so nirgendwo wörtlich im Neuen Testament stehen, ist schon sehr alt. Wenn man das irgendwo erwähnt und ein Zuhörer, der Theologie studiert hat, darüber aus allen Wolken fällt und meint, das sei ja dasselbe, was auch Drewermann sagt, dann kann man sich über Wissen und Verstand dieses Zuhörers nur wundern.

Die grundlegende liturgiegeschichtliche Arbeit, in der das Problem in allen historischen Einzelheiten dargelegt wird, stammt von F. Hamm aus dem Jahr 1928! Der Altmeister der liturgischen Erneuerung, Josef Andreas Jungmann SJ, widmet der Frage 1952 ein wichtiges Kapitel in seiner Geschichte der römischen Messe. Danach gibt keine einzige der uns bekannten Liturgien in Ost und West genau einen der vier biblischen

Texte (Matthäus, Markus, Lukas und Paulus) wieder. Die älteste bekannte Fassung der römischen Messe (bezeugt bei Hippolyt, der um 235 starb) läßt fast die Hälfte der biblischen Texte aus. Zwischen dem 4. und dem 7. Jahrhundert wurden immer wieder Eingriffe in die eucharistischen Einsetzungsberichte vorgenommen, aus sprach-ästhetischen und aus theologischen Gründen. Meßbücher des 13. und des 15. Jahrhunderts lassen weitere Änderungen erkennen, zum Beispiel fehlt dort die Textstelle „mein Blut". Heute lauten auch innerhalb der katholischen Kirchen – in Rom, Mailand, bei den unierten Ostkirchen – die Berichte über die Einsetzung der Eucharistie nicht gleich. Der Sachverhalt ist weder neu noch erschütternd.

Entscheidend für einen unbefangenen historischen Zugang zu dem Problem ist die von keinem einzigen Wissenschaftler bestrittene Tatsache, daß die Kirche Eucharistie gefeiert hat, *bevor* die neutestamentlichen Wandlungsworte schriftlich festgehalten wurden. *Was* Jesus getan hat und *wie* er selber sein Tun gedeutet hat, das war Gegenstand einer grundlegenden Überlieferung der Augen- und Ohrenzeugen, ohne die es weder zu Eucharistiefeiern noch zu neutestamentlichen Einsetzungsberichten gekommen wäre. Daß die glaubende Kirche ihren eigenen schriftlichen Text in bestimmter Hinsicht veränderte, nämlich sprachliche Umstellungen und Angleichungen vornahm, um Symmetrie in die Liturgie hineinzubringen, daß sie aber auch inhaltliche Elemente aus der Jesusüberlieferung in die Abendmahlsworte hineinkomponierte, um vage Andeutungen schwerpunktmäßig hervorzuheben, all dies zeigt: Zu solchen Eingriffen fühlte sie sich berechtigt, zumal noch genug Augen- und Ohrenzeugen Jesu lebten, die inhaltliche Verfälschungen sofort beanstandet hätten.

2. Exegetische Positionen

Die Abendmahlsberichte sind in unserem Jahrhundert schon oftmals Gegenstand eingehender exegetischer Studien gewesen. Auf katholischer Seite seien nur die umfangreichen Veröffentlichungen von Heinz Schürmann genannt. Der folgende

Überblick stützt sich auf die wissenschaftlichen Kommentare des katholischen Exegeten Joachim Gnilka zum Markus- und Matthäusevangelium (1979 und 1988; weitere Einzelheiten enthält der fundierte Matthäuskommentar von H. Frankemölle, erschienen 1994). Grundsolide und umsichtig faßt Gnilka den Stand der Forschung mit reichen Literaturangaben zusammen; er macht stets kenntlich, worin er mit anderen übereinstimmt und was seine eigenen begründeten Vorschläge sind.

Mit der großen Mehrzahl der Theologen aller Konfessionen geht Gnilka davon aus, daß Jesus bewußt auf seinen Tod zuging und daß er seinen Tod positiv interpretierte. Das hieße: Er ließ sich vom Tod nicht jählings überraschen und nahm ihn auch nicht bloß einfach hin: Laß sie halt machen … Er ging vielmehr in der Konsequenz seiner Sendung durch den Vater auf sein Sterben zu, in dem Willen, sie bis zuletzt zu erfüllen. In der Gewißheit seines baldigen gewaltsamen Todes hielt Jesus das festliche Mahl mit seinem engsten Jüngerkreis, das wir als „Letztes Abendmahl" bezeichnen. An bestimmten Stellen der Mahlzeit reichte er ihnen gebrochenes Brot und einen Becher mit Wein, wobei er zu beiden Darreichungen Deuteworte sprach. Das unterschied dieses Mahl in jedem Fall von den andern Mahlzeiten Jesu, gleichgültig, ob dieses Abendmahl ein Pesach-Mahl war oder nicht.

Gnilka entscheidet sich dafür, daß das Brotwort in der Fassung bei Markus als das älteste gelten könne: „Nehmt! Das ist mein Leib." Mit dem „Leib" meint Jesus sich selber. Mit der Darreichung und der Aufforderung zu essen gibt Jesus im Angesicht seines bevorstehenden Todes zu verstehen, daß es eine Möglichkeit geben wird, die Gemeinschaft mit ihm als gegenwärtigem Freund über seinen Tod hinaus fortzusetzen.

Schwieriger ist es für Exegeten, sich mit guten Gründen für oder gegen ein bestimmtes Deutewort zum Becher zu entscheiden. Noch immer ist der Forschung nicht klar geworden, warum Markus (14,23 f) Jesus das Deutewort erst sprechen läßt, *nachdem* alle vom Becher getrunken haben. Die Unterschiede in der Wiedergabe bei Markus und bei Paulus sind beträchtlich: Nach Paulus wird mit dem Becher eine Schwerpunktsetzung beim Bundesgedanken verbunden; das Blutmotiv ist diesem untergeordnet. Bei Markus verhält es sich gerade umgekehrt. Gnilka zählt eine Reihe von Gründen dafür auf, daß die Identifizierung des Becherinhalts mit dem Blut Jesu erst sekundär ist; dazu zählt in der Tat die Feststellung, daß der Gedanke des Bluttrinkens für jüdisches Empfinden schwer zumutbar sei. So entscheidet sich Gnilka schließlich dafür, daß am Anfang eine Formulierung des Becherwortes stand, die im wesentlichen derjenigen bei Paulus entspricht: „Dieser Becher ist der neue Bund durch mein Blut" (1 Kor 11,25). Die Kombination der Worte „Bund" und „Blut" läßt an das Bundesblut von Ex 24,8 denken; der „neue Bund" knüpft an die Verheißung Jer 31,31 an, die eine Erneuerung des ewigen Bundes, nicht eine Ablösung des alten durch einen neuen Bund meint. An eine Sühnewirkung des Blutes ist, so Gnilka, in Ex 24,8 nicht gedacht.

Nun hat Markus eine erste bedeutsame Erweiterung zum Verständnis dessen, wie die Augen- und Ohrenzeugen die Deutung Jesu aufgefaßt haben. Das Evangelium formuliert so: „Das ist mein Bundesblut, das für viele vergossen wird" (14,24). Mit dem Begriff der „Vielen" wird höchstwahrscheinlich die Verbindung zu dem Gottesknechtlied im zweiten Buch des Propheten Jesaja hergestellt: „Der (der Knecht) schüttete sein Leben aus in den Tod. Denn er trug die Sünden der Vielen und trat für die Schuldigen ein" (53,12). Nach diesem Lieblingspropheten Jesu ist der Gottesknecht das „Licht für alle Völker" (Jes 42,6; 49,7f). Das Markusevangelium möchte also, den bei Paulus greifbaren Aspekt der Bundeserneuerung ergänzend, sagen: Im Vorausblick auf seinen Tod wollte Jesus, daß sein Sterben auch den „Heiden" zugute komme, mit denen er ja gelegentliche Berührungen gehabt und die er nie vom Gottesheil ausgeschlossen hatte. Die neue Gemeinschaft, die das Darreichen des Brotes anzeigt, wird hier also um zwei Gedanken erweitert: Sie ist Gemeinschaft mit dem, der in den Tod geht, und dieser Tod soll dem Gottesbund, zuerst mit den Juden, dann auch mit den Heiden, dienen. Der universale Aspekt, sagt Gnilka, das heißt die Ausweitung der Gemeinschaft mit Jesus auf die Völker aus der „Heidenwelt", dürfte für Markus wichtiger gewesen sein als der Sühnegedanke.

Es wären noch mehrfache andere Erweiterungen der Abendmahlsworte zu erwähnen, auf die hier nicht näher eingegangen werden kann: Lukas und Paulus fügen zum „Leib" hinzu: „für euch (hingegeben)"; Lukas sagt beim „Blut": „für euch vergossen". Gnilka stellt dazu fest, daß in einer Bearbeitung Leib und Blut Jesu als Opfergaben gedeutet wurden und daß dieser Gedanke so wichtig wurde, daß demgegenüber der ursprüngliche Bundesgedanke zurücktrat. Allein Matthäus hat die Wendung „zur Vergebung der Sünden" (26,28). Gnilka weist darauf hin, daß damit nicht ein einmaliger Akt der Sündenvergebung gemeint ist, sondern daß es auf die immerfort wiederholte Eucharistiefeier bezogen werden muß.

3. Fleisch essen, Blut trinken?

Die Zumutung, das Fleisch eines Menschen zu essen und sein Blut zu trinken, ist auch für Europäer groß. Sehr viel größer ist sie für Semiten, am größten für Juden, denen Gottes Gebot den Blutgenuß verbot: Das Blut als Sitz des Lebens ist alleiniges Eigentum Gottes, des Herrn allen Lebens. Diese Zumutung ist nicht nur in den Abendmahlsworten mit enthalten, von denen bisher die Rede war. Sie ist noch viel deutlicher ausgesprochen im Johannesevangelium, das bereits im Zeichen einer schroffen Trennung der jungen Kirche vom Judentum steht.

Nun ist das Johannesevangelium alles andere als ein einheitliches literarisches Gebilde. Mehrere Redaktionsschichten sind zu unterscheiden. In Kapitel 6 enthält es eine eindringliche Eucharistielehre. Sie ist zunächst ganz dem Thema des lebenspendenden Brotes, des Brotes vom Himmel gewidmet, vergleichbar dem Manna, das dem Volk Israel in der Wüste geschenkt wurde. Dann erfolgt ein krasser Übergang: „Aber das Brot ist zugleich mein Fleisch" (6,51), und nun sagt der johanneische Jesus auf diesbezügliche Bedenken von jüdischer Seite hin: „Wenn ihr nicht das Fleisch des Sohnes des Menschen eßt und sein Blut trinkt, habt ihr kein Leben in euch" (6,53; die Verse 53–56 wären insgesamt zu zitieren). Es handelt sich um eine radikale Formulierung dessen, was wir in der Dogmatik „sakramentalen Realismus" nennen. Schon das Evangelium selber fügt nach einem recht holprigen Übergang zu einer anderen redaktionellen Schicht (6,61) die erstaunliche Feststellung an: „Der Geist ist es, der lebendig macht, das Fleisch hilft nichts" (6,63).

Wie ist mit der genannten Zumutung umzugehen? Es ist wahrhaftig nicht so, als ob erst unsere Zeit hier Probleme empfinden würde. Sie wurden schon im kirchlichen Altertum thematisiert, zum Beispiel bei Johannes Chrysostomus († 407), und bei Thomas von Aquin († 1274) wurden sie in der *summa theologica* eigens behandelt (III q. 81 a.1). Die Lösung dieser alten Theologen besteht in dem Hinweis darauf, daß Jesus selber von dem Brot genommen und von dem Becher getrunken habe. Was bedeutet das für heutige Glaubenslehre? Man darf „Fleisch" und „Blut" nicht kraß realistisch fassen. Die Kirche hat das im Gefolge des ersten Abendmahlsstreites (im 9. Jahrhundert) und in ihren Weisungen zum Umgang mit konsekrierten Gaben unmißverständlich klargemacht: Es handelt sich bei der eucharistischen Präsenz um eine sakramentale Gegenwart, um die Gegenwart des pneumatisch verklärten Herrn. Nichts anderes will die katholische Lehre von der Wesensverwandlung sagen: Wesen ist eine geistige Realität, nicht ein kraß materielles Ding.

Wenn dieses Thema neuerdings wieder, wie bei Drewermann in polemisch-ironischer Zuspitzung, ausgebreitet wird, stellt sich natürlich die Frage, ob Jesus selber bei seinem letzten Mahl „sakramental" gedacht habe. Wenn man nicht den fachtheologischen Sakramentenbegriff zugrunde legt, der ein Ergebnis der Klärung des 12. Jahrhunderts ist, sondern an „Anbahnungen" sakramentalen Denkens und Handelns bei Jesus selber denkt, dann ist sehr deutlich: Jesus hatte einen Sinn für den Bereich des Sakramentalen. Das zeigen seine Taufe, seine Zeichenhandlungen, vor allem bei den Heilungen, das zeigt sein Jüngerkreis, der die Ölsalbung praktizierte, das zeigen Jesu Segnungen und seine Akzeptanz der Riten seines Volkes mit ihrem Gedächtnisgehalt. Von da her ist seine Setzung der eucharistischen Gaben beim Abendmahl nicht etwas abrupt Neues.

Die Sakramententheologie des 20. Jahrhunderts hat die Engführung auf ein kraß isoliertes Verständnis von „Fleisch" und „Blut" überwunden. Ich möchte dafür zum Schluß zwei schöne kleine Zitate eines meiner Lehrer, des Religionsphilosophen Bernhard Welte, anführen, der diese auf dem Eucharistischen Kongreß 1960 gesprochen hat: „Der Tod des Herrn wird in dieser Feier als gegenwärtiger gewährt, damit die Mahlgemeinde an diesem selben Tod des Herrn teilzunehmen vermöchte in einem lebendigen Geschehen sakramental ermöglichten Mitvollzugs", und: „Uns ist im heiligen Mahl Teilnahme gewährt am selben Reich Gottes, dem in der Auferstehung Jesu gekommenen und zugleich immer künftigen. Insofern ist das heilige Mahl ein Freudenmahl. In ihm ist der Tod des Herrn in Fröhlichkeit verwandelt. Aber nur durch die Teilnahme am Tod, nicht durch Überspringung desselben, ist uns Teilnahme auch am Leben des Herrn gewährt" (Auf der Spur des Ewigen, S. 463).

Jesu Anspruch und die Menschwerdung des Menschen

Der Versuch, Anspruch und Lebensbedeutung Jesu auf wenigen Seiten darzustellen, ist natürlich sehr vermessen, zumal die Situation, in die hinein die Botschaft von Jesus, dem Sohn Gottes, gesagt werden muß, so komplex wie nur möglich ist. Sperrig ist die Mentalität der total säkularisierten Mitmenschen. Drängend sind die Aufgaben der ersten und grundlegenden Versöhnung, der von Juden und Christen. Vermieden werden müssen Engführungen aus der eigenen Tradition, die zu heillosen Mißverständnissen und sprachlichen Leerformeln führen. Unzugänglich bleibt der genauere Kontext der Hörenden, deren Verkrustungen die Botschaft aufbrechen will, in allen Dimensionen ihrer Existenz den Heilsweg erschließen will. Diese komplizierte Situation soll im folgenden vor Augen sein, auch wenn es nicht möglich ist, sie im einzelnen anzusprechen.

Die Hinwendung zum historischen Jesus und zu seiner Botschaft vom Reich Gottes ist in der Glaubenssituation und -not der Gegenwart unverzichtbar, lebensnotwendig ist eine Verbreiterung der Basis des Christentums, nach all den Verengungen der Sicht auf Kerygma, Glaube, Rechtfertigung, wie sie nicht nur im Zeichen Bultmanns Mitte des 20. Jahrhunderts üblich waren. Wie könnte dieses Thema der Herrschaft Gottes, für das Jesus lebte und starb, Christen unberührt lassen? Es stellt, wenn es richtig, im Sinne Jesu, verstanden wird, die Brükke dar zwischen Diesseits und Jenseits, zwischen irdischer Arbeit und Vollendungshoffnung. Bei der Verkündigung des Reiches Gottes *und* der daran orientierten Praxis, dem daran ausgerichteten Handeln, erhob Jesus den Anspruch, den authentischen Willen Gottes zu kennen und zu vertreten. Was will Gott mit Schöpfung und Menschheit? Daß sie gott-gemäß, gott-bereit werden, fähig, Gott bei sich aufzunehmen, damit in alle Ewigkeit Gott mit seiner Menschheit vereint sein könne, der Schöpfer mit der ihn in Liebe aufnehmenden Kreatur. Diese Sicht auf das Verhältnis Gottes zu Menschheit und Schöpfung ist bei Jesus nicht grundlegend neu und nicht prinzipiell anders als im Glauben Israels, von dem Jesus nicht zu trennen ist. Bekannt ist allerdings, wie Jesus souverän mit bestimmten Traditionen innerhalb seines Volkes umging, wie er den Anspruch Gottes radikalisierte, in eine Form brachte, die als Einheit von Gottes- und Menschenliebe aufscheint; wie er die Herrschaft Gottes als liebendes Angebot seines Vaters darlegte, nicht als Inbegriff eines überfordernden Leistungsdrucks; wie ihm bewußt war, bis wohin dieser erbarmende Vater dem Verlorenen nachzugehen bereit ist. Abgesehen von dieser konzentrierenden und radikalisierenden Sicht auf die Herrschaft Gottes sind zwei Dinge bei Jesus neu; einmal die Dringlichkeit des Anrufs: Es ist keine Zeit zu vertun – mit der Verwirklichung des Reiches Gottes, mit der Wahrnehmung des Angebots muß hier und heute begonnen werden; zum andern neu ist die Verbindung des Reich-Gottes-Themas mit ihm, Jesus, mit seiner Person: An der Entscheidung für oder gegen ihn entscheidet sich, ob ein Mensch zu der gott-gemäßen Menschheit der Vollendung gehören wird. Es ist allerdings möglich, ihn nicht zu erkennen und sich doch für ihn zu entscheiden, da er sich mit den Leidenden und Gefangenen identifiziert (Mt 25).

Für den Anspruch dieser Botschaft lebte und starb Jesus. Sie führte ihn ans Kreuz – aber warum? Zu kurz griffe die Meinung, das Kreuz sei nichts anderes als die Offenbarung menschlicher Verweigerung, brutaler Reaktion auf den absolut Unschuldigen und Gewaltlosen – obwohl im Kreuz solches gewiß auch an den Tag kommt. Verhängnisvoll wäre die Auffassung, Gott habe nicht anders als durch das Todesopfer des geliebten Sohnes versöhnt werden können, der Gott des Lebens habe auf diesem Blut bestanden – damit wäre Jesu Gottesbild und -predigt widerlegt. Nicht *so* wäre richtig formuliert: Weil es das Kreuz gab, liebt uns Gott. Sondern *so*: Weil Gott uns liebt, gab es das Kreuz, nämlich als nie mehr übersehbares, wirksames Zeichen der Liebe Gottes, als Inbegriff dessen, wie weit der Vater in seiner Liebe zu den Verlorenen zu gehen bereit war: bis zur Hingabe des geliebten Kindes.

Diesen Jesus, *diese* Reich-Gottes-Botschaft und -Praxis, *diesen* Anspruch Jesu hat Gott bestätigt, als er Jesus nicht im Tod beließ, sondern ihn auferweckte und zu sich erhöhte. So bleibt der Anspruch universal gültig. Weder ein anderer Wille Gottes noch eine Erweiterung dieses Willens wird je geoffenbart werden. Kein anderes Gotteszeichen wird das Kreuz überbieten. Kein neuer Gottesbote wird Jesus übertreffen.

Als die frühesten Christengemeinden die Jesuszeugnisse sammelten und die einzelnen Jesusüberlieferungen sich immer mehr zu einem Ganzen formten, vertiefte sich auch die Antwort auf die schon früher gestellte Frage: „Wer ist denn dieser?" Es wurde deutlich, daß Gott sich auf eine schlechthin einzigartige Weise mit diesem Menschen Jesus von Nazaret verbunden hatte. Es lag nahe, diese einzigartige Verbindung mit dem Wort zu bezeichnen, mit dem der Jesus selber sein Gottesverhältnis beschrieben hatte: „Sohn Gottes". In der späteren Reflexion des Trinitätsglaubens der Kirche erwies es sich aber als äußerst bedeutungsvoll, daß „Sohn Gottes" nicht die einzig mögliche richtige Benennung der einmaligen Würde Jesu Christi war. Schon das gläubige Denken Israels hatte innere Lebensdifferenzierungen des einzigen Gottes erkannt und sie mit „Wort Gottes", „Weisheit Gottes", „Herrlichkeit Gottes", „Name Gottes", „Geist Gottes" umschrieben. Auf dieser Spur des Verstehens sollte es möglich werden, die wahre Göttlichkeit des Sohnes und des Geistes zu bekennen, ohne die Einzigkeit Gottes anzutasten, also ohne aus dem einen dreieinigen Gott eine Dreiheit göttlicher Subjekte zu machen.

So gelangte der Glaube bereits der frühen Christenheit zu der Überzeugung, daß das Wort Gottes, das in Jesus von Nazaret Fleisch wurde (Joh 1,14), schon *vor* dem Menschen Jesus existierte, daß es von Ewigkeit her bei Gott war und daß dieses Wort Gott selber war, das Aussagbare an ihm, so wie der Geist das Mitteilbare an ihm ist. Da die Glaubenszeugnisse Israels eindeutig bekundeten, Gott habe im Anfang alles durch sein Wort geschaffen – bei jedem einzelnen Schöpfungswerk heißt es ja: „Und Gott sprach" –, wurde Jesus, das Wort und der Sohn Gottes, nicht nur unter dem Vorzeichen der Rettung, sondern auch unter demjenigen der Schöpfung gesehen: „Und er ist das Ebenbild des unsichtbaren Gottes, der Erstgeborene der ganzen Schöpfung; denn in ihm ist alles, was in den Himmeln und auf Erden ist, erschaffen worden, das Sichtbare und das Unsichtbare, seien es Throne oder Hoheiten oder Gewalten oder Mächte: alles ist durch ihn und auf ihn hin erschaffen; und er ist vor allem, und alles hat in ihm seinen Bestand" (Kol 1,15–17).

Ein tieferes Glaubensverständnis erfaßt von dieser Gottesoffenbarung aus, warum es überhaupt Schöpfung gibt, warum Gott das Nichtgöttliche wollte und ins Dasein rief. Allen zweideutigen und vermeintlich wissenschaftlich fundierten Blicken auf die Schöpfung zum Trotz, die den Menschen nur als zufällige und vorübergehende Blüte der Evolution auf einem drittklassigen Planeten anerkennen wollen, dafür die „Natur" oder den „Bruder Tier" um so stärker, sogar zu Rechtssubjekten, aufwerten möchten, alldem zum Trotz muß der christliche Glaube darauf bestehen, daß Schöpfung nicht ein anderer Name für „Gott" ist, daß es Schöpfung um des Menschen willen gibt und daß die Menschwerdung des Menschen die Voraussetzung dafür ist, daß Gott selber sein Ziel erreichen, nämlich in seine Schöpfung eingehen konnte und kann. Daß damit radikale Verantwortung für diese Schöpfung als Mitwelt und Umwelt des Menschen mit ausgesprochen ist, was in der jüdisch-christlichen

Tradition keineswegs immer erkannt wurde, das ist heute bekannt und wird von Christen nirgendwo mehr geleugnet. Aber das ist nicht Thema unserer Überlegungen.

Die Sicht auf die Schöpfung, wie sie vom Kolosserbrief und von anderen Offenbarungszeugnissen vertreten wird, steht quer zu jenem naturwissenschaftlich-technisch geprägten Denken, das panischen Schrecken davor empfindet, in der Kosmogenese und in der Evolution Sinn und Zielrichtung (Teleologie) anzunehmen; man gibt sich statt dessen lieber damit zufrieden, das Vorhandene ohne die Frage nach dem Warum und Woher zu analysieren und bestenfalls eine Verpflichtung zur Förderung von „Lebensqualität" anzuerkennen. Diesem zeitgenössischen Denken – „Weltbild" ist zuviel gesagt, denn es handelt sich ja nicht um ein System; „Weltanschauung" oder „Mentalität" träfen eher zu –, dieser Weltanschauung also fehlt es noch weithin, und zwar zu unser aller Glück, an Konsequenz. In ihr finden sich noch immer Reste einer früheren Moral, vom Gewissen herstammende Relikte, die bewirken, daß Naturwissenschaftler und Techniker immer noch als mehr angesehen werden denn als reine Naturwissenschaftler und Techniker. Gingen die Reste dieser nicht rational begründeten Ehrfurcht, auch Ehrfurcht vor dem Leben, vollends verloren, dann stünden wir nicht nur vor einer unvorstellbaren Barbarei, sondern vor dem Ende der Menschheit schlechthin. Noch gibt es Widerstand dagegen.

Wo sich der christliche Glaube nicht in leichtfertigem Weltoptimismus dieser Denkart ausliefert, sondern sich auf seine Ursprünge in der jüdischen und christlichen Gottesoffenbarung besinnt, stellt er die stärkste Widerstandskraft dagegen dar.

Wenn die christliche Tradition schon in den ersten Jahrhunderten als Motiv Gottes, überhaupt etwas zu erschaffen, die sich selbst verschwinden wollende Güte Gottes angab, dann kann dieser Gedanke christozentrisch weitergeführt werden, immer in Korrespondenz mit der Pneumatologie. Gott hat das Andere seiner selbst gewollt und ins Dasein gerufen, weil er, der unergründliche, anfanglose und unbegrenzte Urgrund, sich dem Anderen seiner selbst mitteilen wollte, in verschwenderischer Liebe und Güte. Er wollte dem Anderen seiner selbst auf den beiden Wegen nahekommen, die sich auf der Seite der Kreatur anbieten: in Geist und Geschichte. In seinem Geist ist Gott der Kreatur nahe, wenn sie die Stufen der Evolution bewältigt, wenn Leben auftritt, wenn Selbstbewußtsein, Selbstorganisation und Selbsttranszendenz als die Merkmale des menschlichen Geistes wirksam werden. In seinem Geist ist Gott bei den Menschen, wenn sie Erfahrungen mit Gott machen – „der gesprochen hat durch die Propheten" –, wenn sie der Stimme ihres Gewissens, der Stimme des Gottesgeistes in ihnen gehorchen, wenn sie in allen Gestalten wirklicher Liebe über sich hinauswachsen. Als Geist ist Gott in den Menschen gegenwärtig, weil sein göttlicher Geist die Vorbedingung für jene Verwandlung ist, mit der Gott seine Schöpfung vollenden wird.

Dieser Gottesgeist steht an zentraler Stelle beim Eintritt Gottes in die Geschichte. Denn „Eintritt Gottes in die Geschichte" ist eine kurze Formulierung für ein Geschehen, bei dem Gott gerade nicht der allein Wirkende ist, sondern bei dem es entscheidend auf die Mitsprache der Menschheit als des von Ewigkeit her geliebten Partners Gottes ankommt. Es sollte sich nicht um ein „monokausales" Geschehen handeln, bei dem Gott sich zu-sagt, sich mit-teilt und die andere Seite passiv-empfangend bliebe. Die Mitteilung Gottes selbst sollte aufgenommen, seine Selbst-Zusage angenommen werden.

Hier nun ist es unumgänglich, den konkreten Zustand dieser von Gott geliebten und gesuchten Menschheit zu thematisieren. Die Menschheitsgeschichte ist von Anfang an eine Geschichte der Verweigerungen, der Treuebrüche und der Undankbarkeit. Die Geschichte Gottes mit den Menschen ist für Gott von Anfang an eine Geschichte des Schmerzes und der Enttäuschungen, eine Geschichte der liebenden Selbstbeschränkung seines Zornes und der stets neuen Ermutigung durch die Gabe seines Geistes. Als die Zeit gekommen war, da Gott selber in die Geschichte der Menschen eintreten wollte, überwand er die Sperren der universalen Verweigerung, indem er selber das Ja der Menschheit zu seinem Kommen möglich machte. Die Mariendogmen, die das aussprechen, sind darum Rühmungen seiner Gnade, seiner zuvorkommenden und umschaffenden Initiative.

Ermöglicht durch das Wirken des Gottesgeistes, verband das ewige Wort Gottes sich in Maria mit dem von Gott geschaffenen Menschen Jesus. Es ist wichtig, die Wegzeichen zu beachten, die das Christusdogma der Kirche hier dem gläubigen Nachdenken gesetzt hat. Gutgemeint und traditionell, gleichwohl mißverständlich sind die Begriffe „Menschwerdung Gottes" und „Gottmensch". Unter „Menschwerdung Gottes" ist ja nicht gemeint, daß Gott sich in einen Menschen verwandelt habe. Das Dogma von Chalkedon (451 n. Chr.) besagt, daß in Jesus Christus beide – Gott, genauer sein ewiger Logos-Sohn, und Mensch – zwar nicht und nie mehr getrennt, aber auch in Ewigkeit unvermischt, jeder er selber bleibend, zur Personeneinheit verbunden sind. „Gottmensch" könnte, rein von der sprachlichen Seite her, eben ein solches Mischwesen bezeichnen, halb Gott, halb Mensch, wie es die heidnische Mythologie gekannt haben mag, nicht aber der christliche Glaube bekennt. Gerade weil Jesus, unlösbar mit Gott geeint, ganz und gar Mensch blieb, konnte er deutlich machen, was das heißt, Mensch im Sinne Gottes zu sein. Gott hat das Menschliche in ihm nicht klein, sondern groß gemacht, weil Gott für den Menschen befreiende Freiheit ist. Jesus unterlag nicht dem armseligen Zwang, zwischen Gut und Böse wählen zu müssen, sondern in seiner befreiten Freiheit verkörperte er den Willen zur reinen Güte, zur selbstlosen und gewaltlosen Lauterkeit.

Weil Jesus in Freiheit immer nur das Gute wollte, konnte er nichts anderes wollen als den Willen Gottes. So zeigen sich auch von dieser Überlegung her seine Botschaft und Praxis des Reiches Gottes als die absolute, unwiderrufliche und unüberholbare Verkündigung des Willens Gottes. Dieser Gotteswille möchte eine gott-gemäße, gott-fähige Menschheit, in der die partnerschaftliche Nähe Gottes zu den Menschen zur Vollendung kommen soll. In den Lebensmodellen der Bergpredigt – herrschaftsfreie mitmenschliche Verhältnisse, Treue von Mann und Frau, Absage an Gewalttätigkeit jeder Art – ist dieser Wille Gottes konkret und für Menschen jeder Situation und Bildung faßlich geworden. Im Gottesbild Jesu zeigte sich jener fürsorglich behütende, zur Vergebung bereite Gott, dessen Nähe ein Mensch gern sucht, der nicht abstößt oder abschreckt, sondern einlädt, betend und meditierend bei ihm zu verweilen.

Jesus hat in seiner Verkündigung und in seinem Handeln auch die Verbindung von Schöpfung und Reich Gottes, von Idealvorstellungen Gottes und ihrer vollendenden Verwirklichung aufgezeigt. Zu den wichtigsten Willensbekundungen Gottes bei der Schöpfung gehört die Einsetzung des Menschen zum Bild Gottes. Die christliche Tradition hat vielfach gerätselt, was am Menschen es genau sei, das ihn Gott so ähnlich mache, daß er in Wahrheit Gottes Abbild genannt werden kann. Die Gedanken kreisen um den menschlichen Geist, ein geschaffenes Endliches, das in seiner unbegrenzten Offenheit wahrhaft des Unendlichen fähig ist, oder um die menschliche Seele, das Unterpfand kommender Unsterblichkeit. Solche Gedanken sind nicht falsch, aber sie treffen nicht das, was die Gottesoffenbarung der Genesis meint. Die Menschen sind dort als Abbilder Gottes zu Hütern seiner Schöpfung eingesetzt, zu Bewahrern des „Lebenshauses" Schöpfung, das ihnen von Gott zu treuen Händen anvertraut ist, um das sie sich an der Stelle Gottes zu kümmern haben. Damit ist nicht nur der grundsätzlich behutsame Umgang mit Mitwelt und Umwelt gemeint. Der Auftrag bezieht sich besonders auch auf diejenigen Mitmenschen, deren Lebensumstände man nicht als „Lebenshaus" bezeichnen kann: wenn ihnen das zu einem guten und ehrenhaften Leben Notwendige vorenthalten wird. Ebenbild Gottes meint in unlösbarer Verbindung Würde *und* Auftrag.

Nun ist mit dem Kommen Gottes in die Geschichte jene Geschichte menschlicher Verweigerungen gegenüber Gott nicht beendet worden. Die unüberbietbare Nähe Gottes in Jesus von Nazaret hat den Weg der Befreiung und Rettung gewiesen; die Rettung Jesu aus dem Tod hat den Anfang der Vollendung der Schöpfung gemacht. Aber vor diesem Anfang lag das Kreuz.

Im Zug des gläubigen Verstehens dessen, was sich eigentlich in Jesus ereignete, zeigt sich nun noch einmal eine tiefere Sicht als die, daß das Kreuz das unübersehbare Zeichen der Liebe Gottes zur Menschheit war und ist. In dem ewigen Wort, das mit Jesus untrennbar vereint war, erfuhr Gott selber, was menschliches Nein konkret bedeuten kann. Dabei prägte diese menschliche Verweigerung nicht nur die Stunden am Kreuz, vielmehr warf das Kreuz seine Schatten voraus auf das ganze Menschenschicksal Jesu. Man hat manchmal darauf hingewiesen, daß andere Menschen länger gequält und schrecklicher zu Tode geschunden worden seien als Jesus. Aber läßt sich von außen her inneres Leiden wirklich ermessen, gerade dann, wenn Jesus klar bewußt war, zu wessen Gunsten, von welcher Liebe er gesandt war? Das Kommen Gottes in die Menschheit bedeutete auch die äußerste Zunahme der Leidensgeschichte Gottes. Wer über den Anfang jubelt, den Gott in Jesus in Aussicht gestellt hat, wer Freude oder Vorfreude über die mögliche Vollendung verkostet, zu der wir in bleibend erneuertem Menschsein in der Lebensgemeinschaft mit Gott verweilen sollen und dürfen, der kann und darf nicht übersehen, welchen Preis Gott dafür gezahlt hat. Von da her kann Gottes Nähe zu uns in Wahrheit als Schicksalsgemeinschaft verstanden, kann keine Situation gedacht werden, in der nicht Gott bei uns wäre.

Der konkrete Verweigerungszustand der Menschheit ist schuld daran, daß die Vollendung der Schöpfung und des Reiches Gottes nur durch den Tod hindurch möglich sind, durch einen Tod, der verwandelnden Charakter tragen soll, indem er akzeptiert wird als Übergabe des eigenen Ich in die Hände des göttlichen Vaters Jesu. Hier stößt die christliche Botschaft noch einmal auf massivste Widerstände der Verdrängung des Todes. So geraten der „heutigen Mentalität" der Anfang und das Ende von allem aus dem Blick, und die Sinnfrage wird ihr definitiv unbeantwortbar. Die Lage wäre hoffnungslos, würden sich nicht stets von neuem die Stimme des Gewissens und die Sehnsucht des Herzens melden.

Sühne und Opfer

Im Zusammenhang mit den Auseinandersetzungen um E. Drewermann spielen christliche Auffassungen von Sühne und Opfer eine wichtige Rolle, auch deswegen, weil die Polemik des Buches „Kleriker" so stark auf sie konzentriert ist. In dem bereits zitierten Interview mit Drewermann erinnerte einer der „Spiegel"-Redakteure an den evangelischen Theologen Rudolf Bultmann: „Bultmann hat es für eine primitive Mythologie erklärt zu glauben, ‚daß ein Mensch gewordenes Gotteswesen durch sein Blut die Sünden der Menschen sühnt' ". Statt darauf hinzuweisen, daß zunächst einmal die Menschwerdungs- und Sühnevorstellungen geklärt werden müßten, griff Drewermann den Ball bereitwillig auf: „Diese Opfer- und Sühnetheologie war Jesus völlig fremd. Die Geschichten von den Zöllnern, den Pharisäern und den Sündern zeigen, daß Jesus die Vergebung der Sünden nicht von einer Vorleistung oder gar von einem Opfer abhängig gemacht hat. Diesen Gedanken – Vergebung ohne Vorleistung – hat er verkörpert und verkündigt. Das paßt überhaupt nicht zu der Lehre, Opfer seien zur Versöhnung Gottes notwendig. Solche masochistischen Implikationen gehören zur Begründung des Kreuzesopfers und des Opferpriestertums in der katholischen Kirche, aber sie stehen erkennbar dem Anliegen Jesu entgegen" („Der Spiegel" 52/1991, S. 71).

In dieser Auskunft sind folgende Problemkreise extrem vereinfacht ineinandergeschoben und mit Unterstellungen vermischt, die man nicht mehr als wissenschaftlich verantwortet ansehen kann:

• Vergebung ohne Vorleistung
• Versöhnung Gottes
• Sühnevorstellung bei Jesus und im Christentum
• Opfertheologie

1. Vergebung ohne Vorleistung?

Zuerst in der evangelischen Theologie, danach auch in der katholischen wurde eine umfangreiche Diskussion geführt über die Frage, ob nach streng historischen Erkenntnissen Jesus selber seinem Tod eine Heilsbedeutung zugeschrieben habe. Die katholische Beteiligung an diesem Disput wurde vor allem von Anton Vögtle 1964 und 1970 markant eröffnet und unter anderem von Heinz Schürmann 1975 konstruktiv weitergeführt.

Es wurde darauf hingewiesen, daß Jesus in seiner Verkündigung – so der Stand der Forschung – nirgendwo von seinem Tod oder von seinem Kreuz als Vorbedingung für das Heil der Menschen gesprochen hat. Es wurde festgestellt, daß er das doch hätte tun müssen, wollte er seine Zuhörer nicht über die vollständigen Heilsbedingungen im ungewissen lassen. In einem so wichtigen Text wie seinem Gleichnis von dem unbegrenzt barmherzigen Vater (Lk 15) fehlt zum Beispiel der Sühnegedanke vollständig.

Solche Erkenntnisse aus dem mit viel Scharfsinn und gelehrtem Aufwand geführten Gespräch wurden bei den „Multiplikatoren" immer mehr vereinfacht, bis schließlich in Verkündigung und Religionspädagogik daraus der Gemeinplatz von der „Vergebung ohne Vorleistung" wurde. Dabei hat man übersehen oder unterschlagen, daß Jesus unbestreitbar seine Gottesbotschaft mit einem recht harten Entscheidungs- und Umkehrruf und mit strikten Forderungen verbunden hat, in erster Linie mit der Forderung nach unserer Vergebung gegenüber den „Schuldigern" und der des Bekenntnisses zu ihm. Der historische Jesus hat nicht wie ein sanft säuselnder Dichter-Therapeut einfachhin alle Menschen in unendlich guttuender Liebe umfangen, sondern er sprach vom Nicht-Hineinkommen oder Nicht-Eingelassenwerden in das Reich Gottes oder vom Nichtbezahlt-Haben der Schuld.

2. Wer versöhnt mit Gott?

Drewermann spricht von der „Lehre, Opfer seien zur Versöhnung Gottes notwendig". Möglicherweise hat er dabei die Versöhnungslehre des Benediktinerabtes Anselm von Canterbury († 1109) im Sinn, die man im allgemeinen so wiederzugeben pflegt: Die Ordnung der Welt ist eine Widerspiegelung Gottes und so ein Ausdruck seiner Ehre. Diese ist durch die von den Menschen angerichtete Unordnung geschändet worden und muß wieder zur Geltung gebracht werden. Die Genugtuung bemißt sich an dem „entehrten" Gott, sie muß also unendlich sein. Ein Mensch wäre mit einer derartigen Wiedergutmachungsleistung überfordert, daher wurde der Gott-Mensch Jesus Christus mit der Satisfaktion beauftragt, die er im blutigen Opfer am Kreuz leistete. – Diese Theorie hat zur Folge, daß leicht folgendes heilsgeschichtliche Schema Raum greift: *Vor* dem Opfer Jesu am Kreuz ist sein göttlicher Vater zürnend und unversöhnt gewesen, erst *danach* hat er sich – unter anderem ersichtlich an den „Gnadenmitteln" der Kirche – als Versöhnter verhalten. In der Kritik an Drewermanns Klerikerbuch wurde geltend gemacht, daß er polemisch eine Theorie angreife, die im Bereich der katholischen Theologie von kaum jemandem mehr vertreten wird.

Die theologische Besinnung hat sich eingehend mit Paulus beschäftigt, bei dem – wenn wir vom Hebräerbrief mit seiner Gegenposition zum Tempelkult absehen – Sühnevorstellungen am deutlichsten innerhalb des Neuen Testaments vorkommen. Nun ist aber der entscheidende und zentrale Gedanke bei Paulus der: Der Vater ist es, von dem die Initiative zum Heil der Menschen und zur Versöhnung der Unversöhnten ausgeht. Hierfür stehen die Formulierungen mit „dahingegeben": Der den Sohn in fremde Hände Gebende, ihn den Sündern Ausliefernde ist der Vater, dessen selbstlose Liebe keinen ergreifenderen „Beweis" erbringen konnte.

Diese Sicht sucht Paulus in jeweils unterschiedlichen Zusammenhängen teils mit Metaphern, teils mit theologischen Ausführungen zu verdeutlichen, die heute einer besonders eingehenden Untersuchung bedürfen, weil sie leicht mißverstanden werden können. So schreibt er in 2 Kor 5,20 f: „So sind wir nun Gesandte für Christus, indem Gott durch uns ermahnt; wir bitten für Christus: Lasset euch versöhnen mit Gott! Er hat den, der von keiner Sünde wußte, für uns zur Sünde gemacht, damit wir in ihm die Gerechtigkeit Gottes würden." Damit klingt ein Gedanke an, der im kirchlichen Altertum für die Auffassung von der Erlösung bestimmend war, ehe Anselms Satisfaktionstheorie Aufmerksamkeit fand: der Tauschgedanke der griechischen, der *commercium*-Gedanke der lateinischen Theologen, Sterblichkeit gegen Unsterblichkeit, hier in der Fassung Sünde gegen Gerechtigkeit. Wortwörtlich kann Paulus das nicht meinen, denn Gott kann keinen, der nicht gesündigt hat, zur Sünde machen; er würde ja zutiefst unmoralisch handeln, wollte er einem Menschen innerlich eine negative Qualität geben und ihn dann an der Stelle anderer richten. Die Grenzen einer Metapher müssen beachtet werden. Ähnliches gilt von der Wendung, Jesus Christus sei „für uns zum Fluch geworden" (Gal 3,13 f).

Der wesentliche theologische Hintergrund der Sühneüberlegungen bei Paulus ist seine Auseinandersetzung mit dem „Gesetz". Nach der Auffassung des Apostels führt das „Gesetz" zum Tod, weil es ans Licht bringt, wie fruchtlos die Anstrengungen unseres Lebens sind. Jesus hat diesen Tod auf sich genommen und durchgestanden; dabei hat er die mitgenommen, die sich ihm im Glauben verbunden hatten und haben (wir sind nach der Überzeugung des Apostels mit ihm gestorben). Diejenigen, die solchermaßen erlöst sind, haben diesen Tod hinter sich; Erlösung in dieser Sicht ist Befreiung zu neuem, vor Gott gültigem Leben, Herauslösung aus dem todbringenden Unheilszusammenhang von „Gesetz" und Sünde. Was an Jesus geschehen ist, kann in der Sprache des Apostels „Sühnopfer" oder „Sühnedenkmal" heißen (Röm 3,25), als ein unübersehbarer Hinweis darauf, daß das Ende der Knechtschaft nicht billig zu haben ist. Die Überlegungen des Paulus zur Rolle des „Gesetzes" und zur Gerechtigkeit Gottes sind schwierig, und es fragt sich, in welcher Weise sie überhaupt in die heutige Zeit „übersetzt" werden können. So ist der Gedanke nur sehr schwer zu vermitteln, daß das „Gesetz" zum Tod führt, wenn es doch von Gott gegeben war und wenn weiterhin gilt: „Wir halten das Gesetz aufrecht" (Röm 3,31). Mit der Gottesweisung, der Tora, die Jesus nicht auflösen, sondern erfüllen wollte (Mt 5,17), hat das so aufgefaßte „Gesetz" jedenfalls nichts zu tun.

Entscheidend aber ist, daß selbst bei dieser dramatischen Darstellung der Sühne die Initiative von Gott ausgeht: Gott selber war es, der Jesus als Sühnopfer hingestellt hat, nicht um sich Genugtuung zu verschaffen, sondern um seine eigene Art von Gerechtigkeit zu erweisen, die zu Menschen nicht durch Leistungen, sondern nur durch den Glauben gelangt. Es ist somit nicht legitim, Paulus die Denkweise des Anselm zu unterstellen.

3. Sühnevorstellung bei Jesus und im Christentum

In der Bibelwissenschaft herrscht Übereinstimmung darin, daß die historischen Zeugnisse über Jesus es uns nicht ermöglichen, eine Psychologie Jesu zu schreiben. Vermutungen sind ein unsicherer Boden. Es gibt indes genug Exegeten, die davon überzeugt sind, daß Jesus vom Herannahen seines gewaltsamen Todes nicht überrumpelt wurde, sondern daß er mit dieser Reaktion seiner Gegner von einem bestimmten Zeitpunkt an fest gerechnet und auch dazu Stellung genommen hat. Es ist keine Überstrapazierung der Phantasie, wenn man aus den überlieferten Zeugnissen die Folgerung zieht, daß Jesus im Angesicht seines Todes an drei Gruppen von Menschen dachte: an den Kreis der Getreuen, an das Israel, das ihm nicht gefolgt war, und an die Menschen aus den Heidenvölkern. Die Abendmahlstexte lassen in den unterschiedlichen Formulierungen die von Fürsorge bestimmten Zukunftsausblicke Jesu erkennen: Sie sprechen von der Gabe seiner (eucharistischen) Gegenwart, von der Erneuerung des Bundes für sein Volk und der Einbeziehung der „Vielen" aus den Völkern in diesen Bund. Daß in alldem der ureigenste Wille Jesu greifbar wird, läßt sich an der Treue und Festigkeit erkennen, mit der er seine Sendung erfüllte; so wie sein Leben für andere gelebt war, so sollte sein Sterben anderen zugute kommen. Das ist in den Formulierungen „für euch", „euch zugute", bei Paulus „für uns", „uns zugute", enthalten. Viele Theologen sind der Meinung, daß darin die Wurzel aller Erlösungsvorstellungen zu sehen ist.

Es ist nun möglich, daß Jesus sich als ein leidender Gottesknecht im Sinne der Lieder des Propheten (Deutero-)Jesaja verstanden, sich vielleicht auch so bezeichnet hat. In diese Thematik gehört eine Sühnetheologie wesentlich hinein, hier hat diese aber eine eigentümliche Ausprägung, die der katholische Bibelwissenschaftler Adrian Schenker eingehend dargelegt hat. Dieses Sühnedenken geht von der Versöhnungsbereitschaft *beider* Seiten aus, also nicht von einem Versöhnungsversuch an einem erbittert Zürnenden. Der überlegene Teil, Gott, verzichtet auf Bestrafung und Vergeltung, erwartet aber eine Gabe, nicht einen materiellen Wert, sondern eine Selbst-Gabe. Die entscheidende Selbstgabe eines Menschen geschieht im Sterben: in der Übereignung des von Gott geschenkten Lebens an ihn, an Gott. Der Gottesknecht versteht sich als solche Gabe anderen zuliebe; seine Selbst-Gabe oder Selbstdahingabe soll anderen zugute kommen. Der Hintergrund ist die Überzeugung, daß ihm völlige Solidarität möglich ist.

Hat Gott an diesem Tod Wohlgefallen? Die Sühnevorstellungen des Neuen Testaments muten uns nicht den Glauben an einen Gott zu, der an der Qual des geliebten Kindes und an seiner blutigen Hinrichtung Gefallen gefunden hätte und sich dafür dann besänftigt zeigte. Wohl aber zeichnen sie das Bild eines Gottes, der es sich wünscht, daß Menschen das Ereignis ihres Sterbens zur bewußten Selbst-Gabe an ihn machen, und dem es erst recht entspricht, wenn ein solcher Hingang zu ihm nicht das Verhalten eines einsamen Individuums bleibt, sondern ein Akt umfassender Solidarität ist.

Das Kreuz darf nicht verharmlost werden. Es ist ein Zeichen zunächst des Widerspruchs der sündigen Menschheit gegen Gott und des Widerspruchs Gottes gegen die Sünde. Es ist im Licht der Ostererfahrung dann aber definitiv das Zeichen der in Jesus Mensch gewordenen Liebe Gottes.

Ich kann es nicht verstehen, wie man diese – schon *vor* den Paulusbriefen, *vor* den Evangelien in der frühesten Glaubensgemeinschaft lebendige – Sicht als Masochismus karikieren kann. Richtig ist, daß sich ins christliche Bewußtsein da und dort selbstquälerische Sühnevorstellungen eingeschlichen haben, die meinen, Gott für angetane Beleidigungen irgendeine Genugtuungsleistung erbringen zu müssen. Das deutsche Wort „Sühne" führt fast immer die Gefahr von Mißverständnissen mit sich. An solchem Sühnen kann nur das sinnvoll sein, was beide Komponenten in sich enthält, einübenden Mitvollzug des Sterbens Jesu und praktizierte Solidarität mit anderen.

4. Opfertheologie

Jesus hatte sich unmißverständlich die Kult- und Opferkritik der Propheten Israels zu eigen gemacht, deren Inbegriff bei

Hosea zu finden ist: „Denn nicht Schlachtopfer will ich, sondern Liebe, nicht Brandopfer, sondern Gotteserkenntnis" (6,6). Der Evangelist Markus läßt einen jüdischen Theologen ausgerechnet auf dem Tempelplatz, also an der Stätte der Opfer, zu Jesus sagen: „Trefflich, Lehrer, der Wahrheit entsprechend hast du gesagt: Einer ist er, und es gibt keinen anderen außer ihm. Und ihn lieben aus ganzem Herzen und aus ganzer Erkenntnis und aus ganzer Kraft und den Nächsten lieben wie sich selbst, ist weit mehr als alle Brand- und Schlachtopfer" (Mk 12,32 f; Übersetzung von J. Gnilka).

Ein Opfer ist nach allgemeinem Verständnis der Verzicht auf eine Sache oder deren Vernichtung in der Meinung, das sei Gott wohlgefällig. In dem Wunsch, der geoffenbarten Gottesweisung nachzukommen, stimmen viele Theologen in folgender Auffassung überein:

- Ein Opfer als bloßer Verzicht oder gar als Vernichtung stellt keinen Wert für Gott dar;
- ein Verzicht entspricht dem Willen Gottes, wenn dasjenige, worauf verzichtet wird, für Bedürftige bestimmt ist, das Opfer also im Schenken oder im Teilen (materieller oder ideeller Werte) besteht;
- ein Verzicht kann geboten sein, wenn er der Einübung dient, um sich von Abhängigkeiten zu befreien, die Gott nicht bejaht;
- ein Verzicht kann sinnvoll sein als Einübung des Lassenkönnens, also letztlich als Einübung des Sterbens, in dem ein Mensch alles lassen muß, einschließlich seiner Selbstverfügung.

Es gab in der Kirche einmal eine Zeit, in der selbstquälerische Askese hoch im Kurs stand. Da und dort kann es heute noch eine Opfer- oder Öpferchen-Mentalität geben, die davon ausgeht, der bloße Verzicht ohne höhere Sinngebung sei Gott wohlgefällig. Es steht jedem frei, sich gegen eine solche Denkart zu wehren; es ist aber weder fair, noch entspricht es verantwortetem Reden, in der Begründung des amtlichen priesterlichen Dienstes in der Kirche oder der Priesterausbildung eine masochistische Opfertheologie zu sehen.

Wegsuche des Glaubens

Der allgegenwärtige und verborgene Gott

Wird heute ernsthaft über Gott gesprochen, dann werden mit Vorliebe Erfahrungen zu Wort gebracht wie „Ich habe davon noch nichts gemerkt, ich habe seine Gegenwart nicht gespürt" oder „Ich habe ihn wie strahlend helles Licht erfahren, ich habe das Gefühl eines völligen Einsseins gehabt". So entstehen ganz persönliche Gottesbilder, gewoben aus Überwältigtsein, dunklem Schweigen, dem Gefühl der Abwesenheit oder aus nagenden Zweifeln. Es ist gut, angesichts dieses Übermaßes an Gefühlen oder Erfahrungen das Gottesdenken, das Nachdenken der Menschen über Gott, nicht ganz zu vergessen. Nicht, als ob dieses Denken den ersten Rang beanspruchen dürfte. Vieles, was schon so klug „über" Gott gedacht wurde, hat der Bewährung in der Realität des Lebens nicht standgehalten. Aber das Gottesdenken, wie es in der jüdisch-christlichen Tradition überliefert ist, kann ein wichtiges Korrektiv dagegen sein, daß das arme Ich sich sogar als Maß der Gotteswirklichkeit empfindet.

Was meinte eigentlich früher das Gottesdenken, wenn es von Gott sagte: Er ist der Allgegenwärtige? Wenn wir von „Gegenwart" sprechen, denken wir unwillkürlich an den Raum. Von Gott eine Gegenwart aussagen hieße dann, ihm einen Ort zuschreiben, an dem er wohnt, zu dem wir gelangen können, pilgernd zu den Stätten seiner Gnade, solange wir leben, oder jenseits-aufwärts in den „Himmel", wenn wir dieses Leben einmal beendet haben werden. Wenn wir uns von solchen Gedanken leiten lassen, kommen wir leicht auf die Idee, es gebe auch weniger bevorzugte Orte, an denen Gott nicht wohnt. Er sei antreffbar in Kirchen und Tempeln, nicht aber in Festungen und Folterkammern. Er würde wohnen inmitten von Menschen, die einander in Frieden und Liebe gut sind, nicht aber bei den Hassenden. So würden wir weiterfahren zu sortieren. Und damit kämen wir in Konflikt mit der Aussage: Er ist der Allgegenwärtige.

Die jüdisch-christliche Überlieferung führte diese Aussage, Gott sei allgegenwärtig, zurück auf die Glaubenserkenntnis, daß Gott die Ursache und der Grund alles dessen ist, was überhaupt existiert. Heute gibt es Menschen, die sich nicht von der Frage bewegen lassen, warum überhaupt etwas ist und nicht vielmehr nichts. Es gibt andere Zeitgenossen, die unbeschwert sagen: „Alles ist Zufall." Sind sie vorsichtiger, dann sagen sie: „Alles ist bedingter Zufall." Niemandes Überzeugung darf lächerlich gemacht werden. Aber es muß erlaubt sein zu fragen: Wer setzt denn die Bedingungen für die vielen Zufälle? Die Zufälle, die vermeintlich zu unserer Welt im Mikro- und im Makrokosmos geführt haben, müssen so klug und umsichtig, so perfekt im Programmieren, so durch und durch ästhetisch in ihrem Schönheitssinn gewesen sein, daß sie, zusammengenommen, auch – Gott heißen könnten. Für Menschen, die glauben wollen und sich der jüdisch-christlichen Glaubensüberlieferung zugehörig fühlen, hat alles, was ist, seinen Ursprung in einer vollkommenen Intelligenz, in einem absolut freien Willen. Nichts ist, was nicht von diesem Willen gewollt, von dieser Intelligenz ausgedacht wäre. Und alles, was ist, lebt davon, daß dieser unendlich vollkommene Geist immerfort ja zu ihm sagt: Ich will, daß du bist, und damit halte ich dich im Dasein.

Gott ist der Ursprung alles dessen, was ist. Und er ist damit auch der daseinserhaltende, tragende Grund, der bewirkt, daß alles, was ist, dableibt und nicht vielmehr ins Nichts fällt. In der Glaubenssprache: Er ist der Schöpfer aller Dinge, der sichtbaren und der unsichtbaren. Er ist die schaffende und erhaltendtragende Ursache von allem.

Und damit ist gesagt: Indem Gott alles, was ist, bejahend im Dasein hält, berührt er – geistig – wirkend alles, ohne daß dabei die Räumlichkeit auch nur die geringste Rolle spielte. Alles, was ist, alle endlichen Wesen, wo immer sie sein mögen, sind in dieser Berührung mit Gott verbunden, und so ist er allem gegenwärtig, ist ihm alles gegenwärtig. Er ist überall, weil dort, wo er nicht wäre – nichts wäre.

Deshalb kann kein Mensch im Glauben sagen: Da ist er und dort ist er, aber dort ist er nicht und da ist er auch nicht. Jedes Da und jedes Dort würde ihn einfangen. Er aber ist von nichts umfaßt, denn was umfaßt, ist größer als das Umschlossene, Größeres als ihn aber gibt es nicht. Er, Gott, ist der Unumfaßbare, der seinerseits alles umschließt, was überhaupt ist. So legt die Apostelgeschichte dem Paulus diese Worte an die Philosophen in Athen in den Mund: „Denn keinem von uns ist er fern, denn in ihm leben wir, bewegen wir uns und sind wir" (Apg 17,27 f).

Wer sich in diese Gedanken vertieft, den könnte zunächst ein Gefühl der Geborgenheit überkommen. Gewiß bin ich, nach den Gesetzen dieser Werdewelt, die Gott sich ausgedacht hat, ganz das Kind meiner Eltern. Ich bin aber zugleich ganz von ihm gewollt, von ihm verursacht – weil ich ohne ihn nichts wäre – und von ihm im Dasein gehalten. Er meint mich, nicht nur die Gattung Menschheit. Und ebenso, ohne Bevorzugung und Benachteiligung, meint er die Menschen, denen ich begegne, und die, denen ich nicht begegne. Und er will und trägt die Dinge in dieser Schöpfung, die nicht Menschen sind. Allem ist er gegenwärtig, alles ist ihm gegenwärtig. Alles ist seinem Willen gegenwärtig, sein Wille ist allem gegenwärtig.

Und damit schlägt das Gefühl der Geborgenheit möglicherweise in ein jähes Erschrecken um. Stimmt das bisher Gesagte, und es muß ja stimmen, wenn die Rede von Schöpfer und Schöpfung überhaupt wahr ist, dann ist er auch den Schurken und Verbrechern gegenwärtig, dann hält er sie im Dasein und desgleichen ihre Werkzeuge, die Folterinstrumente, die Granaten und Raketen. Ohne ihn wären sie – nichts. Mit ihm also sind sie das, was sie sind.

Wenn wir den Gedanken nur im kleinen Rahmen sehen, dort, wo wir den Eindruck haben, auch wir selber seien nicht so, wie wir sein sollten, nicht anständig, fair, großmütig, sondern kleinlich und gierig und rachsüchtig, dann kann uns so ein Gedanke der Allgegenwart Gottes vielleicht zur Vernunft bringen. Er kann pädagogisch auf uns einwirken, damit wir nicht die Illusion haben, Gott ließe sich einfach aus unserem Leben ausblenden, wir könnten ihn verdrängen, die Flucht vor ihm antreten. So sagt uns auch der Psalmensänger, daß wir überall auf ihn treffen:

Wohin soll ich gehen vor deinem Geiste? /
Wohin soll ich fliehen vor deinem Angesicht?
Steige ich hinauf in den Himmel, so bist du dort; /
schlüge ich mein Lager in der Unterwelt auf – auch da bist du.
Nähme ich Flügel der Morgenröte /
und ließe mich nieder zuäußerst am Meer,
so würde auch dort deine Hand mich greifen /
und deine Rechte mich fassen.
Und spräche ich: Lauter Finsternis soll mich bedecken, /
und Nacht sei das Licht um mich her, /
so wäre auch die Finsternis nicht finster für dich,
die Nacht würde leuchten wie der Tag …
(Ps 139,7–12ab)

Das Leiden besteht aber nicht nur darin, daß wir selber oftmals
kümmerlich und auf der Flucht vor Gott sind. Es gibt furcht-
bares, zerstörendes, absolut sinnloses Leiden, es gibt die zahllosen unschuldigen und die für eine vergleichbar geringe Schuld
maßlos bestraften Opfer, es gibt das abgrundtief Böse und Ge-
meine – und der Allgegenwärtige ist allem dem gegenwärtig, er
hält als Schöpfer alle Leidverursacher im Dasein, und damit
sagt er ja zu ihnen. Was für ein Gott!

Aber ist es nun nicht an der Zeit, sich als Gegengewicht zu
diesen Gedanken „über" Gott auf die Erfahrungen Gottes zu
berufen, die so ganz anderes nahelegen, die soviel Lichtes, Helles und Schönes zeigen? Auf Erfahrungen, wie sich – sich?, wie
er – so manches wunderbar gefügt hat? Wie er in Menschenleben aufgeleuchtet ist als der, der zwei zueinandergeführt, ihre
Liebe bewirkt hat? Wie er Gewalttätigkeit durch Sanftmut hat
besiegt werden lassen? Wie er mannigfache Not gewendet hat?
Wenn wir so versuchen, Gott gegen Gott auszuspielen, scheitern wir. Unsere Erfahrungen, und seien sie noch so positiv,
bergen eine Zweideutigkeit. Sie setzen Gott buchstäblich aufs
Spiel. Wenn es dann nicht mehr so läuft, wie wir von diesem
Gott erwarten, wenn die Gewalttäter Sieger bleiben, die
menschliche Liebe in Enttäuschung zerrinnt, wenn keiner uns
hilft, ist Gott dann tot? Und was ist mit den vielen, den unzähligen Menschen, die nie eine positive Gotteserfahrung gemacht

haben? Dürfen wir uns im Glück ihnen gegenüber zu den von Gott Privilegierten zählen? Karl Rahner nannte einmal die Erfahrung des nahen und helfenden Gottes das „kindlichere Erlebnis", das unvermeidlich der Ernüchterung, dem Erwachsenwerden weichen muß.

Das Merkwürdige ist, daß Gott „hinter" allen Enttäuschungen über ihn und „hinter" allen abgründig bohrenden Gottesgedanken immer noch da ist, vorausgesetzt, daß wir ihn nicht verdrängen, nicht die Flucht vor ihm ergreifen. Karl Rahner hat das menschliche Ringen um diese Erkenntnis, die „hinter" allen Gotteserfahrungen und -gedanken steht, als eine Erfahrung der Verzweiflung, die unausweichlich ist, beschrieben: „Fern ist Dir nur geworden ein Gott, den es nicht gibt … laß in diesem Geschehen des Herzens ruhig die Verzweiflung Dir scheinbar alles nehmen, laß sie Dein Herz zuschütten, daß scheinbar kein Ausgang zum Leben, zur Erfüllung, zur Weite und zu Gott mehr bleibt. Verzweifle in der Verzweiflung nicht: Laß sie Dir alles nehmen, es wird Dir in Wahrheit nur das Endliche und Nichtige genommen, und mag es noch so wunderbar und groß gewesen sein, und mag es – Du selber sein, Du selber mit Deinen Idealen, Du selber mit den Voranschlägen Deines Lebens, die sehr klug und genau aufgestellt waren, Du mit Deinem Bild von Gott, das Dir gleicht statt dem Unbegreiflichen selber. Laß Dir alle Ausgänge versperren, es werden nur die Ausgänge in die Endlichkeit verschüttet und die Wege ins wirklich Ausweglose". Und hinter dieser Erfahrung soll eine Stille sein, die für den, der aushält, schweigend etwas sagt, nämlich daß die „tödliche Leere nur die Weite einer Innigkeit Gottes ist, daß das Schweigen erfüllt ist von einem Wort ohne Worte, von dem, der über allen Namen und alles in allem ist. Das Schweigen ist *Sein* Schweigen. Es sagt Dir, daß Er da ist" (Rahner, Not und Segen des Gebetes, S. 18 f.).

Aus solchen und ähnlichen Erfahrungen, die viele Menschen gemacht haben, ergibt sich für uns eine wichtige Einsicht. Daß uns Gott allgegenwärtig ist, das ist für uns oft nur ein abstrakter Gedanke. Und das dringt selten genug bis in unser Herz durch. Für unser Fühlen, für unsere Erfahrung ist Gott nur da, wenn wir nicht vor ihm fliehen. Halten wir aber stand und lassen wir es zu, daß das kindliche Gottesbild des „lieben Gottes" in die Brüche geht, dann erfahren wir seine Gegenwart als Verborgenheit. Gott offenbart sich uns als der Verborgene. Was heißt das genauer?

Wir haben keinerlei Vergewisserungen. In uns meldet ein Schweigen, daß er da ist, aber wir wissen nicht sicher, daß es so ist. Wir wüßten es, wenn je jemand ihn gesehen hätte. Das Fragen vieler Menschen nach ihm scheitert bereits an seiner Unsichtbarkeit. In einem Brief an einen Freund schrieb Dietrich Bonhoeffer 1931: „Die Unsichtbarkeit macht uns kaputt ... Dies wahnwitzige dauernde Zurückgeworfenwerden auf den unsichtbaren Gott selbst – das kann doch kein Mensch mehr aushalten". Das Aushalten wird aber denen, die trotz allem an Gott glauben wollen, abverlangt. Unmißverständlich heißt es über ihn in der Bibel: „... der in unzugänglichem Licht wohnt, den kein Mensch gesehen hat noch je zu sehen vermag" (1 Tim 6,16). So ist Gottes Sein verborgen in Schweigen.

Und sein Wesen ist verborgen: Wer und was ist das eigentlich – Gott? Das Denken über seine Allgegenwart hat vor die Fragen geführt, auf die es nur gegensätzliche Antworten gibt: Gott, der Gute und Böse im Dasein erhält und damit alles möglich macht, was an Gutem und auch an Bösem in dieser Welt geschieht. Auch die Geschichtsberichte führen vor solche Abgründe: Wie ist es den Boten Gottes ergangen? Wie konnte Gott das Schicksal Jesu aushalten? Hat er das Kreuz gewollt? Wir bringen Fragen und mögliche Antworten nicht auf einen Nenner, es gibt kein System, in dem am Ende alles stimmen würde. Wie Gott ist, was also sein Wesen ist, bleibt verborgen. Für die Fragenden bleibt nur die Hoffnung, er möge sich als so unendlich Großer erweisen, daß er Gegensätze in sich aushalten kann, die wir auf keinen Fall in uns durchstehen können.

Und so ist auch sein Wille verborgen. Die wichtigste Gebetserfahrung ist nicht, daß da einer ist, der hilft, der uns aus der Not rettet, uns nicht erbärmlich umkommen läßt. Gebetserhörungen können vorkommen oder auch gerade nicht. Die wichtigste Erfahrung ist, daß wir da an einen Willen stoßen, der nicht der unsere ist und der als der Wille eines andern anerkannt sein will. Und das heißt: Dieser andre verlangt von uns sogar, daß wir ihn lieben, denn das heißt ja Liebe, daß wir einen andern nicht uns gleichförmig machen wollen, nicht erzwingen wollen, daß er denkt und fühlt wie wir, sondern daß wir ihn anders sein lassen, als wir sind, anders, als wir es wollen.

So gibt es „hinter" allen Enttäuschungen mit Gott gerade ein paar Anhaltspunkte, die uns sagen, daß da nicht nichts ist, sondern daß da etwas Geheimnisvolles ist, ein Geheimnis, an das das Geheimnis unseres Lebens rührt. Ein allgegenwärtiger und dennoch verborgener Gott. Wir wissen nicht, warum es so ist. Wir können nur hoffen, daß hinter der Verborgenheit Gottes nicht furchtbare Gründe stehen. Die aus der Bibel zu uns sprechenden Psalmenbeter lassen manchmal die Befürchtung erkennen, Gott könne sich von den Menschen zurückziehen, je weniger sie ihn suchen. Er könne sich verbergen, um uns zu strafen. Seine Verborgenheit könne ein Anzeichen des Gerichts sein, das über uns hereinbrechen wird. Uns bleibt nur eine demütige Hoffnung, daß es nicht so ist. Daß vielmehr die Verborgenheit Gottes für uns ein wahrer und unmißverständlicher Hinweis auf seine Unendlichkeit ist. Wie sollte er uns verständlich machen, daß er der unendliche Gott ist, wenn nicht dadurch, daß er unsere Vorstellungen und Erwartungen zerstört? Wie sollte er als der Unendliche uns nahekommen, wenn nicht so, daß er uns immer ferner und unnahbarer erscheint?

Lassen wir noch einmal Karl Rahner das Wort: „Er ist da. Suche nicht, Ihn festzuhalten. Er flieht nicht. Suche nicht, Dich zu vergewissern und Ihn mit den Händen Deines gierigen Herzens zu betasten. Du würdest nur ins Leere greifen, nicht weil Er fern und wirklich, sondern weil Er die Unendlichkeit ist, die nicht ergriffen werden kann. Er ist da, mitten in Deinem verschütteten Herzen, Er allein. Er aber, der alles ist und darum so aussieht, als sei Er Nichts" (Not und Segen des Gebetes, S. 18f).

Das Leiden annehmen – gegen das Leiden kämpfen

Der 5. Fastensonntag heißt von alters her „Passionssonntag", ein Grund dafür, einmal über die christliche Haltung gegenüber dem Leiden nachzudenken. Frühere Zeiten haben dem Christentum wiederholt vorgeworfen, geradezu süchtig auf das Leiden zu sein, das Kreuz und das Martyrium zu begehren, sich allzuschnell mit dem eigenen und dem fremden Leiden abzufinden. Ganz ohne Grund waren die Vorwürfe nicht. Was könnte gläubige Christen veranlaßt haben, das Leiden zu begrüßen? Zweierlei Umstände werden da Pate gestanden haben.

Allzuschnell waren gläubige Menschen bereit, die Vorkommnisse des Lebens, gute wie böse, dem Willen Gottes zuzuschreiben. Allzuleicht urteilten sie: Dieses Leiden, diese Krankheit, dieses Elend hat mir Gott geschickt; er will mich strafen oder prüfen, er will mich erziehen durch Leiden – wie dürfte ein Mensch es wagen, sich einer solchermaßen allerhöchsten Anordnung zu widersetzen? Die Meinung, Gott die Ehre durch gehorsames Fügen in den Schmerz zu erweisen, hat gewiß viele Menschen dazu motiviert, eigenes und fremdes Leiden passiv hinzunehmen.

Und da gibt es das mehrfach wiederkehrende Jesus-Wort im Evangelium, das für Christen besonders eindringlich klingen mußte: "Wer nicht sein Kreuz nimmt und mir nachfolgt, ist meiner nicht wert" (Mt 10,38 par).

"Sein Kreuz auf sich nehmen", "dieses Kreuz hat mir Gott geschickt", solche Redeweisen sind heute weitgehend außer Gebrauch gekommen, auch in den Kirchen. Dennoch könnte das Nachdenken darüber, welche Haltung gegenüber dem Leiden "christlich" heißen darf, gerade einmal bei diesem Jesus-Wort über das Kreuztragen und über die Nachfolge ansetzen. Schon vielfach haben die Meister der Spiritualität darauf hingewiesen, daß Jesus nachfolgen nicht heißt: ihn nachahmen. Gerade wer den einzigartigen Stellenwert Jesu anerkennt, der kann nicht den Wunsch haben, ihn zu kopieren. Nachfolgen heißt: hinter ihm hergehen in der Spur, die er gelegt hat, aber mit eigenen Füßen, mit eigenem Gehen. Jesus hatte eine Sendung wie sonst keiner; er war ihr gehorsam wie sonst keiner; ihm, dem Offenbarer des göttlichen Willens, begegneten Ablehnung und Feindseligkeit wie sonst keinem. Das war *sein* Kreuz, das nicht das unsere ist.

Wer das Jesus-Wort in seinem Leben verwirklichen will, der muß darum zuerst einmal danach fragen, was denn sein *eigenes* Kreuz sei. Wenn Jesus sagt: „Wer nicht sein Kreuz nimmt", dann setzt er voraus, daß dieses Kreuz schon da ist. Es braucht nicht erst erwartet zu werden. Das Annehmen des Kreuzes ist nach dem Gesagten erst möglich, wenn das Kreuz – das Leiden – in den Blick gekommen ist. Der erste Schritt zum Annehmen des Kreuzes besteht im Anschauen dieses jeweils eigenen Kreuzes oder Leidens.

Und genau das ist nicht selbstverständlich, weil das Leben normalerweise einem automatischen Funktionieren gleicht, das einen in Sicherheit wiegt; weil man denkt, alles könne immer so weitergehen, wie es geht; weil sich Warnsignale, Schmerzen, unterschiedliche Leiden verdrängen lassen. Das heutige öffentliche Leben ist von vielfältiger Verführung zum Verdrängen geradezu geprägt – die Werbung treibt ihren aufdringlichen Kult mit Jugend, Gesundheit und Schönheit; die öffentliche Meinung weist Wege, wie etwas Störendes, ein Kind zum Beispiel, abgeschoben wird, wie eine gefährdete Partnerschaft einfach abgebrochen und durch eine neue ersetzt wird; die Pharmaindustrie gaukelt Mittel und Wege zu einem schmerzfreien Leben vor. Das Evangelium steht, auch hier, quer zum Trend. Es sagt, daß jedes einzelne Leben in sich ein Kreuz hat, also geprägt ist durch Leiden, und daß Jesus erwartet: Wer zu mir gehören und mit mir den Weg zu Gott gehen will, der schaut zuerst einmal mit offenen Augen, mit einem erkennenden Blick, auf das Kreuz seines Lebens. Er weicht ihm nicht mit künstlichen Vertröstungen, mit Betäubungen aus. Er stellt sich ihm, er schaut es an.

Worin besteht nun dieses Kreuz des Lebens, das einfach allen Menschen beschieden ist? Es kann tausenderlei konkrete Formen und Gestalten annehmen. Es kann hochdramatisch sein, ein Katastrophenereignis, oder ganz alltäglich. Es hat so viele Gesichter, wie es Menschengesichter gibt. Aber es läßt sich bei allen Menschen auf einen gemeinsamen inneren Kern zurückführen: Die Mitte des Lebens ist Leiden. Das Zentrum eines jeden Lebens kann als Kreuz bezeichnet werden. Denn nicht nur die großen Zusammenbrüche sind das Kreuz des Lebens, der Abbruch einer Gemeinschaft durch den Tod eines Partners, die Zerstörung einer Freundschaft durch Verrat und Treulosigkeit, die körperlichen und seelischen Schmerzen in der Erfahrung einer Krankheit, die Ausweglosigkeiten bei wirtschaftlichem Ruin, die entsetzlichen Elendssituationen in Hungersnot und Krieg – nicht nur diese dramatischen Gestalten verdienen die Namen von Kreuz und Leiden. Was allem Leiden gemeinsam ist, das ist die letztlich grausame Unbegreiflichkeit des Lebens, die geheime Zerstörung, die in allem sitzt, die Vergänglichkeit.

Außer der Katastrophe des Todes gibt es Vorformen von Sterben und Tod: die Erfahrung von Einsamkeit, von Enttäuschung, von Isolierung durch andere. Es gibt das Verblassen von Freude und Begeisterung für eine Aufgabe. Es gibt das Verderben der besten Initiativen. Es gibt die Erfahrungen, wie Menschen ausgenützt und betrogen werden. In hellen und wachen Momenten weiß jeder Mensch spontan und instinktiv, daß nichts sich festhalten läßt; daß es eigentlich eine wirkliche Gegenwart, ein Hier und Jetzt, ein Heute, nicht gibt, weil alles sogleich schon gewesen ist. Warum sonst müßten sich Liebende ständig Liebesbriefe schreiben, wenn nicht aus dem Gefühl heraus, daß das gegenwärtige Bestehen von Liebe so gefährdet ist; daß das Gestrige morgen schon unwiderruflich vergangen ist. Solche und unzählige ähnliche Erfahrungen lassen sich zusammengenommen gewiß so bezeichnen: grausame Unbegreiflichkeit des Lebens.

Aus ihr stammt jede Form des Leidens, das Menschen überfällt. Gegen diese Formen des Leidens läßt sich ankämpfen – darauf kommen wir nachher noch zu sprechen –, gegen die Grundgestalt aber läßt sich nichts tun. Die grausame Unbegreiflichkeit des Lebens ist unaufhebbar.

Jesus ruft die, die zu ihm gehören wollen, auf, ihr Kreuz anzunehmen und ihm nachzufolgen, hinter ihm herzugehen. Ganz unabhängig von der gewaltsamen Passion, die auf ihn wartete, hat Jesus aus der grausamen Unbegreiflichkeit des Lebens einen bewußten Weg zu Gott gemacht. Dieser Weg war der Weg eines absoluten Vertrauens. Man könnte auch sagen: Er war die Vorleistung eines Vertrauens, der Erweis eines grundlosen Vertrauens. Dort, wo sich überhaupt kein Grund mehr erkennen läßt, auf dem man gehen könnte, verläßt sich dieses Vertrauen darauf, daß der Weg hineinführt in die Liebe Gottes, ja, von ihr schon begleitet ist.

Das bedeutet zugleich, daß man seinem Leben einen Sinn gibt, ob nun der Jubel und Überschwang der Jugend vorherrschen oder die stumme Trauer und Qual der Vergänglichkeit einen anschauen. Wenn man um das Ziel weiß, dann erklärt man den Weg nicht für sinnlos und absurd. Und ebendas heißt: sein Kreuz, sein Leiden, annehmen. Man hat das Leben angeschaut und dem standgehalten, was da bei Verzicht auf Selbstbetrug und künstliche Betäubungen zu erblicken ist: die grausame Unbegreiflichkeit und Vergänglichkeit. Und man wählt weder die Flucht noch die Verneinung, sondern hält nüchtern und tapfer stand – in einer grundlos vertrauenden Hoffnung. Grundlos? Der Verstand liefert wahrscheinlich keine Argumente, warum das Ganze einen Sinn habe. Aber das Jesus-Wort von der Nachfolge fordert unmißverständlich auf, trotzdem weiterzugehen. Der Sohn Gottes war mit allen solidarisch, die jäh von der grausamen Unbegreiflichkeit des Lebens überfallen wurden, und er ist ihnen vorangegangen.

Auch er hat Gott nicht mit der Frage „Warum?" verschont. Er hat sich darauf verlassen, daß Gott das Leben will und nicht den Tod; daß Gott Licht und Freude will und nicht Nacht und Tränen. Er unterstellte seinem Gott nicht, daß er Wohlbehagen am Leiden und an den Schmerzen seiner Kreatur habe. Er hielt seinen Vater nicht für blutgierig. Aber der Anschein des Lebens und seine eigene Passion sprachen auch bei ihm gegen sein Vertrauen. Er hat sein Vertrauen durchhalten können bis in den Tod hinein – es wurde bestätigt in der Auferweckung. Ostern ist der Grund der vertrauensvollen Hoffnung, der Grund auch dafür, Leiden und Kreuz nicht auf den Willen eines grausamen Gottes zurückzuführen.

So ist die eine Seite unseres Themas vielleicht deutlich geworden. Das Leiden anzunehmen, sein Kreuz auf sich zu nehmen heißt, sein Leben zu akzeptieren und aus ihm einen Weg hinter Jesus her zu machen, in der Haltung des Grundvertrauens, das darum weiß, wer diesen Weg mitgeht und wo dieser Weg in sein Ziel mündet, ein Weg grausamer Unbegreiflichkeit. Dieses Leiden braucht nicht gesucht zu werden, es ist unausweichlich. Es wohnt in jedem, der Mensch ist.

Diese grundsätzliche Annahme des Leidens bedeutet nun aber nicht, daß wir auch die konkreten Gestalten oder Gesichter des Leidens oder des Kreuzes annehmen müßten. Es gehört zum tapferen Gehen des Weges, daß das Lebensfeindliche und das Liebesfeindliche nach Kräften bekämpft werden. Im Sinn der Bergpredigt Jesu gilt das natürlich in erster Linie von der Not der Mitmenschen. Es wäre eine perverse Form von Christentum, den Hungernden und Versklavten, den brutal Unterdrückten und den ihrer Menschenwürde Beraubten zu sagen, sie hätten eben ihr Kreuz auf sich zu nehmen und so dem Gekreuzigten nachzufolgen. Wer in Wort oder Tat in dieser Weise Unrecht hinnimmt, der setzt sich dem richtenden Wort aus „Das habt ihr *mir* getan oder *mir* nicht getan" (vgl. Mt 25). Daß die grausame Unbegreiflichkeit des Lebens sich nie beseitigen läßt, ist keine Entschuldigung für die Kapitulation vor dem Leiden, in welcher Form auch immer sie geschieht, keine Entschuldigung für das Verschließen der Augen vor der Not der Mitmenschen. Gottes Ja gilt dem Leben, nicht dem Leiden.

Das Leiden darf und soll auch bekämpft werden, wenn es das persönliche, eigene Leiden ist. Wir kennen manchmal die Ursachen von zerstörerischen Krankheiten, von bitteren menschlichen Enttäuschungen, von Katastrophen im Straßenverkehr und in der Natur; manchmal kennen wir sie auch nicht. In keinem Fall ist es gestattet, sich auf die Erklärung zurückzuziehen: Diese Schmerzen, diese Tränen, diese Zerstörungen hat Gott gewollt. Ein so verstandener Gott wäre nicht der Vater Jesu Christi und aller Menschen. Darum muß die Krankheit in uns bekämpft werden, muß das Leben behütet und erhalten werden, muß Sorge getragen werden um das Gelingen einer Liebesbeziehung. Darum dürfen auch Schmerzen so klein gehalten werden wie irgend möglich. Darum gibt es eine auch von der Kirche empfohlene Sterbebegleitung und Sterbehilfe.

Das Leiden annehmen – gegen das Leiden kämpfen: Das ist für Menschen, die sich an Jesus orientieren, keine Alternative, kein Entweder-Oder. *Beides* soll sein: Leiden und Kreuz, das

Unbegreifliche an diesem Leben, sollen angenommen und mit Jesus zu einem Weg zu Gott verwandelt werden; die vielerlei Leiden sollen mit allen Kräften bekämpft werden, weil Gott sie nicht will. Erst ganz am Ende ist eine Antwort darauf zu erwarten, warum es sie überhaupt gab und gibt.

Das Schweigen Gottes und die Fragen nach seiner Rechtfertigung

Die Fragen nach Gott sind angesichts der Ungeheuerlichkeit der *Schoa* (des „Holocaust") gewiß nicht die vordringlichsten Probleme. Wichtiger sind das Bleiben der Erinnerung, der anhaltende Kampf gegen das Vergessen. Wichtiger sind zuverlässige historische Untersuchungen. Damit ist nicht ein „Aufarbeiten" gemeint, denn die Schoa läßt sich nicht aufarbeiten. Aber bei etlichen Versuchen, die Wurzeln des grausigen Geschehens aufzudecken, lassen sich verräterische Beschönigungen entdecken, peinliche Schuldzuweisungen in der erkennbaren Absicht, seine eigenen Kreise zu entschuldigen, so etwa, wenn gesagt wird, Söhne und Töchter der Kirche hätten sich schuldig gemacht – als ob nicht die christliche Kirche im ganzen versagt hätte –, oder wenn die antijüdischen Tendenzen im Neuen Testament unterschlagen werden und die Schuld bei fehlerhaften Interpretationen dieser Texte gesucht wird. Solche Unredlichkeiten lassen sich untersuchen und bekämpfen. Wichtiger als Untersuchungen zum Schweigen Gottes angesichts der Schoa sind solche zum Schweigen der Menschen, auch zu jenem, das bis zum heutigen Tag anhält. Wichtiger als die Fragen nach Gottes Verhalten ist allemal die Sorge um die Zukunft: Nie wieder!

Das alles vorausgesetzt, hat das Thema des Schweigens Gottes dennoch Bedeutung. Daß Gott stumm geblieben ist, muß diejenigen, die sich im Glauben auf ihn verlassen, und diejenigen, die professionell von ihm reden, in tiefste Verlegenheit stürzen. Von ihr, von dieser Ratlosigkeit, und nicht von einer etwaigen Antwort, soll im folgenden die Rede sein.

Abgesehen von einigen wenigen christlichen Theologen, die im Geschick Jesu von Nazaret eine beredte Antwort Gottes auf jegliches Leid sehen wollen – an ihre Adresse ist später etwas zu bemerken –, herrscht weitgehende Übereinstimmung unter Theologinnen und Theologen, daß Gott in der Tat angesichts der Greueltaten an seinem geliebten Volk, den Juden, geschwiegen hat. In der jüdischen Literatur wurde das schon im Hinblick auf das mörderische Geschehen des Jahres 70 nach Christus konstatiert. „Wer ist wie du unter den Stummen?" fragte die Schule R. Yischmaels. Über das *Faktum* des Stummbleibens Gottes braucht daher gar nicht erst diskutiert zu werden. Das damit für religiös-theologische Überzeugungen aufgeworfene Gottesproblem wird in seinen Ausmaßen erst deutlich beim Blick auf mögliche *Erklärungen* des Schweigens.

Sollte Gott mit der Einstiftung der menschlichen Freiheit in seine Schöpfung auf jegliche Beeinflussung dieser Freiheit verzichtet haben? Sollte Gott den Dingen ihren Lauf lassen, so daß sie so werden, wie Menschen sie zurichten? Sollte er alle Kreaturen menschlichen Zugriffen überlassen, sich selber in die Rolle eines gleichgültigen Zuschauers begeben haben? Solche Gedanken widersprechen nicht nur wesentlichen Inhalten der biblischen Selbsterschließung Gottes, vor allem den Bekundungen seiner fürsorglichen Natur. Ein prinzipiell apathischer Gott, der eingreifen könnte, wegen seiner Gefühllosigkeit aber nicht eingreift, wäre ein amoralisches Monster. Mit dem Gott der biblischen Offenbarung hätte er nichts gemein.

Die „Erklärung", Gott praktiziere eben eine für Menschen unbegreifliche Geduld und Langmut, und sein Nichteingreifen bedeute nicht Nichtstun, diese Antwort wäre um nichts besser. Denn Greuel und Horror können solche Ausmaße annehmen, daß die Begriffe „Geduld" und „Langmut" jeden Sinn verlieren. In ähnlicher Weise nicht nachvollziehbar ist die Redensart von der „Zulassung" des Bösen durch Gott: Wenn Gott Gott ist und Böses geschehen läßt, obwohl er es hindern könnte, dann bleiben nur zwei Möglichkeiten: Entweder ist er dem Bösen gegenüber gleichgültig, dann müßte das eben von dem apathischen Gott Gesagte gelten, oder er bejaht das Böse direkt und führt es durch seine willentliche Zustimmung mit herbei.

Dieser zweite mögliche Gedanke ist der Bibel nicht fremd. Im Buch Deuteronomium sind Gott folgende Worte an Mose in den Mund gelegt: „Siehe, wenn du dich nun zu deinen Vätern legst, so wird sich dieses Volk erheben und wird den fremden Göttern inmitten des Landes, dahin es kommen wird, sich ergeben, wird mich verlassen und meinen Bund brechen, den ich mit ihnen geschlossen habe. Alsdann wird mein Zorn wider sie entbrennen, und ich werde sie verlassen und mein Angesicht vor ihnen verbergen, daß sie verzehrt werden. Und wenn dann viel Unglück und Not sie treffen wird, so werden sie sagen: ‚Hat uns nicht all dies Unglück getroffen, weil unser Gott nicht mehr in unsrer Mitte ist?‘ Ich aber werde alsdann mein Angesicht gänzlich verbergen um all des Bösen willen, das sie getan, weil sie sich anderen Göttern zugewendet haben" (31,16–18). Das Nachdenken über das „verhüllte Antlitz Gottes" (dazu unter anderem auch Jes 64,6) nimmt in der jüdischen Literatur breiten Raum ein, und auch die antijüdische Polemik hat sich schon früh dieses Thema zu eigen gemacht: Die Juden seien ein Volk, von dem Gott sein Angesicht abgewendet habe.

Würden die Deuteronomiums-Worte nicht als moralpädagogische Drohung in verbalem Radikalismus genommen, sondern als Aussage über das, was Gott zuzutrauen ist, dann wäre dieser Gott imstande, Böses mit Bösem zu vergelten (statt es durch das Gute zu überwinden). Er würde in maßlos rasendem Zorn jede Verhältnismäßigkeit der Strafe vermissen lassen und sich noch nicht einmal um unschuldig Mitgeschlagene kümmern. Welche moralische Qualität käme einem solchen Gott zu? Wo bliebe der Gott „liebender Selbstbeherrschung" (Erich Zenger), der väterlich und mütterlich seinen fehlerhaften Kindern zugetan ist?

Die Frage wäre auch dann zu stellen, wenn Gott das Böse nicht selber bewirkte, sondern durch Abwenden seines Angesichts, durch Verstummen und Nichtstun kreatürliche Greuel einfach geschehen ließe. Angenommen, die Absichten Gottes mit seiner Schöpfung seien mißlungen, insbesondere die Ausstattung seines Geschöpfes Mensch mit einer Freiheit, die bis zum planmäßig betriebenen Völkermord reicht; angenommen weiterhin, aufgrund dieses Mißlingens seiner Absichten habe Gott sich von seiner Schöpfung abgekehrt, dem verbrecherischen Treiben der Kreatur Mensch freien Lauf gelassen, wie könnte dann im Ernst noch von Gott die Rede sein?

Die jüdischen Rabbinen haben sich eingehend mit zwei Texten beschäftigt, in denen Gott selber ganz konkretes verderberisches Wirken zugeschrieben wird: mit der Sintflut (Gen 6,7) und mit der Tötung der Erstgeborenen in Ägypten (Ex 12,29). So intensiv sie sich damit abgaben, eine Erklärung, eine Rechtfertigung Gottes fanden sie nicht. Gelegentlich lassen sie erkennen, daß kein Sinnieren über die damit aufgeworfenen Probleme zu einem Ziel führt. Allerdings lassen sie sich bei ihrem Jubel über Gottes positive Machttaten von solchen Dunkelheiten nicht irritieren. Es ist nicht der *ganze* Gott, dem die Aufmerksamkeit und das Systematisieren von Theologen zugewendet sind. Sie können immer nur einzelne Seiten beleuchten, die er erkennen läßt oder die sie zu erkennen meinen.

Müßte, um ein solches selektives Vorgehen zu vermeiden, im Gefolge des Nikolaus von Kues („De visione Dei" – „Über die Gottesschau") zunächst einmal das Undenkbare paradox gedacht und ausgesprochen werden, der Zusammenfall der Gegensätze, von Gut und Böse, Gerechtigkeit und Erbarmen, um dann zu konstatieren, daß Gott erst „jenseits" dieses Zusammenfalls der Gegensätze zu finden ist, als der ganz und gar Andere, Undenkbare, Un-Aussagbare? Müßte man sich einfach damit abfinden, daß Gott offenbar eine lichte und eine dunkle, eine erbarmende und eine erbarmungslose Seite hat und daß es keinem Denken gelingen wird, die Vereinbarkeit beider zu ergründen? „Ich, der Herr, und keiner sonst, der ich das Licht bilde und die Finsternis schaffe, der ich Heil wirke und Unheil schaffe, ich bin's, der Herr, der dies alles wirkt" (Jes 45,6f).

Ein anderer Erklärungsversuch des Schweigens Gottes angesichts der Schoa vereint manche jüdische und christliche Stimmen: Gott sei selber in der Situation des Mit-Leidenden, damals und heute. Das Thema des Leidens Gottes führt dann, konsequent weitergedacht, zu der Meinung, Gott sei damals wie heute ohnmächtig (Dietrich Bonhoeffer). Die Göttlichkeit

Gottes wird zum Teil dadurch zu retten versucht, daß man seine Ohnmacht auf einen freiwilligen Machtverzicht zurückführt (John Henry Newman) oder indem gesagt wird, Gott sei – ohnmächtig in das Leiden seiner Kreaturen verstrickt – selber der Erlösung bedürftig und werde erst „am Ende" dasjenige gewinnen, was man seine „Allmacht" nennt. Abgesehen davon, daß dieser Gott jedenfalls einmal so mächtig gewesen sein muß, seine Menschengeschöpfe mit Vernunft und Freiheit zu begaben und daher jeglichen Mißbrauch und alle Perversionen von Vernunft und Freiheit in Kauf zu nehmen: Wie ließe sich wirkliche Ohnmacht Gottes damit vereinbaren, daß Gott in den biblischen Zeugnissen als Fels, sicherer Hort und feste Burg gepriesen und ihm die Rettung aus allen Gefahren zugetraut wird?

Einzelne christliche Schoa-Theologen gehen vom leidenden Gott aus und meinen, dieser sei in der Schoa als Leidender, in einer Art Selbsterniedrigung, gegenwärtig gewesen, um die Menschheit und in Sonderheit die Christen zu einer neuen Liebe zu den Juden aufzurütteln. Auschwitz als Mittel zum Zweck? Der Preis wäre in Wahrheit zu hoch, viel zu hoch. Die so vermeintlich gefundene Deutung betritt einen gefährlichen, geradewegs in Immunisierung und Apathie führenden Weg, weil sie der Schoa einen Sinn unterstellt. Einen Sinn der Schoa aber gibt es nicht.

Bei christlichen Theologinnen und Theologen ist schließlich, wo alle anderen Erklärungen versagen, die Zuflucht zu Jesus von Nazaret zu erwarten. Übergangen sei hier jeder Versuch, mit Vergleichen des schlechterdings Unvergleichbaren zu operieren, so wenn gesagt wird, Auschwitz sei das Golgatha unserer Zeit. Nein, weder Jesus noch in späterer Zeit den Christen ist ein Auschwitz widerfahren. In evangelischer Theologie besteht mehr noch als in anderen christlichen Theologien die Versuchung, Jesus einfachhin mit Gott identisch zu erklären. So kann dann im Blick auf Jesus die Rede vom „sühnenden Gott" aufkommen und behauptet werden, im grenzenlosen Leiden Gottes sei die Schuld auch der Schoa gesühnt (Jürgen Moltmann). Welchen angebbaren Sinn könnte das Wort „Sühne" im Zusammenhang mit der Schoa haben? Es gibt keinen.

Selbst wenn alle Planer, Täter und Täterinnen aufgespürt und aufgehängt worden wären – nichts wäre gesühnt. Oder sollte nach dieser Meinung Gott ein Selbstopfer dargebracht haben, um die Leiden der Juden aufzuwiegen? Das Kreuz in der einen Waagschale, die Gaskammern in der anderen? Es gibt ein anderes Wort als Sühne, das ganz zaghaft und scheu im Zusammenhang mit der Schoa bedacht werden könnte, das Wort „Vergebung". Vergeben aber könnten nur die Opfer der Schoa, zu denen Jesus von Nazaret nicht gehört, und allenfalls auf ihr bittendes Eintreten hin könnte auch der stumme Gott verzeihen. Davon wissen wir jedoch nichts, und jede Spekulation, inwiefern die Opfer der Schoa nun in Gott geborgen, geheilt, verwandelt und zur Vergebung fähig geworden seien, ist müßig.

Die Schoa oder – nochmals mit dem Schlüssel- und Symbolwort gesagt – Auschwitz war der entsetzliche Anlaß dafür, daß den christlichen Theologien alle Argumente einer „Theodizee", einer Rechtfertigung Gottes im Angesicht der Leiden seiner Kreaturen, abhanden gekommen sind (Johann Baptist Metz hat das eindringlich und erschütternd ausgesprochen, vor allem dort, wo er über das „Leiden an Gott" spricht). Und noch mehr: Es hat sich gezeigt, daß Fragen offen sind, denen gegenüber die unbeschwert positive Gottesrede, das Gottesbild, das „heile" Gottesverständnis der christlichen Tradition nicht bestehen können. Vermutlich wird sich der Glaube der Zukunft, um überhaupt weiter existieren zu können, viel mehr an seinen Hoffnungs- und Verheißungscharakter erinnern müssen, statt sich auf Macht- und Wundertaten Gottes in Vergangenheit und Gegenwart zu berufen.

Ist die durch „Auschwitz" an den Tag getretene Gottes- und Glaubenskrise voll bewußt geworden, und ist jeder Versuch, die Schoa einzuordnen und mit anderen Massenmorden in der Geschichte zu vergleichen, bekämpft und widerlegt, dann darf, ganz von ferne und leise, daran erinnert werden, daß die christlichen Theologien von allem Anfang an ihre Augen vor einem Leiden verschlossen haben, vor dem sie immer schon ihre Gottesrede hätten rechtfertigen müssen: vor der Existenz des Todes und vor allem der konkreten Leidensformen des menschlichen Sterbens. Wie viele Worte sie auch gemacht haben, sie haben keine Antwort gefunden auf eine Feststellung, wie sie Albert Camus in der „Pest" durch Dr. Rieux aussprechen ließ: „Da die Weltordnung durch den Tod bestimmt wird, ist es vielleicht besser für Gott, wenn man nicht an ihn glaubt und dafür mit aller Kraft gegen den Tod ankämpft, ohne die Augen zu dem Himmel zu erheben, wo er schweigt." Es gibt keine Antwort.

Die Würde des Klagens im Angesicht des göttlichen Du

In der Sammlung jener biblischen Gebete, die man Psalmen nennt, steht ein eindrucksvoller Text, mehr als zweitausend Jahre alt, der Psalm 88:

Du, Gott meiner Befreiung! Tagsüber schreie ich, in der Nacht auf dich zu. Mein Bitten kommt vor dich, neige dein Ohr meinem Jammern!

Denn gesättigt ist meine Seele mit Übeln, mein Leben berührt schon die Unterwelt. Ich zähle zu denen, die ins Grab fahren, ich wurde zum kraftlosen Mann, ein unter die Toten Entlassener wie die Erschlagenen, die im Grab liegen, derer du nicht mehr gedenkst, sind sie doch von deiner Hand abgeschnitten. Du hast mich in die unterste Grube gebracht, in Finsternisse, in abgründige Tiefen. Auf mir lastet dein Grimm, und mit all deinen Brechern tauchst du mich unter.

Meine Bekannten hast du von mir entfernt, hast mich ihnen zum Abscheu gemacht. Ich bin eingekerkert, kann nicht hinaus. Mein Auge verschmachtet im Elend.

Ich rufe dich, Du, alle Tage. Ich breite zu dir meine Hände. Wirst du an den Toten Wunder tun, oder werden Gespenster aufstehen, dir danken? Wird von deiner Huld im Grab erzählt, von deiner Treue im Totenreich? Wird dein Wunder in der Finsternis erkannt, im Land des Vergessens deine Bewährung?

Ich aber, zu dir stöhne ich, Du,
am Morgen empfängt dich mein Gebet.
Warum, Du, verabscheust du mich, versteckst du dein Antlitz vor mir?

*Gebeugt bin ich und ein Sterbender von jung auf, ich muß
deine Schrecken tragen, ich bin zerrüttet.
Über mich sind deine Zorngluten gefahren, deine Schrecknisse
machten mich stumm. Sie umfluten mich den ganzen Tag wie
Wasser, sie schlagen über mir zusammen.
Entfremdet hast du mir Freunde und Genossen, meine Be-
kanntschaft ist die Finsternis.*
(Übersetzung nach M. Buber)

Zwei Personen kommen hier vor. Der, den wir in unserer Spra-
che „Gott" nennen, ist das „Du" in diesem Gebet. Die andere
Person ist das Ich, der Betende. Seine Situation ist gekenn-
zeichnet von abgrundtiefer Not, aber auch davon, daß er in all
seiner Ausweglosigkeit nicht den Weg gehen könnte, den ein
Atheist an seiner Stelle einschlagen würde: verzweifelt ausbre-
chen aus der Not, verstummen, dem Leben ein Ende machen.
Noch im Abgrund hält er an Gott fest, bekennt er Gottes
Existenz, indem er zu ihm ruft. Der Sprecher des Psalms ist ein
Glaubender. Aber dieses Ich hält am Gottesglauben nicht fest
wegen einer fürsorglich waltenden Vorsehung, nicht wegen der
Erfahrung, daß einer „alles so herrlich regieret", noch wegen
der Betrachtung der Wunder der Natur, in der „die Himmel des
Ewigen Ehre rühmen". Nur eine schmächtige Hoffnung ist
ihm geblieben, die Hoffnung, er möge nicht umsonst geboren
sein. Nur in einem Beiwort findet dieses kleine Stück Hoffnung Ausdruck: „Gott meiner Befreiung". Der Rest ist Klage.

Eine Situation, der kein Mensch entkommt, wird hier zur
Sprache gebracht: Das Leben rührt ans Grab, jeder Mensch ist
ein Sterbender von jung auf. Das Ich weiß, daß es sterben wird.
Diese Erkenntnis kann die positiven Erfahrungen und Erlebnisse radikal in Frage stellen, denn allem Leben, Lieben, Arbeiten und Feiern ist das Brandmal der Vergänglichkeit einge-
brannt. Das Ich wird eines Tages gehen, Geliebte und Gefährten
verlassen. Dann wird nichts mehr sein, wie es einmal war. Der
endgültige Abschied läßt sich kaum mit Erfolg verdrängen. Der
Tod wirft seine Schatten weit voraus ins Leben. Der Klagende
des Psalms weiß das. Möglicherweise kündigt das physische
Ende sich drohend in einer Krankheit an. Aber nicht nur in der

leiblichen und seelischen Anfälligkeit des Menschen äußert sich seine Vergänglichkeit. Auch die Einsamkeit gibt es, als vorweggenommenen Tod: Wer ohne Beziehung zu Mitmenschen lebt, der ist schon zur Zeit seines Lebens gestorben. Aus verschiedenen Gründen werden Menschen in die Einsamkeit gestoßen, von andern gemieden, von der Gesellschaft verabschiedet. Sie sind unerwünscht, man bringt ihnen bei, daß sie zu nichts mehr nütze seien, sie sterben den Randgruppentod, den Arbeitslosentod, den Pensionierungstod. In einer solchen Lage, in die jeder geraten kann, schreit der Betende des Psalms auf: Nur noch die Finsternis ist ihm als Bekanntschaft geblieben.

Verschiedene Reaktionen eines Menschen, der trotz allem nicht von Gott lassen kann, sind in einer derart ausweglosen Lage denkbar. Als Glaubender wird er beten. Was aber unterscheidet die Klage von anderen möglichen Gebeten?

Der Sprecher des Psalms jammert, er schreit, stöhnt. Er überspielt nichts in der heldischen Pose eines Menschen, dem man eingeredet hat, Jämmerlichkeit sei verächtlich; man habe seine innersten Empfindungen nach außen nicht zu zeigen; man habe sich zu „beherrschen". Er beherrscht sich nicht, er ist jämmerlich, aber frei von Lüge. Er gibt sich nicht anders, als er ist, und so mutet er sich diesem Du zu. Wenn Gott Gott ist, heißt das, dann kann man von ihm erwarten, daß er den Menschen so annimmt, wie er ist, kläglich und jämmerlich.

Der Psalm verbrämt seine Klage nicht mit Lobsprüchen auf die Güte und Herrlichkeit Gottes. Er sucht keinen geheimen Sinn der offenkundigen Sinnlosigkeit des Zugrundegehens zu behaupten. Er verbirgt nicht, daß sein Urvertrauen zu Gott fundamental erschüttert ist. Er breitet sich nicht in frömmelnden Sprüchen aus. Der „liebe Gott" jener Frommen, die seinen Willen durchschauen und freudig annehmen, tritt in diesem Gebet nicht auf. Das Ich wendet sich an ein Du, das man anschreien kann, das ist keines, das man in einem System unterbringen könnte.

Der Sprecher des Psalms lastet nicht sich selber die Schuld an der ausweglosen Lage an. Damit wird das Elend menschlicher Freiheit, Verantwortung und Verweigerung keineswegs geleugnet. Der Mensch kann schuldig werden und vielen vieles schuldig bleiben. Vergänglichkeit und Tod sind jedoch so grauenvolle Phänomene, daß sie schlechthin in keinem Verhältnis mehr zur Schuld der Menschheit stehen. Der Beter tut nicht so, als habe er, als einzelner Mensch oder verflochten in den Unheilszusammenhang der Menschheit, gerechte Strafe zu erleiden. Er behält seine Ehre: Er entehrt sich nicht, nicht vor sich selbst und nicht vor Gott. Vergehen und Sterbenmüssen, das ist von Gott herbeigeführt, und es gibt keinen einsichtigen Grund dafür. Gott ist es, sagt die Klage, die zur Anklage geworden ist, Gott ist es, der den Menschen in solche finstere Not bringt. Gottes Schrecken schlagen über dem Menschen zusammen. Und hierzu sagt dieses Ich nicht: Ich habe nichts Besseres verdient – oder: Wie klein, wie schäbig bin ich, und wie groß bist du – Gott. Wenn das Ich sich so äußert, nicht mutig, aber freimütig, nicht selbstbewußt, aber ehrlich, eben klagend, so wächst seine Stärke: Es ist arm, geht zugrunde, aber nicht in Schande.

Wenn der Beter dieses Psalms eingangs auch sagt: „Neige dein Ohr meinem Jammern", so verbindet er seine Klagen doch nicht mit konkreten Bitten. Er versucht es bei Gott mit einem Appell, der zur Freimütigkeit der Klagen paßt. Was hat Gott von Toten, fragt er. Will er sich von Gespenstern ehren lassen? Werden die, die im Grab liegen, noch von Gott erzählen können? Der Sprecher setzt voraus, daß Gott den Tod herbeiführt, also Herr über den Tod ist, und daß Gott anders könnte, wenn er nur wollte: Er könnte den Tod verhindern. So appelliert er an Gottes Stolz: Selbst wenn die Lebenden lästig klagen und schreien, es gehört sich einfach nicht für Gott, auf sie zu verzichten, um statt dessen ein Gott der Gespenster, ein Herr über das Land des Vergessens zu sein. Der Beter wird Gott keine Ruhe lassen, er wird ihm tags und nachts die Aufforderung zuschreien, sich endlich als Gott zu erweisen.

Der Klagende geht davon aus, daß es zum Gottsein Gottes gehört, die Macht über Leben und Tod zu haben. In seiner hoffnungslosen Einsamkeit und angesichts des Sterbens kommt es ihm nicht in den Sinn, theologische Überlegungen anzustellen, daß Gott sich möglicherweise aus freien Stücken seiner

Allmacht entledigt hat, um in Solidarität mit den Vergänglichen bei denen zu sein, die ihrem Grab entgegensehen. Der Beter mag sich nicht mit der Aussicht trösten, daß das Land der Lebendigen, das Reich Gottes, vielleicht nur durch den Tod hindurch erreicht werden kann. Er rechnet damit, daß Gott jederzeit nach freiem Gutdünken in den Lauf der Welt eingreifen, „Wunder" im chemisch-physikalischen Bereich vollbringen könnte. Er möchte Gott nicht auf den Innenraum beschränken, auf den sich Gott wohl selber beschränkt hat, als leise Stimme einer Liebe, die den Menschen über sein Ich hinauswachsen lassen will. Er traut Gott schlechterdings alles zu. Er möchte hier und heute, nicht erst am Ende aller Zeiten, die offenkundige Macht Gottes sehen. Wer könnte ihm das verdenken?

Das Gebet der Klage, die Klage als Gebet findet den prägnantesten Ausdruck in einem einzigen Wort, in dem an Gott gerichteten „Warum?". „Mein Gott, warum hast du mich verlassen?" heißt es in jenem Psalm 22, der im christlichen Verständnis die Klage Jesu am Kreuz wiedergibt. „Warum versteckst du dich vor mir?" fragt der Sprecher unseres Psalms 88. Die Kühnheit des Klagenden wird hier noch radikaler. Was ist das für ein Gott, der sich vor den Menschen versteckt? In der Klage befragt der Mensch Gott. Gott hat sich vor dem Menschen zu rechtfertigen.

Das Gebet der Klage, ja sogar der Anklage, ist vielleicht die einzige Form, in der Menschen die Situation wirklich sinnlosen Leidens religiös und ehrenvoll bestehen können. Diese Gebetsform ist aus dem christlichen Bereich weitgehend entschwunden. Dabei ist die Klagerede gegen Gott keineswegs ehrfurchtslos. In Wirklichkeit ist ein Verhalten gegenüber Gott ehrfurchtslos, bei dem mit Gott als einer durchschauten Größe kalkuliert, mit dem Wort „Gott" als einer leeren Worthülse operiert wird. In der Klage wird das Du ernst genommen, das einen eigenen, unbekannten und unerfaßbaren Willen hat. Aber auch das Ich nimmt sich ernst, das sich mit den Grausamkeiten des Daseins nicht einfach abfinden, das sich nicht knechtisch unterwerfen kann und darf und dem als letztes Recht das Recht der Frage bleibt: *„Warum?"*

„... und niemand tröstete sie" (Koh 4,1)

Um ein ganz persönliches Zeugnis über die Erfahrungen mit Trauer hat mein Freund Klemens Richter mich gebeten. Wie könnte ich es ihm verweigern, da ich doch – in der Art, wie es einem „Außenstehenden" möglich ist – schon seine Trauer mit ihm geteilt habe?

Trauer sei, so sagt die Fachliteratur, eine vielschichtige, differenzierte Reaktion auf die Erfahrung der Abwesenheit oder des Verlustes vor allem eines Menschen, dann aber auch einer Sache, eines Umstands oder Zustands, die einem teuer und kostbar waren. Die Reaktion äußere sich vielgestaltig, in Protest, Verzweiflung, Verdrängen oder in mannigfaltigem Tätigkeitsdrang. Zum Beispiel: in der Errichtung eines Museums für den Verstorbenen, in dem alles so angeordnet bleiben müsse wie in den Tagen seiner lebendigen Gegenwart. Der Trauer liege also eine schmerzende Störung des gewohnten seelischen Gleichgewichts zugrunde, zugefügt von einer Macht, die jedenfalls mächtiger ist als wir selber; „Trauerarbeit" sei das Erlernen der Möglichkeiten, mit dem erlittenen Verlust weiterzuleben.

Nach den biblischen Offenbarungszeugnissen gibt es auch eine religiöse Qualifizierung der Trauer. Das Erste Testament umkreist die Trauer von zwei Seiten: mit der ungeschönten Darstellung des Faktischen, das keinerlei Erklärung und Rechtfertigung findet – zur bleibenden Beschämung jener christlichen Theodizee-Konstrukteure, die im Leiden den Preis der Freiheit sehen möchten, abgestumpfte Zyniker, die niemals ernsthaft traurig gewesen sein können –, und mit der ganzen Wucht der Verheißungen, die nur eines wollen: daß die Hoffnung nicht sterbe. Also auf der einen Seite: „Du speistest uns mit Seufzerbrot und tränktest uns mit Tränen über die Maßen" (Ps 80,6); „Denn übel erschien mir alles, was unter der Sonne geschah" (Koh 2,17). Und auf der anderen Seite: „Ich werde ihre Trauer in Freude verwandeln, werde sie trösten und froh machen nach ihrem Kummer" (Jer 31,13); „Ich will euch trösten, wie einen seine Mutter tröstet" (Jes 66,13).

Das Thema der Mutter, ihrer Wehen, ihrer Trauer und ihrer einzigartigen Kunst des Tröstens, bildet eine vielleicht zuwenig beachtete Klammer der beiden Testamente, die besonders deutlich hervortritt, wenn man Jesu Lieblingspropheten Jesaja zusammen mit den Abschieds-„Reden" Jesu nach Johannes meditiert.

Paulus hat versucht, der religiösen Seite der Trauer mit einer Unterscheidung beizukommen: „Betrübnis, die dem Sinnen Gottes gemäß ist, bewirkt ja Umkehr zur Rettung, die nimmer reut. Die Betrübnis der Welt aber wirkt Tod" (2 Kor 7,10). Bei allem Unterschied von Jesus und Paulus: In der Orientierung nach vorwärts, auf die Zukunft hin, liegt eine tiefe Gemeinsamkeit beider angesichts der Trauer. Jesus minimalisiert die Wehen nicht. Aber er weiß um deren Ende in der Geburt. Paulus streitet der Trübsal ihr Recht nicht ab. Aber sie soll zu einer Wende des Lebensweges führen, an dessen Ende Rettung steht.

Die Weisheit des östlichen Mönchtums der frühen Kirche gewann aus dem Nachsinnen über die paulinische Unterscheidung eine Einsicht, die in den klassischen Theologien der Patristik und Scholastik weitergegeben wurde: Die „Betrübnis der Welt" lähmt die Hoffnung. Sie verdüstert jeden vertrauenden Ausblick nach vorwärts. Sie stumpft die menschlichen Sehnsüchte nach dem Unendlichen systematisch ab. Sie zerstört die Transzendenzfähigkeit. Das Thema „Gott" und was zu ihm gehört erwecken nur noch Überdruß. Und so geriet diese „weltförmige" Trauer in der alten Achtlasterlehre zu den Wurzelsünden, in die Nähe der Trägheit. Die Apathie gegen Gott und die Mitmenschen banalisiert den Menschen bis zum drohenden Verlust des Menschseins. Stumpfheit und Überdruß sollten aber nicht mit Leere verwechselt werden. Wo Trauer und Schmerz über den Verlust oder über das Fehlende dasind und eine Leere in einem aufreißen und wo diese Leere nicht mit Betriebsamkeit und Ablenkung künstlich gefüllt wird, läßt sie Raum für die Hoffnung, in der Gott kommen kann. Solche Trauernde preist Jesus selig.

Wie bewähren sich solche Einsichten im Leben? Wer unweigerlich sein letztes Drittel erreicht hat, der kann auf zahlose Abschiede und auf viele Tode zurückschauen. Lange Zeit vor allen Sozialenzykliken und vor Erich Fromm wies Pascal (Pensées Fr. 295) darauf hin, welches Unglück aus dem Haben- und Besitzenwollen entsteht. Der herbe Schmerz des Verlustes kann und darf nicht geleugnet werden, wenn die Eltern sterben, die Schwester, so gut wie alle Verwandten und die Freunde. Das Vermissen wird nie aufhören – ich denke an Karl Rahner, und nicht an ihn allein. Der Glaube hilft aber in Wahrheit und nicht nur illusionär, mit der dauernden Entbehrung zu leben, und zwar von dem Gedanken aus, daß es nur einen einzigen Eigentümer des Lebendigen gibt, Gott allein. Es ist bestenfalls eine gutgemeinte Metapher, schlimmstenfalls aber eine hybride Anmaßung, von einem Menschen zu sagen: „Er ist mein." „Mein Freund", „meine Frau", „mein Kind", solche Ausdrücke spiegeln Besitzverhältnisse vor, wie es sie in der Tat nicht gibt. Jeder Abschied ist eine Chance, diese Einsicht in sich festzumachen. Mit dem Tod läßt sich leben – was nicht heißt: leicht leben –, wenn man zugibt, daß Gott im Tod zu sich und an sich nimmt, was ihm ohnedies gehört und immer schon gehört hat. Die Einwilligung in diese Wahrheit kann zu dem Gestus des Lassens und des Gebens werden: Wir geben den Sterbenden nicht verloren, sondern wir geben ihn dir. Nichts anderes als ein Gestus des Lassens und des Gebens kann ja auch das eigene Sterben sein, wenn es im Glauben verstanden wird: In deine Hände …

Nach Joh 16,5 war Jesus betroffen, weil seine Jünger alle Aufmerksamkeit auf seine Ankündigung, daß er fortgehe, gerichtet hatten und keiner von ihnen fragte: Wohin gehst du denn? Die Trauer hört nicht auf, wenn diese Frage nach dem Wohin Antwort gefunden hat, aber sie wird, wenn der Weg und das Ziel identisch sind, durchprägt von der Gewißheit des Wiedersehens und Wiederfindens.

Eine abgründige Traurigkeit prägt – auch abgesehen von Abschieden und Toden – das ganze Lebensgefühl. Hundertfach finden sich in der Geschichte Zeugnisse von Gleichgestimmten, von Vergils *Sunt lacrimae rerum* (Aen. 1, 462) über Schuberts *Winterreise* bis hin zu den Schriften von Reinhold

Schneider, den ich gut kannte. Mit vordergründigen Erklärungen ist hier nichts geholfen: Es handelt sich bei der Stimmung in diesen Werken nicht um die Schwermut der Lebensuntüchtigen, um klammerndes Heimweh nach verlorener Kindheit und Heimat, nicht um endogene Depressionen und nicht um die Weigerung, mit der Endlichkeit der Werdewelt zurechtzukommen.

Auch mit dem Wort „Tragik" ist vorsichtig bei der Erklärung dieser Traurigkeit umzugehen. Sie ist zu sehen vor dem Hintergrund von Erfahrungen der Vergeblichkeit, bereits innerhalb der winzigen Zeitspanne eines einzelnen überschaubaren Menschenlebens, Erfahrungen des Scheiterns jener Impulse, von denen man überzeugt war, wie richtig und wie wichtig sie seien und wie heilvoll („Schalom") ihr Gelingen wäre. Scheitern der Versöhnung im individuellen Bereich … Scheitern im großen: Welche Chancen sind nach dem letzten Krieg vertan worden, angefangen bei der Restauration (*Wieder*aufbau), der gezielten Materialisierung und Ökonomisierung der Werte über das Nachäffen amerikanischer Brutalo-Zivilisation bis hin zu dem unbegreiflichen Wiedererwachen alter Nationalismen? Wie endeten die Revolutionen in Nicaragua und auf den Philippinen? Worin blieb die Sorge um unbeschädigte Natur, gute Luft und gesundes Wasser auch für die kommende Generation stecken? Was waren die Ergebnisse deutscher Vereinigung? Was ist die Freiheit, die Menschen in alldem meinten, die freiheitliche Gesellschaft hohlköpfiger Politiker? Sie zerstören gezielt das, was noch heil ist, und sind unfähig, irgend etwas zu heilen. Zunächst einmal liegt darin nicht Tragik, sondern die Bösartigkeit und Gemeinheit einer Mentalität, die man mit keinem Tier, auch nicht dem Hai oder dem Wolf, vergleichen darf, um den Tieren nicht Unrecht zu tun. Die Tragik liegt auf der Seite derer, die immer wieder versuchen, die Katastrophe aufzuhalten, allen Erfahrungen zum Trotz.

Der Glaube hat ein Schlüsselwort für das Ensemble solcher Erfahrungen: „Erbsünde", Erbschuld und Unheilslast der Menschheit von Anfang an, universale Verstrickung, Nichtgelingen des Guten, Herrschaft des und der Kriminellen. Die Deutung der Weltsituation vom Glauben aus – nichts von alldem von Gott gewollt, alles von Menschen frei herbeigeführt – mindert an der Trauer gar nichts. „Je mehr Wissen, desto mehr Schmerz" (Koh 1,18). Und es ist unwahr, daß Teilen des Leids zu dessen Halbierung führe. Am Ende bleibt, was Kohelet so eindrucksvoll wiederholt: „… und niemand tröstete sie" (4,1).

Es gibt die rührenden, von Alttestamentlern stammenden Versuche, die Kirche zu verstehen als „Gegen-" oder „Kontrastgesellschaft" zu dieser Welt und ihren Zuständen. Die Kirche als Ort des Trostes? Gibt es dort mehr als die einzelnen und ihre Inseln gemeinsamer Trauer?

Nicht die kleinen Eitelkeiten und Ungeschicklichkeiten machen die Misere der Kirche aus, nicht die Pluralität des Denkens, nicht die Teilung in Konservative und Progressive. Bis in die Fundamente hinein zerstörend wirkt die Unmoral, und zwar ganz und gar nicht die wirkliche oder vermeintliche im sexuellen Bereich. Wer läßt den Schreibtischtätern freien Lauf, die im Namen der absoluten Wahrheit, die sie in Besitz genommen haben wollen, urteilen und verurteilen, diffamieren und unterstellen, wo immer sie können? Wenn solcherart Psychopathen sich in eigenen Organen (von „Theologisches" über „Una voce" bis zu „30 Tage" und „Kirche heute") austoben dürfen, soll das die große Freiheit in der Kirche dokumentieren? Oder wird die Hetze, wird das Spitzel- und Denunziantenwesen sogar willkommen geheißen?

Wer behauptet, nach Geist und Buchstaben jenem Konzil und seinen Impulsen getreu zu sein, das so erfolgreich ungeschehen gemacht wird? Wer erntet schamlos dort, wo er nicht gesät hat? Etwas anderes ist es, wenn, den Frieden über den eigenen guten Ruf stellend, Johannes XXIII. die Verwandten Chruschtschows empfängt, damit verhärtete Fronten aufbricht und sich zugleich unbeschreibliche Gehässigkeiten zuzieht, etwas anderes dagegen, dem zugrunde gerichteten System in seiner Agonie Tritte zu versetzen und sich dafür als Befreier feiern zu lassen. Was hat ein System, in dem blinder Gehorsam großgeschrieben wird, Schweigen und Leiden auf dem Verordnungsweg einkalkuliert werden, Selbstdarstellung über alles geht, mit Jesus zu tun?

Wo, andererseits, im Bereich der Profilierten und Vorwärtsdrängenden läßt sich wahre, konsequente Solidarität erfahren? Wo dominieren nicht Wichtigtuerei und Geltungsbedürfnis? Hat nicht auch hier Kohelet recht: „Und ich sah, daß alles Mühen und alles Gelingen nur Eifersucht des einen gegen den andern ist" (4,4)?

Es fehlt nicht an falschen Vertröstungen und Illusionen. Es fehlt nicht an Sprechblasen und Leerformeln. In der Unehrlichkeit gipfelt die Unmoral in der gegenwärtigen Kirche, und damit ist der Grund für eine Trauer gelegt, die sich auf Schlimmeres als auf gewöhnliche menschliche Unzulänglichkeiten erstreckt. „Man könnte meinen, in einem Irrenhaus zu sein", sagte mir ein lieber, in der kirchlichen Hierarchie weit oben stehender Freund.

Welt und Kirche verursachen eine tief einschneidende Traurigkeit. Wo anders ist Trost als in der Verheißung des Kommenden? Jedoch: Wer kommt? Was kommt?

Es gibt in der für die Bibel aufgeschlossenen Literatur gelegentlich die Behauptung, die „Offenbarung des Johannes" sei das Trostbuch der trauernden und bedrängten Christen. Kann das wahr sein? Soll mich die imaginäre Annahme einer himmlischen Liturgie trösten, deren Schilderung daran schuld ist, daß viele Generationen Überdruß vor dem „Himmel" als einer öden und langweiligen Sache empfanden und sich keineswegs wünschten, tagaus, tagein in weißen Gewändern und mit Palmzweigen in den Händen vor dem Thron zu psalmodieren? Schlimmer noch, soll ich annehmen, daß eine himmlisch „triumphierende" Kirche überhaupt liturgiefähig ist, während hier Gottes Plan mit der Schöpfung und der Menschheit Schiffbruch erleidet? Soll ich Genugtuung verspüren beim Gedanken an eine ausgleichende Gerechtigkeit, die den Bösen ein Ende in Blutbad und Feuerpfuhl bereiten wird? Kann ich mich in der Hoffnung von denen absondern, die meinesgleichen gewesen sein werden? Ist meine Trauer getröstet, wenn ich das Entsetzliche in eine höllische Ewigkeit hinein verlängert denke?

Nein, es muß erlaubt sein, die Johannesapokalypse – deren schönste positive Verheißungen nicht von ihr selber, sondern

aus dem Buch des Propheten Jesaja stammen! – nicht als Trostbuch meiner Trauer anzusehen. Andernfalls würde ich mich zu
falschen Vertröstungen verlocken lassen. Wenn meine Traurigkeit unaufhebbar ist, möchte ich wenigstens in Wahrheit und
Wahrhaftigkeit leben. Und die finde ich vor allem im Buch
Kohelet. Es ist ein Wunder, ein wahres Wunder, eines jener
leicht überhörbaren Signale des verborgenen Gottes, daß dieses Buch im Kanon der biblischen Bücher geblieben ist und
kein kirchlicher Zensor es ausgemerzt hat. „Windhauch, Windhauch, das ist alles Windhauch" (1,2) – unsere wahre, unge-
schminkte Situation, unsere Trauer. „O sammle meine Tränen
in deinem Krug" (Ps 56,9).

Das Leben als Gabe des lebendigen Gottes

Gottes Offenbarung spricht in zweifacher Weise vom Leben,
ebenso wie sie in zweifacher Weise vom Tod spricht: vom Leben als Gabe des Schöpfergottes und vom unendlichen Leben
als Geschenk des unergründlich und unbegreiflich liebenden
Gottes.

Kein Zweifel: Daß Gott sich als alleiniger Herr über Leben und
Tod weiß, daß er dies anerkannt haben will, ist eine Grundaussage der Selbsterschließung Gottes in den biblischen Urkun-
den beider Testamente. Lebendig machen zu können, das ist
geradezu eine Wesenseigenschaft des lebendigen Gottes. In dem
uralten Lied der Hannah, dem zum großen Teil unser Ma-
gnificat entnommen ist und das den Kern des Glaubens und
der Zuversicht des Gottesvolkes preisend ausspricht, heißt es:
„Gott tötet und macht lebendig, er stößt in die Totenwelt und
führt herauf" (1 Sam 2,6). Im Buch Hiob sagt der Gepeinigte,
der nicht davon abläßt, Gott zu verteidigen: „Frage doch das
Vieh, daß es dich belehre, die Vögel des Himmels, daß sie dir
kundtun, oder das Wild des Feldes, daß es dich belehre, und dir
sollen erzählen die Fische des Meeres. Wer wüßte es nicht unter diesen allen, daß die Hand Gottes dies gemacht hat, in
dessen Hand alles Lebenden Seele und der Odem aller Men-

schen ist?" (Hiob 12,7–10). Diese Gottesauffassungen halten sich im Neuen Testament durch. Nach Lukas machte sie sich Jesus im Streitgespräch mit den Sadduzäern zu eigen: „Daß aber auferweckt werden die Toten, hat auch Mose beim Dornbusch angedeutet, da er sagt: Der Herr ist der Gott Abrahams und der Gott Isaaks und der Gott Jakobs. Er ist aber kein Gott von Toten, sondern von Lebenden; denn alle leben ihm" (Lk 20,37 f). Der 1. Brief an Timotheus läßt den Apostel in später neutestamentlicher Zeit sagen: „Ich gebiete dir vor dem Angesicht Gottes, der alles lebendig macht …" (6,13).

Das Gottesbekenntnis der jüdisch-christlichen Tradition schließt eine ganz bestimmte Sicht der Schöpfung ein, die wir uns heute bewußt machen und verteidigen müssen, weil sie von vielen unserer Mitmenschen bestritten wird: Es ist nicht alles in der Schöpfung einfach nebeneinandergestellt vorhanden, gleichen Ranges und gleichen Wertes, sondern es liegt eine Dynamik, eine Hinordnung in der Schöpfung: Das Unbelebte sollte Lebendiges hervorbringen und das Lebendige sollte aufwachsen, hinaufwachsen zum Menschen hin. Nicht wenige unserer Ökotheologen klagen diese anthropozentrische Sicht des Schöpfungsglaubens an, bekämpfen die Auffassung des Menschen als der „Krone der Schöpfung". Aber wir haben die Hoffnungen Gottes, sein Verlangen nach den Menschen als seinen Partnern, zu verteidigen und müssen daran festhalten, daß der innere Sinn der uns bekannten Schöpfung darin liegt, Menschen hervorzubringen, für die Menschen das Lebenshaus zu sein, den Menschen als lebens- und liebenswerte Umwelt zuzugehören.

Wenn wir die naturwissenschaftliche Sicht einer Werdewelt mit der gläubigen Sicht der Schöpfung als dem Ergebnis des gezielten göttlichen Willens verbinden, dann müssen wir sagen: Ja, alles Lebendige gehört zu uns, die Tiere sind unsere Verwandten, von der einzelligen Amöbe bis zu unseren unmittelbaren Vorfahren im Bereich der Primaten, aber sie sind nicht einfach uns gleichgestellte Partner. Sie sind unsere von Gott gewollte Umwelt, ohne die wir selber nicht sein könnten.

Die Schöpfung ist von Anfang an nicht im Idealzustand. Die paradiesisch-vegetarischen Zustände, von denen etwa die Verheißungen beim Propheten Jesaja künden, sind noch eine Utopie. Das Leben in dieser Schöpfung beruht auf Kompromissen, dies läßt Gott erkennen beim Abschluß seines ewigen Bundes mit Noah und allen seinen Nachkommen, also auch mit uns: „Ich will hinfort nicht mehr die Erde um der Menschen willen verfluchen; ist doch das Trachten des menschlichen Herzens böse von Jugend auf. Und ich will hinfort nicht mehr schlagen, was da lebt, wie ich getan habe. Solange die Erde steht, sollen nicht aufhören Saat und Ernte, Frost und Hitze, Sommer und Winter, Tag und Nacht" (Gen 8,21 f), und weiter: „Ich aber, siehe ich richte einen Bund auf mit euch und euren Nachkommen und mit allen lebenden Wesen, die bei euch sind, Vögeln, Vieh und allem Wild des Feldes bei euch … Dies ist das Zeichen des Bundes, den ich stifte zwischen mir und euch und allen Lebewesen, die bei euch sind, auf ewige Zeiten: Meinen Bogen stelle ich in die Wolken … Und wenn der Bogen in den Wolken steht, will ich ihn ansehen, um des ewigen Bundes zu gedenken zwischen Gott und allen lebenden Wesen, die auf Erden sind" (Gen 9,9 f, 12 f, 16). Zwischen diesen Bund und Frieden stiftenden Worten stehen die des Kompromisses: „Furcht und Schrecken vor euch komme über alle Tiere der Erde, über alle Vögel des Himmels, über alles, was auf Erden kriecht, und über alle Fische im Meer; in eure Hand sind sie gegeben. Alles, was sich regt und lebt, das sei eure Speise; wie das Kraut, das grüne, gebe ich euch alles. Nur Fleisch, das seine Seele – sein Blut – noch in sich hat, dürft ihr nicht essen. Euer eignes vergossenes Blut aber will ich einfordern; von allen Tieren will ich es einfordern, und von den Menschen untereinander will ich das Leben des Menschen einfordern: wer Menschenblut vergießt, dessen Blut soll auch durch Menschen vergossen werden; denn Gott hat den Menschen nach seinem Bilde gemacht" (Gen 9,2–6).

Was ergibt sich aus diesem schweren und archaischen Text? Gott findet sich damit ab, daß Menschen das Leben der Tiere nicht absolut respektieren: Von getöteten Tieren dürfen sie sich ernähren, aber auch diese Konzession ist verbunden mit der Mahnung, lebende Tiere zu achten und erst recht – und noch mehr – das Menschenleben zu achten: denn nach dem Bild

Gottes ist der Mensch erschaffen. „Ehrfurcht vor allem Lebendigen" kann ebenso als Ergebnis dieser Besinnung über den Leben schenkenden Gott festgehalten werden wie: Einzigartig in der Schöpfung und einzigartig unter allem, was lebt, ist der Mensch, denn nur er ist zum Bild Gottes und nach dem Bild Gottes geschaffen; er allein kann nicht Gegenstand einer Konzession, eines Kompromisses sein. Das Blut, die Lebenskraft, verbindet in dieser Sicht alles Lebendige, aber trotz aller Blutsgemeinschaft ragt der Mensch als Krönung über alles Lebendige hinaus.

Vom Schöpfungsglauben her ist das Leben des Menschen also kompromißlos zu schützen, weil es unsere bekannte Schöpfung nur deswegen gibt, damit es Menschen geben kann, und weil Menschen als einzige unter den Geschöpfen Gottes Partner sein können. Lebensgemeinschaft mit den Menschen zu haben, das ist Gottes Ziel, das ihm bei der Schöpfung vorschwebte. Diese Überlegung wird in Gottes Offenbarung, wie eben gehört, noch verstärkt durch die Aussage, daß Gott den Menschen nach seinem Bild erschaffen oder zu seinem Bild machen wollte. Was heißt das genauer?

Aus den alttestamentlich-exegetischen Bemühungen der letzten Jahre wissen wir den ganz ursprünglichen Sinn. So wie die Königsstatue im Alten Orient Gottes Stelle bei den Menschen einnahm und göttliche Ehren genoß, so sollten die Menschen Gottes Stelle in der Schöpfung einnehmen, sie hüten und bewahren, das Haus des Lebens wohnlich erhalten, die Erde so gestalten, daß sie bereitet würde für das Kommen und Wohnen Gottes unter den Menschen. So gesehen, stellt Gottebenbildlichkeit des Menschen im ursprünglichsten Sinn viel weniger eine Würde als vielmehr eine ungeheure Aufgabe dar, die freilich sehr viel mit Ehrfurcht vor dem Leben und mit seinem Schutz zu tun hat. Man könnte sich allerdings fragen, ob nicht mit dieser Art von Aufgabe nur erwachsene und arbeitsfähige Menschen betraut werden können. Macht die Gottebenbildlichkeit also einen Unterschied unter den Menschen aus, markiert sie womöglich unterschiedliche Qualitäten?

Es gibt in der klassischen Dogmatik vom Altertum an ein

anderes Verständnis von Gottebenbildlichkeit. Der menschliche Leib oder gar die Geschlechterdifferenzierung in Frau und Mann können nicht den Bildcharakter des Menschen ausmachen – obwohl manche Theologen in diese Richtung denken wollten –, denn das radikal Vergängliche kann nicht den Unvergänglichen und Zeitüberlegenen abbilden. Wenn man aber dort ansetzt, wo sich der Mensch total von allen Kreaturen unterscheidet, bei seiner Geistigkeit, stößt man auf eine Eigenschaft, die er so mit Gott gemeinsam hat, daß sie von Gott und Menschen zugleich ausgesagt werden kann: die Personhaftigkeit. Personsein besagt, über eine Vernunft verfügen zu können, die erkennen kann, und über ein Wollen zu verfügen, das sich frei für oder gegen das Erkannte zu entscheiden vermag. So sah man im Menschen als geistbegabter Person mit Erkenntnis und freiem Willen das Abbild Gottes, das Ebenbild der erkennenden und frei wollenden göttlichen Person. Doch auch bei dieser Sicht meldet sich eine Frage an: Sind also diejenigen Menschen, die nie zum vollen Bewußtsein ihres Geistes erwachen, oder diejenigen, deren Geist müde eingeschlafen ist, keine Abbilder Gottes? Gilt die Gottebenbildlichkeit nur von den geistig aktiven Erwachsenen? Das Wort von der Gottebenbildlichkeit des Menschen gerade als geistbegabter Person berührt uns schmerzlich, wenn uns die vielgestaltigen Mißbildungen, schwere und schwerste geistige Behinderungen, Senilität oder so vieles abgebrochene Leben durch den Kopf gehen, und dann mögen wir wohl denken und darauf vertrauen, daß Gott bei seiner Neuschöpfung das Fehlende ergänzt, das Kranke heilt, das alt und müde Gewordene zu ewiger Jugend erneuert. Für die konkrete Situation erwächst uns aus dieser Hoffnung jedoch wohl nur ein geringer Trost.

Es gibt im Neuen Testament und von da aus in unserer mystischen und spirituellen Überlieferung jedoch noch eine andere Sicht der Gottebenbildlichkeit. Paulus nennt im 2. Korintherbrief (4,4) Jesus Christus die Ikone Gottes. Die Ikone: jenes Bild, in dem die abgebildete Wirklichkeit geheimnisvoll und ganz gegenwärtig ist. Diesen Abbildgedanken weitet Paulus nun auf die Glaubenden aus, und daran wird deutlich, welche Art von Herrlichkeit des Abbilds gemeint ist: „Allezeit tragen wir das Hinsterben Jesu am Leib umher, damit auch das Aufleben Jesu an unserem Leib erscheine. Denn: Fortwährend werden wir, die Lebenden, dem Tod ausgeliefert – um Jesu willen –, damit auch das Leben Jesu an unserem sterblichen Fleisch aufscheine" (4,10 f). Diejenigen also, die das Leiden Jesu an sich und den Tod in sich tragen, sind Abbilder Jesu und damit auch ihrerseits Ebenbilder Gottes. Der Gekreuzigte ist Gottes ursprünglichstes Ebenbild. Man könnte aus dem Wortlaut bei Paulus heraushören, daß in besonderer Weise die Glaubenden und Leidenden Abbilder Jesu sind, sein Schicksal mit sich und an sich und in sich tragen. Aber das 25. Kapitel des Matthäusevangeliums weitet den Blick aus auf die Geringsten der Brüder, der Geschwister Jesu, mit denen er sich in jener Gerichtsansage identifiziert: Das habt ihr mir getan – oder mir nicht getan. So kann kein Zweifel sein: Die leidenden, benachteiligten und hinfälligen Menschen, die Kleinen und die Alten, sind in hervorgehobener Weise Ebenbilder Gottes, denn sie sind Abbilder Jesu. Der leidende Mensch ist Gottes Bild.

Das sind nicht nur Anregungen, interessante oder erbauliche Gedanken der Heiligen Schrift: Es sind Weisungen an diejenigen, die glauben wollen. Aus der Schöpfungstheologie und dem Schöpfungsglauben geht die Weisung hervor, alles Lebendige, auch das Werdende und das (noch) nicht Menschliche, zu schützen und zu ehren, weil es zum Menschen gehört. Aus dem Glauben an den Gekreuzigten ergibt sich die Weisung, alle Leidenden, Schwachen und Benachteiligten zu schützen und zu ehren. Aber darüber hinaus: Es ergibt sich der Auftrag, uns zur Wehr zu setzen gegen den Kult des Jugendlichen und des Gesunden, der unsere Gesellschaft und namentlich die ungeheuer einflußreiche Werbung durchdringt. Bei uns besteht eine Mentalität, die manchen Menschen zu einem Trimm- und Kaufzwang verführen mag, weil er meint, anders den Ansprüchen an ein biologisch-vital leistungsfähiges Leben nicht entsprechen zu können. Es ist zu fürchten, daß sich aus dieser Mentalität, zunächst noch unterschwellig, die gesellschaftliche Einstellung ergibt, ein Leben könne im Weg sein, sei dann als Hindernis zum vollen Lebensgenuß zu beseitigen, oder es könne schließlich und endlich lebensunwert sein. Man kann sich solchen Stimmungen in zweifacher Hinsicht entgegenstemmen. Im Gespräch mit nachdenklichen, aber ungläubigen Zeitgenossen wird man vor allem die Folgen einer solchen Einstellung zu Bewußtsein bringen. Es handelt sich bei den vorgetragenen Gedanken ja nicht um eine pessimistische Spekulation, was eventuell aus einer solchen Mentalität werden könnte, sondern um grausige Erfahrungen im Umgang mit unerwünschtem, angeblich lebensunwertem Leben in unserem Land. Unter Christen aber muß man sich immer neu daran erinnern, daß die Schwachen und Leidenden – und mögen sie uns noch so abstoßend erscheinen – nicht nur die besonderen Lieblinge Gottes sind, sondern daß Jesus, der sich mit ihnen identifiziert hat, in ihnen sich zu bleibender Gegenwart abbildet.

Gottes Offenbarung spricht zu uns jedoch noch von einem anderen Leben als nur von diesem irdischen, befristeten Dasein. Paulus erklärt hierzu einmal, daß wir gleichsam aus zwei Menschen bestehen, einem äußeren und einem inneren: „Daher werden wir nicht mutlos. Nein: Wenn auch unser äußerer Mensch zerstört wird, so wird doch unser innerer Mensch von Tag zu Tag erneuert" (2 Kor 4,16). Wie soll man das genauer verstehen? Weder die Erschaffung des Menschen zum Partner Gottes, der Menschheit zur dauernden Lebensgemeinschaft mit Gott, noch die Erhebung des Menschen zum Ebenbild Gottes, des leidenden Menschen zum Abbild des Gekreuzigten stellen die letzte und tiefste Wahrheit über den Menschen dar. Der Mensch ist gewollt als die bevorzugte Wohnstätte Gottes, als Gottes eigentliches Haus, als Gottes nächste Heimat. Gott kann dieses Vorhaben verwirklichen, weil er Geist ist und sich als Geist in der innersten Mitte des Menschen niederlassen kann.

Gott vermittelt sich seiner Schöpfung auf zweifache Weise, die dem dreieinigen Gott entspricht: Ohne etwas von seiner Göttlichkeit einzubüßen – er bleibt der Vater und der Ursprung –, kommt er in seine Schöpfung als das Wort – „Und das Wort ist Fleisch geworden" – und als Geist, der weht, wo er will, der lebendig macht, der die göttliche Gnadengabe, die *charis*, schlechthin ist: Denn „Gottes Liebe ist in unsere Herzen ausgegossen – durch den uns geschenkten Heiligen Geist" (Röm 5,5). Wir wissen aus der Geisttheologie des Neuen Testaments (vgl. nur die Apg, zum Beispiel Kap. 11), daß Gottes Geist in souveränem Walten zu christlich Gläubigen und zu Ungläubigen kommt, ihnen geschenkt wird, in ihnen Wohnung nimmt. Der Geist, der „Lebendigmacher" (Joh 6,63), ist die eschatologische Gabe des erhöhten Jesus an die Seinen, das heißt an alle Menschen, die der Vater Jesus zu eigen gibt. „Ihr kennt ihn, denn bleibend ist er bei euch und ist euch inne", und: „… weil ich lebe, werdet auch ihr leben" (Joh 14,17 und 19). „Das Ziel aber", sagt Paulus im Römerbrief, „ist unendliches Leben. Denn: Der Sold der Sünde ist Tod, die Gnadengabe Gottes aber unendliches Leben in eins mit dem Messias Jesus, unserem Herrn" (6,22 f). Oder im Galaterbrief: „Denn: Was ein Mensch sät, das wird er auch ernten. Ja: Wer auf sein Fleisch sät, der wird vom Fleisch Verderb ernten; wer aber auf den Geist sät – vom Geist unendliches Leben" (6,7 f). Es ist nichts spezifisch und exklusiv Neutestamentliches, was in Jesus definitiv angesagt und in Aussicht gestellt ist; die Propheten Israels hatten davon zu künden und die Hoffnung wachzuhalten: auf die Ausgießung des Geistes über alles sterbliche Fleisch, auf die Erneuerung der schlagenden Herzen, auf das Kommen der neuen Stadt, in der, leidlos und vom Tod für immer befreit, Gott das Licht und Leben seiner Geschöpfe sein wird. Das Ziel der Schöpfung und alles Lebendigen ist nicht verborgen: Partnerschaft und Lebensgemeinschaft von Gott, Menschen und Schöpfung in der Fülle des Lebens, zu gegenseitiger Beglückung, zur ewigen Feier des Sabbat.

Nichts berechtigt unser religiöses Denken und die Theologie dazu, den Gott der Schöpfung und den Gott der Gnade, den Heilsplan des Erschaffens und den des Vollendens, das endliche und das unendliche Leben auseinanderzureißen, Brüche und Diskontinuität zwischen ihnen zu behaupten, die Neuschöpfung in Gnade, den neuen Himmel und die neue Erde an einem imaginären Punkt Null anfangen zu lassen.

Wohl ist das erste Leben in vielfacher Hinsicht verletzlich, beschädigt, einer Vergänglichkeit unterworfen, deren Grund wir letztlich nicht kennen. Aber es ist, auf der Basis des jüdischen Gottesglaubens, für die christliche Religion und Theologie kein gangbarer Weg, an eine Vernichtung des einmal von Gott Geschaffenen, an ein definitives Ende des Lebendigen zu denken, ernsthaft damit zu kalkulieren. Und in ganz besonderer Weise gilt das für die Herzen verstorbener Menschen, in denen Gott selber einmal Wohnung genommen hat, in denen er als der Heilige Geist wohnte, wärmte, tröstete, sprach und Antriebe zum rechten Denken und Tun gab. Was Gottes Wohnung war, das kann nicht Beute des Abbruch- und Vernichtungsunternehmens „Tod" bleiben; oder, wie Martin Luther einmal gesagt hat: Mit wem Gott geredet hat, der ist in Wahrheit unsterblich.

Am Ende des ersten Lebens in dieser Werdewelt steht nicht die Vernichtung, sondern die Transformation, die Verwandlung. Der, der das erste Leben gab und der als einziger dazu imstande ist, Leben zu geben, der nimmt es wieder an sich, um es – angereichert durch seine „Erträge" – in das Bleiben hinein zu verwandeln und zu vollenden. Dieses Zu-sich-Nehmen durch Gott meint nicht den konkreten Vorgang des Sterbens infolge von Gewaltanwendung oder von Naturabläufen. In diesem Sinn fügt Gott den Tod nicht zu, er ist kein Henker. Am übernatürlichen Vorgang, bei dem Gott zu sich nimmt, was ihm gehört, sind wir beteiligt; wir sind nicht einfach draußen, abseits. Wir sind diejenigen, die im Glauben Gott etwas übergeben: unsere Angehörigen, die uns Anvertrauten, die Schutz- und Pflegebefohlenen, die Wehrlosen, schließlich uns selber. Unsere Übergabe ist eine Zueignung an Gott: Schau, du hattest sie uns anvertraut, sie uns begegnen lassen; wir haben deine Signatur an ihnen erkannt, das Leuchten deines Geistes, aber auch das Antlitz deines Gekreuzigten; das Geschundene, Verletzte, das erst in Ansätzen Erahnbare und Begonnene, das dennoch unter der Verheißung künftiger Vollendung stand – und das haben wir daraus gemacht; und in dieser gewordenen Gestalt eignen und muten wir dieses irdisch beendete Leben nun dir zu …

Die Überlegung könnte in vielfacher Weise hilfreich sein für den Umgang mit dem Lebendigen, auch schon mit demjenigen, das wir für vermeintlich gesund halten. Wir gehen mit einem Leben um, das direkt von Gott gewollt war, von ihm bejaht ist, ihm gehört. Wir haben es mit lebendigen Menschen zu tun, die nicht nur Abbild Gottes sind, seine Signatur an sich tragen, sondern die seine Wohnstätte, die heiligen Orte seiner Gegenwart sind. Bei dem französischen Dichter Paul Claudel habe ich den Satz gefunden, auf eine menschliche Freundschaft bezogen: „Du wärest schnell am Ende mit mir, wenn nicht der, der keine Grenzen hat, in mir wäre." Wir haben es im Leben mit Menschen zu tun, denen wir im ewigen Lebenshaus der neuen Stadt bei Gott für immer wiederbegegnen werden.

Unschwer lassen sich aus dieser Besinnung auf Gottes Absichten mit dem Leben auch mehr auf die Praxis zielende Grundsätze formulieren. In moraltheologischen Veröffentlichungen der letzten Jahre begegnet die Unterscheidung von Leben als Basisgut und von Lebensqualität. Diese Unterscheidung klärt nicht alles, aber sie ist hilfreich.

Aus Gottes Offenbarung über ihn selber, über seine Schöpfung und über seine Heilsabsichten ergibt sich ohne Wenn und Aber der Grundsatz: Das Basisgut Leben steht in Gottes alleiniger Verfügung. Menschen, die ihm glauben, die an ihn glauben und seine Weisungen annehmen, können gar nicht anders, als dieses Basisgut Leben unter allen Umständen zu schützen: mit den Mitteln, die religiöse Ethik ihnen gestattet.

Es ist leider wahr, daß die Kirche das nicht zu allen Zeiten mit der nötigen Konsequenz wahrgenommen hat. Ich denke nicht nur an die Hinnahme von, ja Teilnahme an Gewalt, auch noch, nachdem im Zusammenhang mit dem Aufkommen von Nationalstaaten und der europäischen Aufklärung die Theorie vom „gerechten Krieg" ihre Voraussetzungen verloren hatte. Gewiß bleibt das Notwehrrecht bestehen, darf ich die Aggression von bedrohten Menschen und von mir selber abwenden, aber nur mit den verhältnismäßigen Mitteln, die nicht von vornherein auf die Tötung des Aggressors abzielen oder das Leben Unbeteiligter gefährden. Ich denke bei der Inkonsequenz der Kirche auch an moraltheologische Handbücher, die bis in die zweite Hälfte des 20. Jahrhunderts hinein die Todesstrafe damit gerechtfertigt haben, daß der Mörder sein Leben „verwirkt" habe. Keine irdische Instanz kann ein Leben für verwirkt oder für lebensunwert erklären.

Es ist hier, wo es um Grundsätze geht, ohne weiteres klar, daß christlich glaubende Menschen sich in der Frage nach Schwangerschaftsabbrüchen mit keiner Indikation abfinden können. Es geht hier unmittelbar um den kompromißlosen Schutz des Basisgutes Leben. Darum ist es sinnlos, sich auf eine Debatte darüber einzulassen, wann ein individueller Mensch oder gar eine Person ihren Anfang nehme, denn es geht auch im vorpersonalen Leben um Gottes unverfügbare Gabe. Die Grundsatzposition kann nicht zulassen, daß hier über eine Notwehrsituation oder über eine Güterabwägung verhandelt wird. In der äußerst seltenen medizinischen Konfliktsituation wird der Arzt sich nach seinem Gewissensurteil zugunsten des rettbaren Lebens entscheiden, wenn das andere Leben auf Dauer ohnedies nicht zu retten ist, aber das möchte ich nicht eine „medizinische Indikation" nennen. Es gibt keine Indikation für eine Tötung. Die Kirche hat hier nichts „freizugeben" oder zu „gestatten". Sie hat unerbittlich darauf hinzuweisen, daß Staat und Gesellschaft hier nicht befugt sind, „Rechte" über ein Leben einzuräumen. Freilich, wo Gesetze die Möglichkeiten für Schwangerschaftsabbrüche unter der Bedingung einräumen, daß die betroffenen Frauen sich rechtzeitig beraten lassen, da hat die Kirche die Pflicht, Rat und auch konkrete Hilfe für das Leben anzubieten. Bei der Entscheidung für dieses Angebot handelt es sich um wirkliche Güterabwägung, da es ja möglich ist, daß sich eine Frau mit dem Nachweis der kirchlichen Beratung dennoch zur Abtreibung entschließt. In diesem Fall wiegt das mit Hilfe der Kirche gerettete Leben schwerer als die von der Kirche nicht zu vertretende Freiheitsentscheidung der betroffenen Frau. Wer der Kirche hier die Beratung verbieten möchte, der übernimmt die Verantwortung für das nicht gerettete Leben. Die Bescheinigung der Beratung als „Tötungslizenz" zu beschimpfen oder gar die entscheidungs-offene Beratung mit der Selektionsrampe von Auschwitz zu vergleichen verrät die Pathologie eines Gestörten, der seine Aggressionen nicht mehr unter Kontrolle hat.

Freilich ist weiter zu bedenken, daß der Unglaube immer weitere Kreise zieht und zu immer stärkeren Banalisierungen und Materialisierungen der Lebensauffassung führt. Wo das Leben als heilig angesehen wird – vom Eid des Hippokrates bis zum Grundgesetz der Bundesrepublik –, da handelt es sich um eine Konsequenz aus der Überzeugung, daß das Leben auf das Göttliche zurückzuführen und darum unverfügbar und unantastbar ist. Mit Nichtglaubenden wird es schwer sein, sich auf den christlichen Grundsatz zu verständigen. Mit Sicherheit kann man aber versuchen, über Folgen zu diskutieren, wie sie bereits aus der leidvollen Vergangenheit bekannt sind – ich erinnere an Euthanasie, Experimente am Menschen (Tierquälerei, Tierversuche nicht zu vergessen) –, oder man kann, wie im Fall der Gen-Technologie, zukünftige Folgen abschätzen und daraus ethische Prinzipien gewinnen.

Es versteht sich unter Christen von selber, daß neben dem Basisgut Leben die Lebensqualität unserer Pflege und Fürsorge anvertraut ist. Ich kann aus diesem unermeßlichen Feld der Praxis, zu dem auch die Sterbehilfe gehört, keine eingehenderen Beispiele anführen. Aber ein Gesichtspunkt liegt mir sehr am Herzen. Man soll uns nicht vorwerfen dürfen, wir hätten für das ungeborene Leben mehr Schutz und Liebe übrig als für das geborene. Dazu gehört auch, daß wir jede Abtreibung als einzelnen Fall nehmen und uns vor Pauschalurteilen und Hochmut hüten; daß wir die Tragik wahrnehmen, die in den allermeisten Fällen mit im Spiel ist und daß wir um eine grundsätzliche Solidarität in der Schuld vor Gott wissen. „Der von euch, der ohne Sünde ist, werfe als Erster einen Stein auf sie" (Joh 8,7). Nur wenige Betroffene zählen in lebensverachtendem Übermut Abtreibung zu den möglichen Formen einer Empfängnisregelung. Die allermeisten sind in Psychose oder Panik in die Katastrophe ihres Lebens geraten. Es hat mich tief betroffen gemacht, daß unlängst die massenhaft vorgenommenen Schwangerschaftsabbrüche in einen Vergleich gebracht wurden mit dem Massentötungsprogramm der Nazis. Der vom Schreibtisch aus geplante und befohlene Millionenmord bleibt das Verbrechen ohne Vergleich in der Menschheitsgeschichte, das ohne Verletzung christlicher Liebe ein schändliches Verbrechen genannt werden darf und muß. Die Einzelschicksale der betroffenen Frauen gestatten uns ein solches Urteilen nicht. Auch das zu respektieren ist „Ehrfurcht vor dem Leben". Es gehört zu unserer Zuversicht und Hoffnung, daß auch der in tiefe Schuld verstrickte Mensch nicht aufhört, Abbild des lebendigen Gottes und Wohnstätte seines Heiligen Geistes zu sein, und daß ihm die unverbrüchliche Zusage gilt: Ich will, daß du das Leben hast und es einmal in Fülle haben wirst.

Behindertes Leben

Die katholische Kirche in unserem Land begeht einmal im Jahr die „Woche für das Leben", und dabei widmet sie ihre Aufmerksamkeit in besonderer Weise auch dem behinderten Leben. Schließen wir uns hier einmal diesem Impuls an. Es gibt viele, schwere Fragen um das behinderte Leben, Fragen, von denen sich viele nicht konkret berührt fühlen, von denen aber jede und jeder von uns einmal betroffen werden kann, da niemand weiß, ob er selber einmal zu den Behinderten gerechnet werden muß; zugleich gibt es viele Aufgaben im Hinblick auf den Umgang mit unseren behinderten Mitmenschen und auf ihren besseren Schutz in der Gesellschaft.

Wenn wir unsere Besinnung mit einem Wort der Heiligen Schrift beginnen wollen, sind wir in einer eigentümlichen Verlegenheit. In den Evangelien kommen vielfach Menschen mit Behinderungen vor, und wir hören von den Begegnungen Jesu mit ihnen. Wir hören, wie liebevoll, auch mit körperlichem Kontakt, Jesus sich den Behinderten zuwendet und wie seine heilende Kraft ihnen die Gesundheit wiederschenkt. Für das Zugehen auf Behinderte ist da auch nach zweitausend Jahren vieles zu lernen, aber am Ende bleibt doch die ein wenig bittere Frage: Warum so wenige Heilungen angesichts der unzähligen behinderten Menschen, damals wie heute? Wir hören in der Heiligen Schrift nichts über die Gründe, warum es in Gottes guter Schöpfung überhaupt Behinderungen, beschädigtes Leben, so viele Krankheiten und letztendlich immer den Tod geben muß, und gerade darüber hätten wir so gerne Aufschluß durch Gottes offenbarende Worte. Auffallend ist, was uns statt einer solchen Erklärung begegnet: eine große, viele Male wiederholte Verheißung. Wenden wir uns dieser göttlichen Verheißung in der Gestalt zu, die sie beim Propheten Jesaja im 29. Kapitel (VV. 18 f) hat:

„An jenem Tage werden die Tauben Schriftworte hören und die Augen der Blinden aus Dunkel und Finsternis heraus sehen. Und die Elenden werden aufs neue des Herrn sich freuen und die Ärmsten unter den Menschen über den Heiligen Israels jubeln."

Schauen wir von der großen Heils- und Heilungsverheißung Gottes kurz zurück; überlegen wir, was uns Gottes Wort über Gottes Absicht mit den Menschen sagt. Gott allein ist der Eigentümer des Lebens; er ist Ursprung und Geber des Lebens. Seine Schöpfung sollte Lebendiges hervorbringen bis zu dem Ziel, daß Lebendiges fähig sei, sich mit Geist und Bewußtsein, mit Erkennen und Wollen, in Freiheit und Liebe zu anderem Lebendigen zu verhalten – und zu Gott selber als dem Inbegriff alles Lebendigen. Mit dieser Planung und Programmierung hat Gott eine grundlegende Verwandtschaft alles Lebendigen herbeigeführt. Die Menschen, die in diesem kosmischen Prozeß entstanden sind, gehören gleichsam zwei Welten an: Von ihrer Seele her sind sie Angehörige der Welt des Geistes; mit ihrer Herkunft aus dem Tierreich sind sie Teil der Naturgeschichte dieser Erde.

Wenn Gott sie als seine „Abbilder" geschaffen hat, wie wir bereits auf den ersten Seiten der Heiligen Schrift lesen, dann bedeutet das, daß Gott die Menschen zu Hütern seiner Schöpfung bestellt hat, als Vertraute des lebendigen Gottes auf der einen Seite, als Verwandte der kleinsten Amöbentierchen auf der anderen Seite.

Den Menschen allein sagt Gottes Offenbarungswort zu, daß Gott selber in ihnen wohnen wollte und wohnt, in jener Mitte des Menschen, die von der Bibel und von den Dichtern mit „Herz" bezeichnet wird. Von diesem Innersten her kommt dem Menschen Unsterblichkeit zu: Die Stätte, an der Gott einmal Wohnung genommen hat, wird nie mehr vernichtet werden; das Gespräch, das Gott im Herzen des Menschen begonnen hat, wird nie mehr abgebrochen werden – sofern es auf Gott ankommt. Die Menschen allein sind zu einer ewigen Partnerschaft mit Gott bestimmt, an der die übrige Schöpfung nur in dem Maß Anteil hat, als sie zu den Menschen gehört. Alles Lebendige gehört durch Verwandtschaft zu den Menschen.

In diese Konzeption Gottes kam eine tief einschneidende Störung hinein, deren letzte Hintergründe und Ursachen wir nicht kennen. Gewiß war eine Art Tod von Anfang an in die Werdewelt einprogrammiert: Die biologische Lebenszeit alles Lebendigen ist begrenzt; für alles, was irdisch vergeht, ist allerdings auch unter dieser Voraussetzung noch die Möglichkeit denkbar, in Gottes Ewigkeit hineinverwandelt zu werden, auch ohne Leid und Tränen. Aber die Störung hat bewirkt, daß das Vergehen so grausam ist, mit vielerlei Schmerzen verbunden. Das Schreckliche, das aus der Natur kommt, wie die meisten Krankheiten, wird noch vervielfacht durch die Schuld der Menschen: durch Unterlassungen, wenn Menschen nicht alle Sorgfalt darauf verwenden, Krankheiten zu bekämpfen, und statt dessen die finanziellen Mittel oft für sinnlose Dinge verschwenden; oder durch jene Menschen, die zahllosen Formen des Todes den Stempel der Gewalt aufprägen. So ist das Leben vielfach beschädigt, durch Störung und durch Schuld.

Das Offenbarungswort Gottes läßt uns ohne Antwort auf das quälende „Warum?" Die Antwort ist vertagt auf den Augenblick der endgültigen Begegnung mit Gott, und jener Augenblick wird auch die Verheißung erfüllen, daß alles Kranke geheilt, alle Unglücklichen für immer getröstet sein werden. Aber es gibt nicht *nur* diesen Blick zurück und nicht *nur* diesen Ausblick voraus in die Vollendung. Es gibt eine Stellungnahme Gottes, unüberhörbar in jede Stunde und in jede Situation hineingesagt: Er hat sich mit den „Geringsten", seinen Geschwistern, identifiziert. Er hat Jesus, den eigenen Sohn, als sein Bild schlechthin vor die Augen aller gestellt: Jesus ist der Inbegriff der Solidarität Gottes mit allem leidenden und beschädigten Leben. Der Gekreuzigte ist die unübertroffene Ikone Gottes, und so will Gott vor allem in den leidenden und beschädigten Menschen antreffbar sein, da sie ja die Geringsten sind.

Was wir bisher überlegt haben, das waren die großen Linien, in denen der Herr und Hüter allen Lebens seine Spur in die Menschheit eingezeichnet hat. Im Hinblick auf Jesus und seinen Umgang mit beschädigtem Leben ist es jedoch möglich und nötig, noch konkreter zu werden, Genaueres zu sagen.

Von behinderten Menschen muß alles das gelten, was in Gottes Offenbarung von jedem Menschen als Ebenbild und Wohnstätte Gottes gesagt ist. Das bedeutet zunächst einmal, alles zu vermeiden, was Gott in diesen Menschen kränken oder verletzen würde. Und in der heutigen Zeit, da Behinderte von Gewalttätern vielfach gekränkt und verletzt werden, bedeutet das Gottes Ermutigung, Zivilcourage zu zeigen, mit der man der Gewalt – auch der Kraftmeierei mit Worten – entschieden entgegentritt.

Aber Gottes Wille erstreckt sich auch auf den positiven Zugang zu behinderten Menschen, auf den positiven Umgang mit ihnen. Das heißt: Notwendig muß danach gefragt werden, ob und inwiefern sich ein behinderter Mensch als ausgegrenzt von anderen empfindet. Jesus mußte, um überhaupt zu den Kranken zu kommen, soziale Hemmschwellen überwinden; so mußte er sich dem Verhaltenskodex widersetzen, sich nicht von Aussätzigen anfassen zu lassen, oder andere Tabus ignorieren. Seine Heilungen waren immer mit einer Wiederaufnahme der Kranken in die menschliche Gemeinschaft verbunden: Sie durften aus ihren Höhlen kommen, durften die bewohnten Straßen wieder betreten, Ämter, zum Beispiel der Priester, aufsuchen. Das Gefühl, nicht angenommen, sondern vielmehr ausgegrenzt zu sein, stellt eine der schlimmsten zusätzlichen Kränkungen der Behinderten dar. Es gibt Behinderte, die zwar in Ausdrucksvermögen oder in Körperfunktionen oder in beidem beeinträchtigt sind, aber deutliche Zeichen von Wahrnehmung und kontrolliertem Verhalten geben können. Solche Menschen als Ebenbilder und Wohnstätten Gottes zu ehren heißt, sie – abgesehen von Pflege und Therapie – wie „normale" Menschen zu behandeln. Bei „normalen" Menschen, so schwierig das Wort „normal" ist, liegt Gutes und weniger Gutes meist nahe beisammen. Auch Behinderte sind, von Ausnahmen abgesehen, keine Heiligen; Gottes Heiliger Geist wohnt meist in „unreinen" Gefäßen. Sie sollen nicht bevorzugt werden, nicht bemitleidet, nicht versteckt, nicht wie Luft behandelt werden. Gerade in dieser Hinsicht bedarf es in unserer von einem materialistischen Gesundheits- und Schönheitswahn besessenen Gesellschaft eines bekennenden christlichen Mutes, sich öffentlich mit Behinderten zu zeigen.

Behinderte als Menschen, als Partner Gottes, ernst zu nehmen bedeutet, sie nicht einfach mit ihrem Schicksal allein zu lassen. Wie bei allem Lebendigen sind auch bei ihnen unvermutete Möglichkeiten verborgen, die entdeckt und entwickelt sein wollen. Sie sollen sich nicht in ihr Schicksal fügen, weil es angeblich eine Fügung Gottes sei. Gott will vielmehr nicht, daß durch ein Sichabfinden mit dem Schicksal Resignation und selbstzerstörerische Gefühle entstehen. Auch das beschädigte Leben darf sich nicht ablehnen und zerstören. Eine entscheidende Hilfe dafür ist das Angenommensein durch Menschen.

Nun gibt es jedoch auch die Schwerstbehinderten, die kaum Anzeichen eines geistigen Bewußtseins erkennen lassen. Gegen die brutale Einstellung, die nach den Kosten und dem Wert eines solchen Lebens für die Gesellschaft fragt, müssen glaubende Menschen darauf bestehen: Auch Schwerstbehinderte gehören zum Bereich des gottgewollten Lebens. Unzerstörbar ruht auf ihnen Gottes Absicht, sie zu geistig aktiven Partnerinnen und Partnern seiner Ewigkeit zu erschaffen. Gott wird seine Schöpfung vollenden, auch dort, wo eine Entwicklung abgebrochen oder schwerstens behindert wurde. Grundsätzlich sind solche Menschen vor Gott in der gleichen Situation wie Gesunde, nämlich radikal darauf angewiesen, daß Gott das Bruchstückhafte von sich aus schöpferisch und heilend vollendet. Als Vollendeten werden wir ihnen wiederbegegnen.

Die Zuwendung zu diesen Kranken erfordert auch die sorgfältige Prüfung, inwieweit sie in gemeinschaftliche Lebensvollzüge – auch der Kirche und ihrer Gottesdienste – einbezogen werden können. Leibhafte, zärtliche Kontakte gehören zu den wichtigsten Zuwendungen, die ihnen das Gefühl vermitteln können, daß sie nicht lästig, sondern akzeptiert sind.

Die Gegenwart Gottes im Menschen beschränkt sich nicht auf den Bereich des Bewußtseins, sonst dürften wir vom Neugeborenen nicht sagen: „Gott liebt dieses Kind"; wir dürften nicht vom Säugling denken, daß Gottes Geist, der Liebe ist, in ihm Wohnung genommen hat; wir dürften auch von uns selber nicht annehmen, daß während unseres Schlafens der Geist Gottes in uns bleibt. Daher darf es auch in unseren stark von wachem Bewußtsein geprägten Gottesdiensten einen Bereich geben, in den die Schwerstbehinderten mit einbezogen sind. Das kann für Betroffene, besonders Eltern und Geschwister, ein Trost, für die anderen eine Mahnung für eigenes Verhalten gegenüber Lebendigen sein, die Gott auch und gerade mit ihrer Beeinträchtigung liebt, in denen er gegenwärtig ist und die er zur Vollendung führen wird.

Krankheiten und Behinderungen sind nie nur private Schicksale. Immer sind sie ein Ruf an alle, insbesondere an alle, die an den Gott des Lebens glauben. Sie sind ein Appell, nachzudenken und das Gewissen zu erforschen. Gewiß müssen schon die ersten Anflüge der Meinung, Krankheit und Behinderung seien eine Strafe für individuelle Schuld, energisch abgewiesen werden. Aber die öffentliche Verantwortung für Lebensbeschädigung, zum Beispiel in der Frage des Straßenverkehrs, der Tabakwerbung, der Luftverschmutzung, der Vergiftung von Wasser und anderen Nahrungsmitteln, kann auch nicht geleugnet werden. Hier nehmen alle die Aufsichtspflicht gegenüber der Politik nicht genügend wahr.

Krankheiten und Behinderungen stellen immer unsere Auffassungen von Ordnung, Normalität und Funktionieren in Frage. Sie sind unüberhörbare Signale, wie ungesichert, unheil und unerlöst unser Leben ist. Sie lassen uns bitten um das Kommen unserer gemeinsamen Erlösung, wenn Gott seine Verheißungen erfüllen wird. Sie mahnen uns, nichts als selbstverständlich anzusehen. Wie ein Blitz aus heiterem Himmel kann auch Gesunde eine Querschnittlähmung oder eine Gehirnhautentzündung treffen und so von einem Tag zum andern zu Schwerstbehinderten machen. Es ist nicht unser Recht, daß unser seelischer und körperlicher Mechanismus immer weiterläuft wie gewohnt.

Aus dieser Infragestellung unseres Lebens darf nicht eine göttlich-pädagogische Absicht herausgelesen werden. Gott hat nicht die Störungen und Beschädigungen des Lebens gewollt oder gar selber herbeigeführt, damit wir zur Besinnung kommen. Er hätte sonst aufgehört, der Heilige zu sein. Gleichwohl will er, daß wir in allen Lebensumständen Menschen mit einem mitfühlenden Herzen *und* mit einem wachen Gewissen sind.

In diesem Sinne können wir ein Gebet wie das folgende von Janet Morley sprechen:

Heiliger Gott,
dein Name wird dort nicht geehrt,
wo Notleidenden nicht gedient wird
und wo Ohnmächtige
mit Verachtung behandelt werden.
Laß uns unsere Nächsten
mit derselben Zärtlichkeit umarmen,
derer auch wir bedürfen,
so daß deine Gerechtigkeit
in der Liebe erfüllt wird,
durch Jesus Christus. Amen.

„Du hast den Menschen geschaffen, damit er sich erinnere"

Das Thema dieses Kapitels stammt aus einer Erzählung des jüdischen Schriftstellers Elie Wiesel. In seinem Roman „Der Vergessene" läßt er den alten Juden Elchanan ein Gebet sprechen, das einen sehr anrührt. Ich möchte einige Sätze daraus zitieren:

Gott Abrahams, Isaaks und Jakobs, vergiß mich nicht, denn ich bin ihr Sohn, der sich auf sie beruft. Du, die Quelle aller Erinnerung, weißt: vergessen bedeutet verlassen, vergessen bedeutet verstoßen. Verlaß mich nicht, Gott meiner Väter ...
Als Kind habe ich gelernt, Dich zu verehren, Dich zu lieben und Dir zu gehorchen. Hilf, daß ich nicht das Kind vergesse, das ich einmal war ...
Du, der Du die Zukunft der Menschen vorhersiehst, hilf mir, daß ich mich nicht von meiner Vergangenheit löse ...

*Gedenke, daß durch die Erinnerung der Mensch befähigt wird,
zu den Ursprüngen seiner Sehnsucht nach Dir zurückzukehren.*

Gedenke, Gott der Geschichte, daß Du den Menschen geschaffen hast, damit er sich erinnere.

(E. Wiesel, Der Vergessene, S. 7 f.)

Die Worte dieses Gebets leben aus dem Geist des Ersten Testaments. Sie könnten auch von einem der Propheten Israels stammen. Wie oft kreisen ihre Gedanken um Vergessen und Erinnern! Das Leitwort aus dem Gebet Elchanans möchte ich gern entfalten in drei Schritten, die sich anlehnen an ein Gebet des Propheten Jeremia, aufgezeichnet im 20. Kapitel seines Buches, Verse 7–9:

1) Du hast mich betört, mein Gott, und ich habe mich betören lassen; du hast mich gepackt und überwältigt.
2) Ich bin zum Gelächter geworden tagaus, tagein, jeder verspottet mich … Das Wort Gottes ist mir zur Schmach und zum Hohn geworden den ganzen Tag.
3) Sage ich mir aber: „Ich will nicht mehr daran denken und nicht mehr in seinem Namen reden", da brennt es in meinem Herzen wie ein verzehrendes Feuer, eingeschlossen in meinem Gebein.

Der erste Schritt unserer Besinnung: Der Prophet erinnert sich: „Du hast mich betört, mein Gott, und ich habe mich betören lassen; du hast mich gepackt". Das entspricht der Bitte im Gebet von Elie Wiesel „Hilf, daß ich nicht das Kind vergesse, das ich einmal war".

Wir wollen zurückdenken an die Betörung unserer Jugend mit Gott, an den Zauber des Anfangs unseres gemeinsamen Weges mit Gott. Betört und überwältigt waren wir von ihm, fasziniert und gleichsam in ihn verliebt. Wir haben ihm einen Vorschuß, nein, viele Vorschüsse unseres Vertrauens geschenkt. Unsere Berufung zur Partnerschaft mit Gott haben wir mit Großmut und Hochherzigkeit angenommen. Wir haben gewußt, daß wir uns entscheiden; wer sich ent-scheidet, der schei-det für sich viele – zweifellos auch gute, ja wundervolle – Möglichkeiten aus, um sich auf eine einzige festzulegen. Wir haben die Welt und ihre Schönheiten nicht geschmäht, uns aber entschieden, im eschatologischen Vorbehalt zu leben: uns zu freuen, als freuten wir uns nicht; zu trauern, als trauerten wir nicht; danach zu leben, daß die eigentliche Heimat das Reich Gottes ist und nicht diese Welt; daß man die Toten ihre Toten begraben lassen und ihm nachfolgen solle, der uns mehr sein muß als Vater, Bruder und Schwester. Wir haben den Mut gehabt, etwas für immer zu wollen. Wir haben gewußt, daß ein Mensch das kann, weil er eine Seele hat. Eine Seele haben heißt eine geistige Mitte zu besitzen, die dem Vergessen überlegen ist. In unserer geistigen Mitte geht nichts verloren, ist alles gesammelt, was wir je gedacht und gewollt haben, und so sind in unserer geistigen Mitte nicht nur unsere Vergangenheit und unsere Gegenwart beisammen, sondern auch unsere Selbstbestimmung für die Zukunft: So wollen wir sein und bleiben. Wir haben unser ganzes Leben gleichsam in einen einzigen Augenblick gesammelt. „Du hast mich betört, mein Gott, und ich habe mich betören lassen". „Hilf, daß ich nicht das Kind vergesse, das ich einmal war". War es denn umsonst?

Der zweite Schritt unserer Besinnung: Manche von uns sind das Kind geblieben, das sie einmal waren. Gott sei es gedankt, das ist gefügt und keine Selbstverständlichkeit. Bei anderen aber hat sich auf die Gottesbeziehung im Lauf der Jahre so etwas wie eine dicke Schicht Asche gelegt. Das immerwährende Schweigen auf der anderen Seite. Die nicht erhörten Gebete, die ja gar nicht alle Übermut und Überfluß gemeint haben, sondern die von wirklich selbstlosen wichtigen Anliegen getragen worden waren – als seien Gesundheit, Friede und Versöhnung, die Kirche als Ort der Freiheit und der Gerechtigkeit etwa nicht in Übereinstimmung mit dem Willen Gottes. Das Fehlen von evidenten Höhepunkten in dieser Beziehung; die Übermacht der Routine.

Ja gewiß, wenn wir uns um ein geläutertes Gottesbild bemüht haben, um eine Gottesvorstellung, die seiner eigenen Selbsterschließung entspricht, dann mußten wir wissen, daß Gott niemals unter die Kategorie der Brauchbarkeit geraten darf; daß wir von ihm herkommen und, geleitet von ihm, zu ihm unterwegs sind, ohne daß unterwegs gefragt werden dürfte: Wozu ist Gott nütze? „Glaubt ihr nicht, so bleibt ihr nicht", heißt es beim Propheten Jesaja (7,9). Glauben: sich in Gott festgemacht, von daher Stand gewonnen haben, beständig sein, gesichert, versichert sein – müßte allerdings nicht manchmal ein Zeichen der Vergewisserung gegeben werden?

Das alte Mönchtum mit seiner unerbittlichen Tugendlehre sah merkwürdigerweise in der „akedia" eine der allerschlimmsten Sünden, akedia, gewöhnlich mit Trägheit übersetzt, aber Trägheit ist nicht das, wovor man sich so sehr fürchtete. „Akedia" meint den Überdruß, die Übersättigung – die Übersättigung etwa am Schweigen Gottes, den Überdruß an den eigenen Worten ins Schweigen und so dasjenige, was daraus resultiert: den lautlosen Zerfall.

Manche, die es unerträglich finden, in einer solchen Gotteskrise weiter auszuhalten, fliehen nach vorwärts, in gesteigerte Aktivität, in eine Abfolge von „Aufbrüchen". Suchen sie Gott im Neuen, im Gewagten? Was aber, wenn sie sich im Aktionismus selber vollends abhanden kommen?

Es wäre falsch, beim Bedenken dieser Situation einseitige Schuldzuweisungen vorzunehmen. Das Schweigen Gottes ist ohne Frage eine furchtbare Zumutung an den Menschen, und niemand von außen hat das Recht, zu einem Bruder, einer Schwester zu sagen: Du hast selber schuld …

Von außen kommen in einer solchen Situation, da das Gottesverhältnis so stark in Frage gestellt ist, die verlockenden Alternativen. Wollten wir das eigentlich, uns in Gott hinein verlieren und verschwenden, oder war nicht vielmehr Selbstverwirklichung unser Ziel? Haben wir nicht an der falschen Stelle verzichtet? Hätten wir nicht Fähigkeiten in uns, die brachliegen? Gibt es dann nicht doch mancherlei Anlässe, daß auch wir mit dem Propheten Jeremia sagen können: „Ich bin zum Gelächter geworden tagaus, tagein, jeder verspottet mich"? Und wenn die Menschen um uns herum zu vornehm sind, um über uns zu spotten und uns auszulachen, so denken sie doch gewiß bei sich, wie seltsam, verschroben, befremdlich unsere Existenz eigentlich ist – wie kann man nur so dumm sein, die besten Seiten des Lebens zu verpassen? Manchmal ist ihren mitleidigen Blicken anzumerken, was sie über uns denken.

In einer solchen Situation, von innen und außen in Frage gestellt, finden sich dann rasch auch handliche Alibis ein. Das eine große und besonders wirksame Alibi in der Gotteskrise von heute ist der kritische Zustand der Kirche. Hier gibt es in der Tat viel zu klagen: Welche „Zeichen der Zeit" nicht gesehen, nicht beherzigt werden; wo überall Mut und Sensibilität fehlen; wie der Buchstabe herrscht und nicht der Geist. Das Alibi flüstert uns ein: Lohnt es überhaupt noch? Die Gegenstimme ist nur leise und läßt sich leicht zum Verstummen bringen: Für wen hast du dich eigentlich entschieden, damals? Wem zuliebe? Der Geltung, der Laufbahn wegen? Um des Erfolgs, um des Beifalls willen?

Der Zustrom zu den Kirchentagen und Katholikentagen ist nicht *nur* erfreulich; er macht auch nachdenklich: Brauchen wir die große Zahl, um uns über die Richtigkeit unserer Entscheidung zu vergewissern? Ist das Eintauchen in die Massen hilfreich, wenn Zweifel und Schatten auf unsere Berufung gefallen sind? Sind wir im großen Stadion sicher vor Hohn und Spott über unseren Lebensweg? Halten wir es nicht mehr gut mit uns selber aus, mit unserer Einsamkeit?

Der dritte Schritt unserer Besinnung: Jeremia bezeugt es: Wenn ich nicht mehr daran denken, kein Wort mehr davon hören will, nämlich von jener Begegnung des Anfangs und von dem Auftrag, der darin lag, dann brennt es in meinem Herzen wie ein verzehrendes Feuer. Das ist zunächst einmal, wie gesagt, das Zeugnis eines Menschen. Die jüdische Schriftstellerin Hilde Domin hat für Menschen solcher Art das Wort „Dennoch-Menschen" geprägt. Trotz des Überdrusses, der Verängstigung, der Lust auf Alternativen aushalten, sich nicht entmutigen lassen, ja, mehr noch, das Unwahrscheinliche für möglich halten, an das Wunder inmitten der Alltäglichkeit glauben und damit dem Wunder eine Chance einräumen, das macht den Dennoch-Menschen aus.

Für eine Besinnung ist es wichtig, die Augen vor dem Faktum nicht zu verschließen: Solche Dennoch-Menschen gibt es. Mit Sicherheit sind sie uns schon begegnet, fragt sich nur, ob wir sie überhaupt sehen wollten. Was bedeutet das? Was bedeuten sie für uns? Vielleicht gibt es sie in der heutigen Zeit weniger als früher, aber es gibt sie. In der Sicht unserer Glaubenstradition ist das Festsein in Gott, das Beständigsein, das vertrauende Sich-festgemacht-Haben, das dem biblischen Begriff von Glauben zugrunde liegt, ein Geschenk der Gnade Gottes. Es ist nicht das Produkt unserer Leistung; es ist nicht durch Verzicht auf Selbstliebe erzwingbar. Das Beständigsein wird nicht gewährt als persönliches Privileg, sondern gegeben zum Nutzen anderer, damit aus dem Miteinander und Füreinander der Treue das Lob Gottes erwachse. Oft gehörten solche Dennoch-Menschen zu der Frühzeit unserer ersten Liebe zu Gott. „... hilf mir, daß ich mich nicht von meiner Vergangenheit löse ... Gedenke, daß durch die Erinnerung der Mensch befähigt wird, zu den Ursprüngen seiner Sehnsucht nach Dir zurückzukehren."

Elie Wiesel hat wie der Prophet Jeremia seine Erkenntnis dessen, was uns rettet, in die Gestalt eines Gebetes gekleidet. Wenn wir ernst nehmen, daß das Beständigsein, der Glaube, nicht erzwungen werden kann, sondern geschenkt wird, dann ist die nächstliegende Form, unseren Kummer um Glauben oder Nicht-glauben-Können, um Treue oder Wankelmut anzugehen, die des Gebetes. Mit wem sollten wir an erster Stelle darüber sprechen, wenn nicht mit Gott?

Nun ist dies aber gewiß: In dem Moment, in dem wir anfangen, Gott unseren Kummer zu klagen, ist Gott schon da mitten in unserem Kummer – denn ohne ihn, ohne sein Sprechen in uns, käme unser Gebet ja gar nicht zustande (vgl. Röm 8,26 f). Keine der Mystikerinnen, keiner der Meister des geistlichen Lebens hat den Zwiespalt, der uns zerreißt, genauer, zutreffender gekennzeichnet als Paulus im Römerbrief, und gerade da erinnert der Apostel mit Nachdruck daran, daß der Eindruck trügt, Gott sei fern, abwesend, er habe uns verlassen oder er höre unser Schreien nicht. *Intimior intimo meo,* sagte Augustinus im Gefolge des Apostels Paulus über Gott, er ist mir innerlicher, als ich es mir selber bin, im innersten Innern meiner selbst wohnt Gottes heiliges Pneuma und gibt mich nicht auf, in alle Ewigkeit nicht. Unter dem, was wir als Asche empfinden mögen, glüht sein Feuer. Jeremia hat es bezeugt, 600 Jahre vor Paulus.

Folgendes kann oder wird sich aber ebenfalls ereignen: Wenn wir uns erinnern wollen, wie es damals war am Anfang; wenn wir zu den Ursprüngen unserer Sehnsucht zurückkehren wollen, und wenn dieses Wollen schon am Ziel ist, weil Gott es ist, der dieses Wollen gibt, es uns bereits gegeben hat; wenn wir beginnen, zaghaft um die Erfüllung dessen zu beten – dann wird es doch wohl so sein, daß wir zwar zurückkehren zur Sehnsucht, zur allerersten Liebe, zur Grundentscheidung unseres Lebens, aber daß wir nicht dieselben sind, die wir damals waren. „Werden wie die Kinder" heißt nicht, daß wir je wieder Kinder werden könnten – die Zumutung, einfach, klein, bescheiden, demütig zu sein, ist vielmehr oft nichts anderes als die Zumutung, uns als erwachsene Menschen, als die, die wir geworden sind, mit den Narben, aber auch dem Selbstgefühl unseres Lebens, aufzugeben, um infantil gefügig zu sein, kindlich Realitäten nicht wahrhaben zu wollen. „Du hast mich betört, mein Gott" – dahin zurückzukehren heißt nicht einfach, die Betörung wiederzufinden.

In der Betörung liegt, wie im Verliebtsein, eine riesige Selbsttäuschung. Ein kluger Menschenkenner – leider weiß ich nicht mehr, wer – hat einmal gesagt: Wenn zwei Menschen, die sich erstmals begegnen, einander so sähen, wie sie wirklich sind, würden sie voreinander davonlaufen. Erst durch eine notwendige Ent-Täuschung hindurch entdecken sie eine Wirklichkeit, die liebenswert, das heißt der Liebe wert, ist, jener Liebe, die dem Verliebtsein ein Ende macht, der Betörung durch Emotionen, hin zu jener Liebe, die ein Ja des Menschen mit dem Verstand und dem Herzen und mit jener Willensenergie ist, aus der jede Treue lebt. Dieses Ja ist um so stärker, je mehr es nicht nur infolge und wegen und aus der Faszination, sondern auch aus einem Trotzdem und Dennoch erwächst, auch aus der realistischen Einsicht in all das, was einen am Partner stört. Aus solcher Ent-Täuschung wird eine stille und sehr behutsame Liebe.

Warum sollte es in der Liebesgeschichte eines Menschen mit Gott anders sein? Gott wäre nicht Gott, würde er unsere Vorstellungen von ihm nicht fortlaufend korrigieren und widerlegen. Was du begreifen – verstehen – kannst, ist nicht Gott, sagte ein alter Meister des geistlichen Lebens. Oder, wie Eichendorff gedichtet hat:

Du bist's, der, was wir bauen, mild über uns zerbricht,
daß wir den Himmel schauen …

Manchmal zerstört Gott die Vorstellungen, die wir uns von ihm machen, nicht nur auf eine milde Art, sondern sehr schmerzhaft. Wir müssen Abschied nehmen vom „lieben Gott" der Kindheit ebenso wie von dem Gott, der auf uns und unser Tun konsequent reagiert, ja reagieren muß. Wenn wir einem Willen über unserem Leben begegnen, der quer zu unserem eigenen Willen steht, nehmen wir Gott als Person wahr. Nicht dort, wo der eine Wille von vornherein gebrochen ist und sich vor dem Partner sklavisch demütigt, sondern dort, wo man sich mit dem entgegengesetzten Willen des anderen ernsthaft auseinandersetzt, gegebenenfalls Protest erhebt, wird der andere Partner wirklich ernstgenommen und stellt sich erst die Frage, ob und in welchem Ausmaß Liebe möglich sei. Das gilt auch für unsere Partnerschaft mit Gott. Ehrfurchtslos wären nicht Protest und Klage an seine Adresse – die Klagepsalmen bezeugen es –, sondern der Verzicht auf eine eigene Meinung, auf den Selbstwert, auf die biblisch so sehr empfohlene Selbstliebe.

Wenn es im Gebet Elie Wiesels heißt: „… hilf mir, daß ich mich nicht von meiner Vergangenheit löse", dann ist auch zu fragen, was das heißt: meine Vergangenheit? Es ist, wie gesagt, gewiß in erster Linie die allereigenste und ursprünglichste Gotteserfahrung, der Ursprung der Sehnsucht nach Gott, das Betörtsein, Fasziniertsein durch Gott, durch den Gott, der meine Jugend froh gemacht hat (wie die frühere Version von Ps 43,4 sagte). Aber zu „meiner" Vergangenheit gehören auch die Eltern und Vorfahren im Glauben, schließlich die kirchliche Gemeinschaft der Glaubenden, das Gottesvolk, dessen Gotteserfahrungen von Generation zu Generation erzählt wurden. Auch auf sie bezieht sich diese Bitte: „… hilf mir, daß ich mich nicht von meiner Vergangenheit löse".

Diese Glaubensgemeinschaften, Israel, die Kirche, unsere Vorfahren, was sind sie anderes als Erinnerungsgemeinschaften? Die Gottesbeziehung, eine jede, unsere und die aller Menschen, lebt in erster Linie aus der Erinnerung.

Die neuere Theologie hat in den letzten 30 Jahren ihre Aufmerksamkeit in besonderer Weise der Zukunft zugewandt. Es war ja in der Tat notwendig, sich Rechenschaft darüber zu geben: Was haben wir zu erwarten? Wen erwarten wir? Wer oder was erwartet uns? Darüber hinaus ist das Thema der Verheißung von erstrangiger theologischer und religiöser Bedeutung. Was wir im Lauf so vieler Glaubensgeschichten an Erfüllungen erlebt oder erzählt bekommen haben, das war jeweils nie die restlose Erfüllung dessen, was in der Verheißung in Aussicht gestellt worden war. Immer hat die erfüllte Verheißung einen Überschuß an neuer Verheißung entbunden; die Zusagen waren nie erschöpft. Die entsetzlichen Katastrophen des 20. Jahrhunderts haben die Fragen nach der Rechtfertigung Gottes angesichts der namenlosen Leiden der Kreatur mit aller Schärfe aufgeworfen, und in diesem Zusammenhang wurde auch gefragt, was es denn bedeuten könne, wenn in einer neutestamentlichen Gottesaussage Gott als Liebe bezeichnet wird. Damit müsse, sagte die neuere Theologie, immer die Verheißung verbunden sein: Gott wird sich einmal für immer und endgültig als Liebe erweisen; er wird nachweisen, daß alles Liebe gewesen war, was er seiner Kreatur zugemutet hatte. Diese Überlegung ist richtig und wichtig – gegenüber allen falschen Erklärungen über Gott angesichts der Leiden und der Übel in der Welt. Aber diese Verweisung in die Zukunft darf nicht isoliert, für sich allein, stehenbleiben. Sonst würde sie sich in fataler Weise jenen Erklärungen annähern, die aus der politischen Welt zur Genüge bekannt sind: Jetzt müßten wir alle erdenklichen Opfer bringen, aber eines Tages, eines fernen Tages, werde es sich gelohnt haben. Wollten wir über den Glauben so zu den Menschen reden, dann könnten sie uns mit Recht nach der Legitimation dafür fragen und uns der bloßen Vertröstungen verdächtigen. Darum ist es so notwendig, daran festzuhalten: Du hast den Menschen geschaffen, damit er sich erinnere – geschaffen, damit er sich Gottes vergewissere, in erster Linie in der Erinnerung.

Die kirchliche Glaubensgemeinschaft hat diese Erkenntnis ihrer Liturgie zugrunde gelegt, übrigens auch hier ganz auf dem Boden Israels und seiner Gottesdienste. Die Liturgie – und insbesondere die vornehmste Liturgie, die Eucharistiefeier – ist immer nach diesem einfachen Strukturgesetz aufgebaut: Einer eingehenden Anamnese folgt die Epiklese. Das heißt: Liturgie beginnt mit einer eingehenden Erinnerung. Deren Anfang in der Eucharistiefeier ist die Präfation, die nicht nur – wie es die wörtliche Übersetzung dieses Begriffes glauben machen könnte – ein „Vorwort" ist, sondern wesentlicher Auftakt des Hochgebets und seiner Erinnerungen. Je nach Fest und Gedächtnis kann diese Erinnerung weit ausholen. Sie kann ausgreifen bis zur Erschaffung der Welt und bis zu dem hinter ihr liegenden Liebeswillen der verschwenderischen Güte Gottes. Sie kann an die Machttaten Gottes in der Befreiung Israels erinnern; sie kann dem Kommen des Sohnes Jesus gelten. In der persönlichen Mitfeier ist Raum oder sollte genügend Raum sein, seine eigenen Erinnerungen, seine Jugend mit Gott, seine Betörungen und seine Gotteskämpfe einzubringen. Aber nicht nur die Feiernden erinnern sich selber. Anamnese als liturgische Erinnerung ist ein Erinnern Gottes: Erinnere dich an deine früheren Machterweise, an deine frühere Zuneigung zu uns, an deine einstige Vergebungsbereitschaft, erinnere dich an deine Versprechungen. Gott hat den Menschen auch geschaffen, damit er Gott erinnere.

Damit ist das Fundament gelegt für die Epiklese, für die Bitte, für das Ausholen in Gegenwart und Zukunft: Weil du einstmals getreu warst und zuverlässig, sei es auch in unserer Stunde der Not und des dunklen Glaubens; weil du Abraham, Isaak, Jakob und deinen Sohn Jesus ins ewige Leben geborgen hast, birg auch unsere Verstorbenen und uns selber bei dir. *Memento:* Erinnere dich! Vergiß uns und die Unsrigen nicht, denn „Vergessen bedeutet verlassen". Verlaß uns nicht! Und hilf uns, uns zu erinnern, damit wir dich nicht verlassen.

Mit Gott auf den Straßen

Am Fronleichnamsfest fallen in erster Linie – wenn das Wetter mitspielt – die Prozessionen katholischer Christen auf. Sind Prozessionen „noch" zeitgemäß? Was bedeuten sie? Solche Fragen werden sich manche Menschen stellen. Aber was heißt hier zeitgemäß? Man könnte Prozessionen dann in Frage stellen, wenn das Äußere den Sieg davon getragen hat über den inneren, religiösen Gehalt. So etwas Äußeres könnte menschliche Eitelkeit sein – sich zeigen, um gesehen zu werden –; äußerlich ist aber auch ein Brauchtum, wenn es gedankenlos nur noch seines Alters wegen beibehalten wird. Wir nennen das „Folklore" – so etwa, wenn Menschen, die in Städten, in modernen technischen Berufen arbeiten, anläßlich eines volkstümlichen Abends Trachten anziehen. Die Trachten haben dann keinen aktuellen Sinn mehr; sie dienen nur noch der Nostalgie und der Unterhaltung.

Zeitgemäß oder nicht: Die Frage kann auch von einer anderen Seite her angegangen werden. Evangelische Christen könnten im hier bedachten Zusammenhang darauf hinweisen, daß sie mit dem Sakrament des Abendmahls anders, diskreter umgehen und daß die Fronleichnamsprozession vor vierhundert Jahren eine gewollte Demonstration gegen reformatorisches Christsein gewesen ist. Wenn sich die getrennten Kirchen aufeinanderzubewegen und Ökumene praktiziert werden soll, müßten solche Demonstrationsabsichten als verletzend, überholt, kurzum eben als unzeitgemäß erkannt werden. Überhaupt ließe sich einwenden, daß die Frage des Glaubens, der religiösen Überzeugung, heute eine reine Privatsache geworden sei und daß Bekenntnisse so intimer Art in der Öffentlichkeit eher als peinlich empfunden würden. Oder wenn schon Öffentlichkeit, dann doch lieber wie bei einem Kirchentag in der geschlossenen Gesellschaft eines Stadions als über die Verkehrsstraßen, quer durch Stadtviertel oder durch ganze Ortschaften.

Die Einwände gegen die Prozessionen sind beachtlich, aber man kann sie zum Teil entkräften, zum Teil ihnen eine Besinnung auf das Wesentliche entgegensetzen. Den evangelischen Christen wäre man die Antwort schuldig, daß die Fronleichnamsprozessionen Jahrhunderte vor der Reformation, in Köln etwa seit 1277, bezeugt sind und ihren Anfang bei den früheren Flurprozessionen genommen hatten, bei denen die Christen die Räume ihres Lebens und ihrer Arbeit umschritten, sie unter

Gottes Segen stellten und dabei das Heiligste mittrugen, das sie besaßen. Es handelt sich also nicht um eine Demonstration gegen jemanden, sondern um einen Brauch aus der Zeit, als die Christenheit noch ungespalten beisammen war.

Die Besinnung auf das Wesentliche des Fronleichnamsfestes hat notwendigerweise zwei Blickrichtungen, diejenige auf das Sakrament des Letzten Abendmahles Jesu und diejenige auf die Prozession mit diesem Sakrament. Wie lassen sich beide zusammenbringen – sind sie denn sinnvollerweise miteinander zu vereinbaren?

Auf dieses Sakrament, die Eucharistie, zu schauen bedeutet eine eindringliche Erinnerung an das letzte Mahl Jesu mit seinen Jüngern. Es war anders als die üblichen Gelegenheiten des Zusammenseins, des Essens und Trinkens und der Gespräche über die Angelegenheiten Gottes und der Menschen. Es war eine Art Hausliturgie, mit Lob-, Dank- und Segensgebeten und mit den beiden so stark hervorgehobenen Deutungen des gebrochenen Brotes und des herumgereichten Bechers. Jesus nahm Stellung zu dem Geschick, das ihn nach allem Vorausgegangenen unweigerlich erwartete: Er wußte, daß der Gehorsam gegenüber seinem Auftrag ihn das Leben, dieses irdische Leben, kosten würde; er ahnte seinen gewaltsamen Tod voraus. In felsenfestem Vertrauen auf den Gott und Vater, der ihn im Tod nicht im Stich lassen würde, nahm er bewußt, frei und entschieden zu dem Tod Stellung, der auf ihn wartete. Er wurde von seiner Festnahme nicht überrumpelt, und er sagte auch nicht beiläufig-resigniert: „Laßt sie nur machen." Er nahm diesen auf ihn zukommenden Tod an. Es würde – das war ihm klar – kein friedvolles Verlöschen sein. Der gewaltsame Tod war geprägt von der stumpfen Unsensibilität, der Dummheit und dem Unglauben, kurz der Schuld derer, die sein Gotteswort und sein liebendes und drohendes Werben nicht ertragen konnten. Dieses Lebensende nahm Jesus an, und damit nahm er unseren eigenen Tod an. Beides, den Tod und die Schuld, umfing er in vergebender Liebe und übergab sie dem, den er als den Herrn allen Lebens verehrte und zu dem er gläubig „Vater" sagte.

So wie Jesus sein ganzes Leben immer in der Zielrichtung für andere gelebt hatte, so sollte auch diese Einwilligung in den Tod, diese Geste, mit der er sich dem Vater übereignete, anderen zugute kommen. Im Mahl gibt er sich denen, die zu ihm gehören, genau so, wie er in diesem Tod sein wird, zerschlagen, gebrochen, nicht für sich, sondern für andere und in unerschütterlichem Vertrauen Gott gegenüber, der ihn nicht im Stich lassen wird: In einer neuen, vom schöpferischen Geist Gottes erwirkten Weise wird er selber bei den Seinen sein, wann immer sie genau dies im Zuge der Segnung des Brotes und des Bechers erinnernd vergegenwärtigen werden – „zu meinem Gedächtnis": Nehmt, das ist mein Leib; das bin ich, das ist mein Ich, das bin ich in Person, in der allerdichtesten Realität intimer, liebender Gegenwart, ich in Person, mit meinem Leben, mit meinen Gottesworten, mit meinem Hineingang in den von dunkler Schuld, der Schuld anderer, geprägten Tod; ich in Person, im auferweckten Leib, in dem von Gott und zu Gott verwandelten Leben.

Wenn Menschen sich an dieses Vermächtnis Jesu erinnern – seiner zu gedenken, damit er gegenwärtig werde –, dann können sich natürlich Fragen einstellen. Wird mit so etwas nicht das menschliche Erinnerungsvermögen überschätzt? Ist es nicht die Erfahrung mit allen Verstorbenen, daß sie auch durch ein noch so liebendes Gedenken nicht mehr wirklich gegenwärtig werden? Sind Geist und Herz der Menschen wirklich eine tragfähige Brücke über den Tod hinaus und, wie bei Jesus, über den Abstand von zwei Jahrtausenden hinweg?

Der Glaube macht über Zweifel und Fragen hinweg einen Sprung in Gott selber hinein. Glaubende Menschen versetzen sich in die Gegenwart Gottes. In Gottes Gegenwart aber ist alles Gegenwart, gibt es kein Gestern, sondern nur ein einziges und ewiges Heute. Nichts Vergangenes ist in Gott vergangen. Kein einstmals Gewesener ist in Gott gewesen – sondern er ist und lebt in Gott, mit allen Momenten und Phasen seines Lebens. Wer glaubt, der *ist* schon in Gottes Gegenwart, denn Gott selber ruft den Glauben hervor, er schenkt das Glauben-Wollen und das Glauben-Können.

So ist es Gott selber, der bewirkt, daß jenes Geschehen vor zweitausend Jahren in die Stunde unseres Glaubens hereinkommt; daß jene Abschiedsstunde Gegenwart wird; daß Jesus von neuem die verwandelnde Deutung zu Brot und Becher spricht; daß seine Geste der Liebe, des Vertrauens und der Vergebung höchst aktuell da ist; Gott selber bewirkt in der Macht seines Geistes, daß der zur Unsterblichkeit verwandelte Jesus in die Zeit der sterblichen Menschen eintritt, an ihre vergänglichen Orte kommt.

Das Brot dieser Gedächtnisfeier des Glaubens zeigt also immer und überall die geheimnisvolle Gegenwart Gottes, seines auferstandenen Sohnes und des Todes Jesu zum Heil der Welt an. Denn in der Auferweckung Jesu hat Gott der Vater vor menschlichen Augen und Ohren bekundet, daß er den Tod Jesu angenommen und sich dessen Liebe und Vergebung zu eigen gemacht hat. Wenn Jesus wollte, daß sein gewaltsames Sterben wie schon sein ganzes Leben „für andere" sei, allen zugute komme, dann sprach sein göttlicher Vater in der Auferweckung des geliebten Sohnes das große Amen dazu: Ja, so sei es. Allen ist damit die Zielrichtung ihres Lebens, die Auferweckung in Gott und bei Gott, zur Erfahrung gebracht und vor Augen gestellt worden. Allen werden im Sakrament der Eucharistie gerade diese wesentlichen Antworten auf ihre Lebensfragen kundgetan: Was wird mit mir sein? Mit dem Hunger, der Gerechtigkeit? Was mit der Schuld? Mit denen, die zu mir gehörten? Im Bewußtsein dieser Kundgabe singt darum das alte Sakramentslied mit Recht: „Das Heil der Welt, Herr Jesus Christ, wahrhaftig hier zugegen ist".

Immerfort ruht auf dem Brot dieser Gedächtnisfeier des Glaubens die Verheißung Jesu, die eine entscheidende Frage des Menschenlebens beantwortet: „Wer von diesem Brot ißt, wird leben in Ewigkeit" (Joh 6,58). Die Gegenwart Jesu in der Gegenwart Gottes, die Gegenwart von Liebe, Vergebung und Verheißung, sie gehen nicht zu Ende, wenn die Erinnerungsfeier zu Ende ist. Sie bleiben da, so daß glaubende Menschen ihnen auch nach der Meßfeier begegnen können.

Diese heilende und segnende Gegenwart kann niemals bloßer Privatbesitz werden. Alle sind vereint in Schuld, in Sehnsucht, in Hoffnung – allen weist die Liebe Jesu den Weg in das Herz Gottes. Darum trennt dieses Sakrament die Menschen nicht voneinander – sosehr menschliche Härte und Eitelkeit immer neu zu Eigennutz und Spaltung ansetzen –, sondern es vereint sie. Es vereint immer und überall, nicht nur im Kirchenraum; auch am Krankenbett, auch auf den Straßen und Plätzen.

Wie also lassen sich das Sakrament des Letzten Abendmahls und die Prozession mit diesem Sakrament sinnvoll miteinander vereinbaren? Wenn die Prozession nicht nur ein äußerliches Gehen ist, dann setzt sie innere Gedanken und Empfindungen in Gang. Da das Sakrament zunächst einmal dem Gedächtnis eines Todes, des Todes Jesu, entspringt, könnte oder sollte die Prozession zuallererst den Weg durch die üblichen Verdrängungen bahnen und den eigenen Tod ans Licht bringen. Das eigene Sterben ist ja mit unterwegs in dieser Prozession, so wie in jedem anderen Lebensvorgang auch. Karl Rahner hat in einer Meditation zu Fronleichnam einmal darauf aufmerksam gemacht, daß eine große Gemeinsamkeit aller Prozessionsteilnehmer, gleichgültig an welchen Ehrenplätzen und in welcher Festgala sie einherschreiten, in ihrem Tod liegt: Alle gehen sie auf ihren Tod zu, und am Ende der Prozession sind sie ihm näher, als sie es am Anfang noch waren. Die Prozession ist ein Sinnbild für die Bewegung unseres Lebens, aber auch für die Grenze dieser Bewegung; unsere Zeit ist befristet.

Jesus ist auf diesem Weg mit unterwegs. Er ist dabei in der Gestalt, die er zu seiner bleibenden Gegenwart bei seinem Abschied wählte, als Vorausschauender auf seinen eigenen Tod, als Gekreuzigter. Wer ihn auf den Lebensweg und auf die Prozession als dessen Sinnbild mitnimmt, der läßt sich daran erinnern, daß die Gegenwart des Gekreuzigten nicht nur eine Gestalt, sondern tausend und mehr Gestalten annehmen wollte – allen zugute sollte sie sein, und darum ist er überall dabei, wo Menschen leiden. Der Gekreuzigte lebt auch in denen, die die Prozession vielleicht teilnahmslos vorbeiziehen lassen oder die sich vor der Prozession irgendwo verstecken: Aus den Kranken und Leidenden, aus den Opfern der menschlichen Geschichte schaut er die Prozession und deren Teilnehmer an: Das habt ihr mir getan – oder eben nicht getan.

Jesus ist auf diesem Weg als Verwandelter und Auferstandener mit dabei. So gehen nicht nur die befristete Zeit und der Tod mit in der Prozession, sondern auch das Ziel ist mit unterwegs, die in Gott schon angekommene und vollendete Menschheit des Menschen Jesus von Nazaret, die sich unlöslich mit dem ewigen Wort verbunden hatte. Die Prozession symbolisiert nicht einen Weg, der ins Unbekannte verläuft, möglicherweise ein Holzweg ist; sie deutet das Leben der Glaubenden als einen Weg, der sein Ziel schon bei sich trägt.

Gott ist der Anfang und das Ende dieses Weges. Seine Gegenwart allein macht es möglich, daß Jesus selber in seiner eigenen, einmaligen Person, mit seinem Leben und seinem Wort, in dem Heilsereignis seines Sterbens und als der Verwandelte gegenwärtig ist. Gott hat die Prozession jedes Menschenlebens ebenso in Gang gesetzt wie die Prozession am Fronleichnamsfest, denn er bewegt Menschen dort, wo sie Sehnsucht haben, und dort, wo sie glauben. Gottes heiliges Geheimnis umfängt und trägt den Weg in jeder einzelnen Etappe ebenso, wie der geheimnisvolle heilige Gott dessen Ziel bleibt. Und darum ist die Prozession an Fronleichnam zugleich ein sinnbildlicher und ein realer Weg mit Gott. Wie das Menschenleben und als ein winzig kleiner Teil dieses Lebens zieht sie dahin, mit Gott auf den Straßen.

Von unserem Recht auf die eigenen Heiligen

Es gibt Menschen, die während einer langen Zeit ihres Lebens nichts mit den Heiligen anfangen konnten. Auf einmal aber bahnt sich bei ihnen wieder so etwas wie Verständnis oder Sympathie für die Heiligen oder für einzelne, bestimmte Heilige an. Dazwischen liegt ein Prozeß, ein Vorgang geistiger Arbeit, in dem sie sich mit den Schwierigkeiten einer Heiligenverehrung auseinandersetzten, dabei viele Dinge wegräumten, die eher zum Bereich des Aberglaubens als des Glaubens gehören, so daß sie im Hinblick auf die Heiligen etwas taten, was auch sonst im Bereich des Glaubens fällig ist: die Unterscheidung des Wesentlichen vom Unwichtigen. Das Gegenstück zu diesen kritischen Menschen sind diejenigen, bei denen alle Angelegenheiten des Glaubens leicht und fraglos ankommen. Es gibt auch heute noch Menschen, die ein unproblematisches Verhältnis zu den Heiligen haben. Sie reden mit ihnen, bringen ihnen Blumen, rechnen mit ihnen als Nothelfern. Ein solcher mit tausend Kleinigkeiten ausgeschmückter Glaube soll hier nicht von oben herab kritisiert werden. Freilich dürfen ihn nur solche bezeugen und empfehlen, die fraglos und ungekünstelt in ihm leben. Von ihm und damit von diesem selbstverständlichen Umgang mit Heiligen wird im folgenden nicht die Rede sein.

Ehe hier ein mögliches neues Verständnis für die Heiligen zu Wort kommt, muß notwendigerweise von den Schwierigkeiten, die ihm im Weg stehen, und von der Befreiung von diesen Problemen gesprochen werden.

Die Vorstellung, Gott habe einen – inzwischen riesengroßen – Kreis von Freunden „im Himmel" um sich, und diese Freunde Gottes kümmerten sich von dort aus um die Sorgen und Nöte ihrer irdischen Freunde, der Menschen, diese Annahme schwingt in manchen kirchlichen Gebets- und Liedtexten mit; gleichwohl ist sie für theologisches Nachdenken nicht aufrechtzuerhalten. Dafür gibt es zwei Gründe. Einmal: Die Heiligen haben, wie alle Toten, die irdische Geschichte abgeschlossen. Sie haben sie mitgenommen, hin zu Gott. Zu dieser irdischen Geschichte gehören das Sorgen, das Kümmern, das Wirken, das Hintereinander von Entscheidungsabläufen. Über all das, was wir bewußt und willig getan oder auch unterlassen haben, ergeht im Augenblick des Todes das Gericht Gottes. „Danach", hinter dem Tod, gibt es keine „neuen" Entscheidungen und Handlungen mehr, keine neue Verantwortung und natürlich auch kein abermaliges Gericht. Anders gesagt: Menschen gelangen im Tod in einen Zustand der Vollendung, in den das bleibend und gültig eingeht, was in der irdischen Geschichte geworden ist. Es wird bewahrt bei Gott. So sind die konkreten irdischen Lebensgeschichten der Heiligen aufbewahrt bei Gott. Sie sind aber abgeschlossen, daher dürfen wir nur sagen, daß die Heiligen vor Gott mit demjenigen Lebensertrag *für uns* eintreten, den sie früher einmal erbracht haben, nicht aber mit immer neuen Aktionen.

Zum andern: Gott ist derjenige, der weiß, was wir brauchen, der uns liebhat, der uns ohne unsere Verdienste helfen will. Wenn wir uns der Gottesverkündigung Jesu intensiv zuwenden, dem erbarmenden Vater, dessen Arme weit geöffnet sind, der sich aufmacht, um von sich aus alles Verlorene zu suchen und heimzubringen, dann verbietet sich von selbst der Gedanke, es seien noch eigene Fürsprecher nötig, um diesen Gott zu unseren Gunsten umzustimmen. Vieles, was als Kunstwerk einen hohen Rang hat, ging auf irgendwelchen Wegen in die Vorstellungen von Christen ein. Oft wurden bestimmte Heilige als Fürbitter vor Gottes Thron dargestellt. Oft galt Maria als die Helferin, die imstande sei, ein göttliches Zorngericht abzuwenden. So etwas mag gut gemeint, volkstümlich, psychologisch sehr verständlich sein, aber der Offenbarung des Gottes der jüdisch-christlichen Überlieferung, des zugleich väterlichen und mütterlichen Gottes, entspricht es nicht. Der Christus und die Maria im Gerichtsgemälde Michelangelos in der Sixtinischen Kapelle sind nicht der Mensch aus dem Arme-Leute-Land Galiläa, in dem Gott Mensch geworden ist, und nicht seine die Menschen liebende Mutter. Alle menschlich noch so verständlichen Vorstellungen sind am Evangelium zu messen.

Andere Schwierigkeiten, einen lebendigen Zugang zu den Heiligen zu finden und neues Verständnis für sie zu gewinnen, ergeben sich aus der kirchlichen Praxis der Heiligsprechungen und der Heiligenverehrung.

Man sagt – mit einem gewissen Recht –, die Liturgie sei eine wichtige Quelle für Glauben und Frömmigkeit. Schauen wir, was die Liturgie mit den „amtlichen" Heiligen macht. Sie verehrt sie nach Gruppen; die Gruppen werden je nach den einstmaligen Aufgaben der Heiligen gebildet und nach den „Ständen", denen sie in der Kirche zugerechnet werden. Wer zu einer solchen Gruppe gehört, wird nach einem „Formular" verehrt, das seiner Geschichte, seinen individuellen Eigenheiten nicht gerecht wird, gar nicht gerecht werden will. Verehrt wird das abstrakte Leitbild einer Gruppe (Bekenner, Jungfrau, Bischof,

Papst usw.). Daraus wird deutlich: Wichtiger als der einzelne Mensch mit seinem je unverwechselbaren Erleben und Erleiden ist das abstrakte Ideal, das „Vorbild".

Das Verfahren der Heiligsprechung führt, zusammen mit dem der vorausgehenden Seligsprechung, auf den gleichen Weg. Bei einem Menschen, der eine Chance haben soll, den Heiligsprechungsprozeß zu bestehen, müssen alle Tugenden im heroischen Grad nachgewiesen werden, die theologischen Tugenden: Glaube, Hoffnung, Liebe, die Kardinaltugenden: Klugheit, Gerechtigkeit, Starkmut, Mäßigkeit. Abgesehen davon, wie schwer es ist, ein vollständiges Charakterbild eines Menschen viele Jahre nach seinem Tod getreu nachzuzeichnen, auch abgesehen davon, wie schwankend oft die Zeugnisse der Zeitgenossen sein mögen, immer wieder läßt sich feststellen: Was dem einen als besonders erbaulich starker Mut, mag dem andern als verbohrter Fanatismus erscheinen. Und abgesehen von diesen historischen Fragen bleibt mit Recht anzumerken: Was bliebe noch von der Menschlichkeit, von der menschlichen Liebenswürdigkeit einer Person übrig, wenn sie alle möglichen Tugenden im heroischen Maß gelebt hätte? Es ist durchaus verständlich, was die Wurzel dieser kirchlichen Forderung ist: die Absage an durchschnittliche Mittelmäßigkeit. Aber die Geschichte hat gezeigt, daß bei der schematischen Überprüfung dieser Forderung unweigerlich strittige Einstellungen den Sieg davontragen, Einstellungen, die das Gepräge derer tragen, die über die Tugenden anderer urteilen. So kam es, daß manchem Heiligen die Ehre offizieller Anerkennung verweigert wurde, nur weil er nach dem Geschmack seiner römischen Beurteiler zuviel für Körperpflege übrig gehabt hatte ... Den Betrachter der von der kirchlichen Autorität ständig vermehrten Heiligsprechungen überkommt daher ein zwiespältiges Gefühl: Teils kann er nicht als historisch wahrscheinlich anerkennen, was da alles an heroischer Tugend jeglicher Art berichtet wird, teils werden ihm so blasse, menschlich so verkürzte Gestalten vor Augen geführt, daß er sich fragt, was daran noch liebensund nachahmenswert sein soll. Werden hier etwa abstrakte Modelle konstruiert, in der Meinung, sie ließen sich katechetischpädagogisch auswerten?

Eine Schwierigkeit eigener Art, auf die hier nicht näher eingegangen werden kann, bilden die Wunder: Jedem Menschen, der heiliggesprochen werden soll, müssen mehrere Wunder, wunderbare Gebetserhörungen und dergleichen zugesprochen worden sein. Das Wunderverständnis, das da amtlicherseits zugrunde gelegt wird, kümmert sich nicht um das theologische Nachdenken der letzten Jahrzehnte, was denn wirklich ein Wunder sei. Es geht vielmehr von Ereignissen im naturwissenschaftlich nachprüfbaren Bereich aus, von Ereignissen, die darum so problematisch sind, weil sie in jenen Bereich gehören, in dem noch so vieles unerkannt ist und in dem sich so vieles als normal und natürlich erwiesen hat, was früher als Wunder galt: Man denke nur an Heilungen auf dem Weg psychosomatischer Beeinflussung. Die Problematik liegt nicht darin, daß es „unerklärliche" Ereignisse gibt, sondern darin, mit welcher Leichtgläubigkeit sie einfach dem Einfluß eines verstorbenen heiligmäßigen Menschen zugeschrieben werden.

Ein weiterer Komplex von Schwierigkeiten, sich mit den amtlich anerkannten Heiligen anzufreunden, ergibt sich aus dem kirchlichen Prozeßwesen, das bei Selig- und Heiligsprechungen Anwendung findet. Im ersten Jahrtausend hatte das christliche „Volk" noch Möglichkeiten der Einwirkung, daß Menschen, an denen es mit intensiver Verehrung hing, amtlicherseits als Heilige anerkannt wurden. In der Neuzeit und in den letzten Jahrzehnten sind diese Chancen immer kleiner geworden. An die Stelle des Volkes traten Interessengruppen, vorzugsweise religiöse Orden und Genossenschaften, auch einzelne Länder, und schließlich hatten auch die Päpste Interesse daran, einzelne ihrer Vorgänger heiliggesprochen zu sehen, um deren Art der Kirchenleitung als vorbildlich hinzustellen. Wie zufällig ist dann die Auswahl der tatsächlich begonnenen Verfahren! Jene Interessengruppen kommen schließlich „zum Zug", die den effektivsten Druck auf die zuständigen Instanzen auszuüben verstehen. Daß hier normale Laienchristen – wenn nicht nationale Interessen wie bei Thomas Morus gegeben sind – nur minimale Chancen haben im Unterschied zu den Ordensangehörigen, deren Obere oder wenigstens Prokuratoren in Rom residieren, läßt sich nachweisen. Und die Märtyrer? Sind sie alle um ihres Glaubens willen hingemordet worden? Waren sie nichts weiter als getreue Zeuginnen und Zeugen des Gottes Jesu Christi? Oder waren sie in manchen Fällen wegen einfältig-unbedachter Äußerungen inhaftiert oder gar Opfer ihres eigenen nationalen Fanatismus? Wird mit dem Begriff „Martyrium" nicht zu leichtfertig hantiert?

So groß die Schwierigkeiten auch sein mögen, die sich aus dieser kirchlichen Praxis ergeben, so falsch und ungerecht wäre es, die amtliche Heiligenverehrung der Kirche einfach pauschal abzulehnen. Man kann mit ihr leben, wenn man sie in ihren Gründen und in ihren Grenzen sieht. Die römische Kirchenleitung versucht eben auf diesem Weg, Idealtypen des Christseins aufzubauen, um sie den Menschen als mögliche Vorbilder anzubieten. Die individuellen Züge, das persönliche Geschick einer/eines Heiligen interessieren dabei weniger. So kommt es, daß die Kirchenoberen keine großen Bedenken empfanden, bei der liturgischen Reform Heilige aus dem Kalender zu entfernen, die zwar mancherorts dem Volk sehr lieb waren, gleichwohl nie gelebt hatten, sondern rein legendäre Gestalten waren, während andere, die ebenfalls nur der Legende entsprungen waren, ihren Platz im Kalender behielten: auf den Typus, nicht auf die historische Wirklichkeit kam und kommt es an. Nun ist damit zunächst nicht mehr als ein Angebot gegeben. Es gehört zur Freiheit eines Christenmenschen zu erklären: Nach einem von Fremden präsentierten Vorbild oder Modell will ich mich nicht richten, ich will niemanden nachahmen, ich suche meinen eigenen Weg. Die Heiligen, die nach römischen Vorstellungen zur Verehrung empfohlen werden, sind dann nicht notwendigerweise „meine" Heiligen, sondern diejenigen der höheren Hierarchie beziehungsweise der Interessengruppen, die ein besonderes Bedürfnis nach je eigenen Heiligen empfanden.

So gesehen, ist es dann nicht weiter schlimm, wenn die meisten der neu anerkannten Heiligen dem christlichen Volk gar nicht bekannt sind und so auch nicht rezipiert werden. Es muß in der Kirche friedliches Miteinander, gegenseitige Respektierung und Toleranz geben. Sie verbieten Polemik und Verachtung der anderen, nicht aber ein leises Lächeln. Hiesige Christen brauchen sich daher nicht aufzuregen, wenn der Papst, wie es bis in die jüngste Zeit hinein geschehen ist, bestimmte Heilige im Himmel zu Schutzpatronen recht irdischer Angelegenheiten ernennt, zum Beispiel einen italienischen Heiligen, der in religiöser Verzückung gelegentlich, von der Erde emporgehoben, in der Kirche schwebte, zum Patron der Fallschirmjäger oder den Erzengel Gabriel zum Patron des Fernmeldewesens … Solche Dinge treffen niemanden ins Herz.

Solche und ähnliche Schwierigkeiten, die sehr viele Menschen empfinden, erledigen sich oftmals von selbst, wenn es gelingt, zum eigentlichen und wichtigen Kern der Sache vorzudringen. Worin aber ist dieser Kern zu sehen? Er besteht darin, daß ein Mensch in seiner innersten Mitte von Gott getroffen wurde und daß er sich dagegen nicht wehrte und sperrte, sondern diese Gotteserfahrung zuließ und in seinem Leben wirksam werden ließ. Das ist nicht selbstverständlich. Die Theologie der Gnade sagt uns, daß Gott jedem Menschen seine Gnade zugedacht hat. Seine Gnade ist im Grunde genommen aber niemand anders als er selber, Gott, der sich dem Menschen innerlichst zu eigen geben will. Gott rührt den Menschen an und spricht im Menschen selber, von innen her, zu ihm. Aber dagegen entwickeln viele Menschen Abwehrmechanismen. Denn Gott, der vom Menschen angenommen, zugelassen wird, verändert den Menschen. Das Grundmodell des Menschen, der Gott absolut keinen Widerstand entgegensetzte, sondern ihn völlig in sich aufnahm, ist Jesus. An ihm ist das ganze Ausmaß dieser Veränderung, die mit dem „normalen" Menschen vor sich geht, abzulesen. Das „Regelverhalten" wird außer Kraft gesetzt, an die Stelle von unduldsamer Härte und Herrschsucht tritt verstehende Güte, Aggressivität macht entwaffnender Herzlichkeit Platz, die Fixierung auf das eigene Ich weicht dem unerschrockenen Eintreten für andere, für die Kleinen, Benachteiligten und Zukurzgekommenen. „Hinter" und inmitten dieser Verwandlung eines Menschen zu seiner wahren Menschlichkeit leuchtet auf, was wir sein „Gottgeheimnis" nennen könnten. Von Gott her ist der Alltag mehr als Banalität, ist ein Mensch mehr als nur ein Bündel von Zufälligkeiten und chemischen Prozessen. Jeder Mensch ist ein Traum Gottes, unverwechselbar, je in seiner Individualität als Freundin, als Freund von Gott geliebt. Wer das begriffen hat, in dem beginnen die unendlichen Sehnsüchte sich schon zu erfüllen. Und andere „merken" es, müssen es „merken". Heilige sind, so gesehen, Menschen, die von Gottes Finger berührt, von Gott in Besitz genommen wurden und die ihre Gotteserfahrung nicht verborgen halten.

Was hier als das Wesentliche am Heiligen beschrieben wurde, stimmt mit dem biblischen Verständnis von Heiligkeit überein. In der Schrift meint „heilig" nicht die Tugendhaftigkeit eines Menschen im heroischen Grad, sondern das Gerufen- und In-Besitz-genommen-Sein von Gott. In dieser Sicht wird auch deutlich, daß Heilige für das Leben des Glaubens unentbehrlich sind: Sie sind lebendige Zeugnisse dafür, daß Gott die innerste Mitte eines jeden Menschen sein will und daß ihm das – wenigstens zuweilen – auch gelingt. Die Verehrung der Heiligen ist damit nicht eine Art Kult neben dem eigentlichen Gottesdienst, sondern sie ist der Lobpreis der Ankunft Gottes bei Menschen.

Menschen, die von Gott berührt worden sind, brechen aus der gewohnten Normalität und dem bürgerlichen Mittelmaß aus. Die äußere Gestalt dieses Ausbruchs kann höchst unterschiedlich sein. Sie hängt von vielerlei psychischen, sozialen, kulturellen und anderen Faktoren ab. Ein von Gott berührter und ergriffener Mensch bleibt ein Kind seiner Zeit, seines Milieus, seiner Familie, und von seiner individuellen Lebensgeschichte hängt es ab, wie das Ver-rückte, das ganz Radikale, aussieht, worin sich seine Gottergriffenheit nach außen hin bekundet. Es gehört zu der Sicht auf das Wesentliche und zu der vorhin besprochenen Toleranz, Äußerungen dieser Radikalität, die wir nicht verstehen, gelten zu lassen, auch wenn wir uns keineswegs genötigt sehen, sie als vorbildlich für uns anzuerkennen: Daß in der Zeit des kirchlichen Altertums Menschen, die von Gottes Licht erleuchtet worden waren, ihr Leben auf Säulen stehend zubrachten, daß andere sich in die totale Einsamkeit der Wüste zurückzogen, in Berghöhlen verkrochen, wer wird das belächeln können, wenn er weiß, was von Gottes Finger berührt zu werden heißt.

In der Geschichte der Nachfolge Jesu, der großen Mystikerinnen und Mystiker und vieler anderer Heiliger zeichnet sich freilich ein „Schema" ab, das viel häufiger vorkommt und für uns viel wichtiger ist als solcherlei Merkwürdigkeiten. Es ist das Schema einer „Hinreise" und einer „Rückreise". Bei der Hinreise läßt ein Mensch sich auf dasjenige ein, was ihm in seinem Inneren widerfährt. Er begegnet Gott, der innersten Mitte seines Lebens. Er bejaht ihn, überläßt sich ihm. Der Impuls des göttlichen Geistes in ihm sagt, er solle sich bei dieser Begegnung nicht zu lang aufhalten; es genüge, sich seiner selbst und des inwendigen Gottes vergewissert zu haben; es heiße nun, die Rückreise zu den anderen Menschen anzutreten. Wer auf solcherart Impulse hört, der begreift die grundsätzliche Einheit von Gottes- und Menschenliebe; der versteht, daß sein Lebensweg fortan Praxis der Liebe sein muß. Die einsame Gottbegegnung ist nicht der Höhepunkt von Heiligkeit.

Dieses Wissen um die wahre äußere Gestalt von Heiligkeit durchzieht die ganze christliche Tradition – samt ihren jüdischen Wurzeln, besonders bei den Propheten – von den Anfängen bis zur Gegenwart. Von Jesus wurde berichtet, daß ihm die Versöhnung mit dem Mitmenschen wichtiger und vordringlicher war als die Liturgie. Von Paulus wissen wir, daß er die Begeisterung für Gott, den Lobpreis Jesu Christi ohne die Liebe als viel Lärm um nichts ansah (1 Kor 13). Meister Eckhart, der große Mystiker, hat gesagt, einem Armen Suppe zu geben sei viel wichtiger als alle gelehrte theologische und fromme Rede. Karl Rahner hat sich vom Beispiel einer jungen Frau namens Andrea so sehr packen lassen, daß er sie in eines seiner Gebete aufnahm, „weil sie während ihres Studiums ein Jahr lang umsonst in einem Heim die Wäsche der gestrandeten Jugendlichen wusch". Mit solchen Beispielen, wie sich die Gotteserfahrung ihren Weg bahnt zu konkreter Liebe – den Weg der wahren Heiligen –, ließen sich viele Bücher füllen. Menschen, die Liebe praktizieren, müssen nicht vieles erklären, sie müssen nicht rhetorisch auf der Höhe sein. Werden Gehässigkeit und Aggressivität überwunden, wird konkrete Barmherzigkeit geübt, sind Freundschaft und Solidarität mehr als nur hohle Worte, wirkt Versöhnlichkeit entwaffnend – dann spricht das ganz von allein und bezeugt das Eingreifen des lebendigen Gottes, der nach einem alten Lobpreis „wunderbar ist in seinen Heiligen".

Aus dem bisher Gesagten ergeben sich Folgerungen, meines Erachtens berechtigte Folgerungen, die mit der Würde und den Rechten eines mündigen, nicht bevormundeten Christen zusammenhängen:

Nicht alle einzelnen Züge an den kirchlich anerkannten, „offiziellen" Heiligen müssen gleich wichtig, gleich verehrungswürdig, gleich nachahmenswert sein. Franz von Assisi kann als Beispiel angeführt werden. Dieser wahrlich von Gott getroffene Mensch bleibt einzigartig in seiner Menschenliebe, in seiner Wehrlosigkeit, in seiner Hinwendung zu Gottes Schöpfung, in seinem Lächeln mitten im Leiden. Muß aber, beispielsweise, seine übergroße Ergebenheit gegenüber den kirchlichen Amtsträgern seiner Zeit als ebenso richtungsweisend gelten? Ist es unter den Umständen unserer (nachchristlichen) Gesellschaft überhaupt möglich, so wie Jesus oder Franz von Assisi vom Betteln und dennoch menschenwürdig zu leben? Liebe und Verehrung gegenüber Franz von Assisi sind nicht kleiner, wenn sie sich auf den Kern seiner Person und auf das Wesentliche seiner praktizierten Liebe konzentrieren, statt in dem Versuch zu münden, Franz in allen Einzelheiten zu kopieren. Die hier gemeinte Folgerung aus unseren Überlegungen heißt also, daß wir das Recht haben, unter den Zügen der großen, „offiziellen" Heiligen diejenigen auszuwählen, die gerade für uns von Bedeutung sind.

Eine weitere Folgerung besagt, daß wir jene Menschen als „Heilige", das heißt als Gotteszeugen, verehren dürfen, die wir als solche erkannt haben. Wir haben keine besondere Verpflichtung, uns intensiv mit den amtlich anerkannten Heiligen zu beschäftigen, wenn ein solches Nachspüren für uns besonders mühsam wäre oder uns von vornherein nicht besonders aussichtsreich erschiene. Vordringlicher ist für uns ja wohl die Frage, wo und wie Gott sich zu Wort gemeldet hat und angekommen ist bei Menschen, die in ähnlichen Umständen leben wie wir, deren Lebenszeugnisse uns leichter zugänglich sind, ja: die wir vielleicht sogar selber kennen. Die Gewißheit, daß Gott lebendig ist, in ein Menschenschicksal eintreten, einen Menschen völlig verändern kann, ist für uns von größerer Bedeutung als etwa die bange Sorge, ein solcher Mensch könne in menschlicher Schwäche und Armseligkeit das Erfahrene nicht dauerhaft umsetzen, sondern im weiteren Verlauf seines Lebens von seiner ursprünglichen Berufung abfallen. Wichtig ist der Ruf Gottes hier und heute. Warum also sollten wir nicht Lebende, die wir kennen, als Heilige, als von Gott in Besitz Genommene, ansehen dürfen? Dazu gehören auch Menschen, die den Papieren nach nicht Kirchenmitglieder oder Christen sind. Können nicht auch sie lebendige Zeugen dafür sein, daß jeder Mensch eine tiefere, innere Dimension hat, die mit einem namenlosen Geheimnis in Verbindung steht, auch wenn der Betreffende dieses Geheimnis nicht als „Gott" bezeichnen kann? Haben nicht manche, die sich für ungläubig halten, Sensibilität und Hilfsbereitschaft gegenüber Notleidenden praktiziert, wie sie unter vielen Frommen und Rechtgläubigen nicht anzutreffen sind? Haben sie nicht jeden Dank abgewehrt und dasjenige als selbstverständlich erklärt, was ganz und gar nicht selbstverständlich ist? Der lebendige Gott hat mehr Freundinnen und Freunde, als die amtliche Leitung der Kirche zu erkennen vermag.

Eine letzte Folgerung: Die Bedeutung der Heiligen für uns, nämlich als Gotteszeugen für unseren hilfsbedürftigen Glauben, ist nicht davon abhängig, ob sie ganz und gar und in heroischem Maß vollkommen waren. Natürlich schließen sich Ergriffensein von Gott, praktizierte Liebe und wirkliche Sünde als Abkehr von Gott und von der Liebe gegenseitig völlig aus. So gesehen, kann ein Heiliger nicht zugleich ein wirklicher Sünder sein. Aber nicht jede Unvollkommenheit muß auch gleich schon Sünde sein. Die Psychologie hat dafür das Wort „Schatten" geprägt, ein Wort, das den großen Vorzug hat, daß es keine moralischen Werturteile enthält. „Schatten" bezeichnet das, was ein Mensch übersieht oder verdrängt, was er nicht verwirklicht, obwohl er die Fähigkeiten zur Verwirklichung hätte. Folgen wir den offiziellen Normen der Heiligkeit, dann dürfte ein Mensch weder Freude an Essen und Trinken noch Lust auf Ferien haben, er dürfte nicht weinen an der Grenze der Verzweiflung, und Zornesausbrüche wären ihm nicht erlaubt. Warum aber sollte nicht Gott selber inmitten solcher Menschlichkeiten des Menschen wohnen und dennoch (dennoch!) zu Wort kommen können?

Diese niedergeschriebenen Überlegungen wollen Mut machen, dem eigenen Spürsinn zu trauen und die Heiligen, die von Gott angerührten Menschen, dort zu suchen, wo wir leben.

Ein Fest der Hoffnung für alle

Am 15. August feiert ein großer Teil der Christenheit, nämlich die römisch-katholische Kirche und die orthodoxen Ostkirchen, das Fest der Aufnahme der Gottesmutter Maria mit Leib und Seele in Gottes ewige Herrlichkeit, volkstümlich auch „Mariä Himmelfahrt" genannt. Die aus der Reformation hervorgegangenen Kirchen haben sich nicht entschließen können, sich dieses Fest, das schon 700 Jahre vor der Reformation gefeiert wurde, zu eigen zu machen. Die katholische Kirche muß sich bei ihrer Marienverehrung in der Tat immer wieder fragen, ob die Verherrlichung Marias nicht Ausmaße annimmt, die Maria von der Seite der Glaubenden, Hoffenden und Pilgernden wegrücken – eine Frage übrigens, von der die orthodoxen Ostkirchen noch viel mehr betroffen werden. Und alle Aussagen über das Schicksal eines Menschen nach dem Tod müssen sehr behutsam erfolgen – immer auf der Spur dessen, was Gott selber über die Zukunft erschlossen hat –, damit Menschen nicht den Eindruck erwecken, sie wüßten Bescheid über das, was Gott sich allein vorbehalten hat, über die kommende Vollendung.

Ich möchte Sie einladen, mit mir darüber nachzudenken, was dieses Fest heute für uns bedeuten könnte, ohne daß wir über Maria in Zank und Streit geraten.

Wenn wir an die Milliarden Menschen denken, die heute die Erde bevölkern, und darüber hinaus auch noch an die vielen Milliarden, die in früheren Zeiten gelebt haben, dann fällt ein krasser Unterschied ins Auge: Wie wenige sind über einen engen Kreis hinaus bekannt geworden; wie wenige haben etwas „bewegt"; wie wenige sind bedeutend und berühmt – wirklich die allermeisten haben ein winziges, flüchtiges Leben geführt, dessen Spuren verloren sind. Die Erde ist ein riesiges Grab der Ungezählten, Unbekannten, und dabei brauchen wir nicht nur an die Schlachtfelder zu denken. Auch den Namen Maria kennt kein Geschichtsschreiber des Altertums aus den berühmten Bildungsstätten wie Rom oder Athen. Sie hat zu den Kleinen und Unbedeutenden gezählt. Wir kennen mit letzter Sicherheit weder ihren Geburtsort noch die Stätte ihres Todes; wir wissen nicht, wer ihre Eltern waren, und auch nicht, ob sie lesen und schreiben konnte. In Nazaret im Kleineleuteland Galiläa sprudelt heute noch nur eine einzige Quelle: An ihr mußte Maria Tag für Tag Wasser holen, um ihren Haushalt zu führen; das ist etwas, was wir mit Sicherheit von ihr wissen. Sie hat in diesem unscheinbaren Winkel der Welt vielleicht nichts von den Großen der Zeit mitbekommen. Ihre Verehrung galt nicht den Assen des Sports oder des Schauspiels. Der Gott ihres Volkes war ihr Halt und ihr Weggeleit. Sie hat geglaubt, das heißt – wörtlich aus der Sprache der Juden, die ihre Sprache war, übersetzt –: Sie hat sich festgemacht in Gott. In all der Kleinheit, Enge und Bescheidenheit ihres Lebens hat sie sich gefragt, was dieser Gott mit ihr vorhabe, wohin er sie führen werde. Ist ein solches Gottesverhältnis nicht eigentlich etwas Ungeheuerliches? Hier diese bescheidene Frau, die sich ohne Falschheit als „Magd" bezeichnet – dort das ewig unergründliche, Zeiten und Räume umspannende Gott-Geheimnis, und sie weiß in unbeirrbarem Zutrauen, daß dieser Gott an ihrem unscheinbaren, namenlosen Leben höchst interessiert ist; daß Gott den Weg ihres Lebens mitgehen, mit-führen will; daß er etwas vorhat mit ihrem Leben und ihm ein ganz bestimmtes Ziel gesetzt hat.

Kein Leben ist so klein und unbedeutend, als daß Gott nicht Anteil daran nähme, mit ihm etwas vorhätte, sagt dieses Fest. Natürlich sind nicht alle zum Gleichen bestimmt, aber alle haben den gleichen Gott, der nicht in eisiger, abweisender Ferne wohnt, sondern jeder einzelnen Kreatur zugeneigt, brennend an ihr interessiert ist und am Ausgang ihres Lebensweges auf sie wartet.

Von Maria berichtet das Lukasevangelium (1,28), ein Engel habe sie angesprochen mit den Worten: „Sei gegrüßt, du Begnadete! Der Herr ist mit dir!" Begnadete, das heißt: mit Gottes Zuneigung Bedachte, von ihm liebevoll Umfangene. Wenn wir auf den Lebensweg Marias schauen, auf die Stationen, die sie mit ihrem Sohn geteilt hat, dann wird in erschreckender Weise deutlich, daß Gottes liebende Zuwendung das Leben keineswegs leichter machen muß. Noch nicht einmal der Glaube wurde leichter für Maria. Die Nähe Gottes scheint das Dunkel dichter zu machen.

Der „Sohn des Höchsten", der ihr Kind war und ist, hat seine Aufgabe anders erfüllt, als sie es sich hätte träumen lassen. Er hat seine Familie so sehr gegen sich aufgebracht, daß sie ihn für übergeschnappt hielt und nach Hause holen wollte. Mehr als einmal hat er sich in schroff abweisender Art seiner Mutter gegenüber verhalten. Und am Ende der Tod wie der eines Kriminellen, aller bürgerlichen Ehren beraubt. Man kann über dieses Leben Marias so nachdenken, daß einem die ungeheure Stärke ihres Glaubens und Gottvertrauens deutlich wird. Sie hat nicht geschwankt: Als der engste Schülerkreis ihres Sohnes feige die Flucht angetreten hatte, da blieb sie „stehen" unter dem Kreuz, sagt der vierte Evangelist. Hätte sie, menschlich gesehen, nicht das Recht gehabt zusammenzubrechen? Sie muß sich selber in einzigartiger Weise „festgemacht" haben in ihrem Gott.

Man kann dieses Leben aber auch von der anderen Seite her bedenken: So also sieht das Leben einer „Begnadeten" aus, einer Frau, der Gottes besonders innige Zuneigung gilt. Nichts von dem, was das Leben einer Mutter bitter machen kann, hat Marias Gott ihr erspart. Es gibt auch keinen vernünftigen Grund, daran zu zweifeln, daß Maria den überaus gewöhnlichen Tod eines Menschen gestorben ist. *Dormitio* hieß das ihrem Sterben gewidmete Fest in der alten Kirche, *koimesis* heißt es heute noch bei den griechischen Ost-Christen: die Entschlafung. Auch wenn manche Heilige in großem Frieden entschlafen mögen: dunkel bleibt die Pforte des Todes allemal; das Loslassen seiner selbst, das Gefühl, in einen bodenlosen Abgrund zu fallen, die Schwächen der Seele und des Leibes, das sind dunkle Elemente, die mit dem normalen Tod verbunden sind. Maria sind sie nicht erspart geblieben. Das Sterbenmüssen ist die letzte Zumutung Gottes an die, die er liebt. Was könnte das für uns bedeuten?

Wir sagen manchmal: „Geteiltes Leid ist halbes Leid" und wissen doch, daß das nicht stimmt. Es geht uns nicht besser, wenn es einem Mitmenschen auch schlecht geht. Wenn wir aber auf das Leid im Leben Marias und auf die Dunkelheiten ihres Glaubens schauen, dann heißt das für uns zumindest: Das Unglück, das uns trifft, die Schmerzen, unter denen wir leiden, sie sind kein Anzeichen dafür, daß wir es uns mit Gott verdorben haben; daß er es nicht gut mit uns meint – auch der vielgeliebten Frau hat er all das zugemutet. Und wenn der Glaube annimmt, daß Gott seine Getreuen im Tod nicht im Stich läßt – „die Treuen werden bei ihm bleiben in Liebe", ist im Buch der Weisheit (3,9) verheißen –, wenn das unscheinbare Leben Marias bei Gott aufbewahrt ist, dann fällt das Licht der Hoffnung von da aus auf jedes unscheinbare und leiderfüllte Leben.

Das Fest „Mariä Himmelfahrt" gilt ausdrücklich der Vollendung Marias mit Leib und Seele. Das Wort „Seele" erfreut sich im Augenblick nicht gerade großer Beliebtheit. Mein Leben, mein Ich, ich selber, das sind vertrautere Ausdrücke. Aber im Wort „Seele" ist eine kostbare Überzeugung aufbewahrt, die nicht verlorengehen sollte. Der Anschein, daß alles flieht und zerrinnt, daß nichts von unserem Leben sich festhalten läßt, dieser Anschein täuscht. Es gibt einen Ort des Geistes – unsichtbar und doch so wirklich –, an dem alles gesammelt wird, was wir je getan, erlebt, gedacht, gehofft, an Freude empfunden, gebetet und geweint, gelitten haben. Was wir getan und gelitten haben: dabei ist natürlich auch unser Leib mitgemeint, da er ja an allem mit beteiligt ist. Dieser Ort der Sammlung alles Vergangenen und Vergessenen heißt in der alt-überlieferten Sprache: Seele. Die vielen Erfahrungen und Entscheidungen eines Menschenlebens meißeln gleichsam wie die Schläge eines Bildhauers ein Profil, so daß jede und jeder von uns ein eigenes, unverwechselbares Gesicht, ein Profil, bekommt, an dem nichts vergeht. Wir werden es Gott in einer Partnerschaft der Ewigkeit zumuten.

So ist alles, was Maria in ihrem kleinen und unauffälligen Leben gewirkt hat, in der Heranbildung ihres Sohnes, in der Sorge für ihre Familie, in dem felsenfesten Gottvertrauen und in den dunklen Nöten des Glaubens, zu ihrer einzigartigen und für immer bleibenden Persönlichkeit geworden. Alles ist reine Gegenwart, wenn wir diesen Namen aussprechen: Maria. Ihr Leben ist nicht zu Ende, aber viel mehr noch: Nichts von diesem früheren Leben ist wirklich vergangen, nichts ist verloren. Alles ist hineingezogen in die Herzensmitte Gottes, und Gott freut sich daran.

Das Fest erwähnt auch den Leib Marias, daß er mit einbezogen sei in diese Vollendung. Im Leib sein, das heißt für Menschen: in Beziehung sein zu Raum und Zeit, zu der von Gott geschaffenen Materie, letztlich zu der Energie, die alles durchströmt. Wie ein vollendeter Leib aussieht, das wissen wir nicht und darüber zu spekulieren brächte nichts. Paulus hat im 15. Kapitel des 1. Korintherbriefs einige Warnsignale gegen Vorwitz und Spekulation gesetzt: Der Leib der Vollendung wird ganz anders sein als der Leib, in dem wir jetzt durchs Leben gehen; er wird unverweslich, zeitlichen Abläufen nicht mehr ausgesetzt, er wird ganz und gar geist-durchprägt, geist-gewirkt sein.

Gottes Heiliger Geist war dem Leib Marias vertrauter als anderen Leibern: In ihm hat er Jesus herangebildet. Das Fest der Vollendung Marias mit Leib und Seele sagt, daß Gottes Heiliger Geist diesen Leib nie mehr verlassen, ihn vielmehr umgebildet hat zur Gestalt der Ewigkeit – in der Heimat, in der geistigen Dimension Gottes.

Für uns sagt das Fest, daß auch unser Leben nicht verloren ist, weil alles Schöne und Schwere für immer in unserer Seele festgehalten ist und so mit unserem Ich zu Gott gelangt. Auch wir können und dürfen darauf hoffen, daß Gott sich eines Tages an uns freuen wird, wenn er uns mit dem Ertrag unseres Lebens an sich nimmt. Sein Heiliger Geist ist uns nicht fern, denn – so sagt es Paulus im Römerbrief (5,5) – „Gottes Liebe ist ausgegossen in unsere Herzen durch seinen Geist, der uns gegeben ist." Wenn Gottes Geist in uns Wohnung genommen hat, wie sollte er dann diese Wohnung dem Abbruchunternehmen Tod überlassen? Er wird auch unseren Leib umbilden, so daß er bleiben kann, unvergänglich, unverweslich, in der ewigen Seligkeit Gottes. Daß Gott in seiner Seligkeit nicht einsam ist, sondern vollendete Geschöpfe – die von ihm so sehr geliebten Menschen – bei sich hat, das ist der trostvolle Ausblick dieses Festtages der Vollendung Marias.

Theologe als Beruf – wie kann das gehen?

Für die Vorbereitung einer Feier mit Studenten hatte mir eine kleine Delegation aus deren Kreis genau formulierte Fragen zukommen lassen, die ich in der Festrede beantworten sollte. Ich zitiere: Wie verstehen Sie sich als Theologieprofessor: als Berufschrist, als Glaubenslehrer oder als Glaubensvermittler? Zu was wollen Sie die Theologen ausbilden? Wie verstehen Sie es, die Verantwortung für das Denken von Studenten zu übernehmen? Dies der erste Frageblock. Und dann das zweite Thema: Wie haben Sie die heutige Studentengeneration als Ihr Gegenüber erlebt? Als ich diese abendfüllenden Fragen vernahm, habe ich zuerst einmal tief durchgeatmet, dann aber gedacht, ich könne und dürfe mich nicht drücken, müsse aber meine Antworten mit all diesen notwendigen Hinweisen versehen: daß ich nur für mich selber reden könne, also etwas sehr Persönliches und Nicht-Repräsentatives zustande käme; daß ich nur eine der vielen theologischen Disziplinen verträte; daß es ganz ohne Verallgemeinerungen nicht abgehe, meine Antworten also mit wohlwollenden Abstrichen zu versehen seien, ja und daß diese Reihe von Fragen natürlich nicht in zwei, drei Minuten beantwortet werden könne. Aber – die Vorbereitungsgruppe bestand darauf, daß ich zu allem in einer einzigen Rede hinreichend Position beziehe.

Ich erlaubte mir, die Reihenfolge der Frageblöcke umzudrehen und damit zu beginnen, wie ich die heutigen Studentinnen und Studenten erlebe.

Diese heutige Generation von Studentinnen und Studenten ist jung. Das muß sich ein Mensch meiner Generation immer wieder von neuem sagen, nicht weil ihr Jungsein leicht zu übersehen wäre, nicht weil ich mich erst noch daran erinnern müßte, daß diese Generation die meinige bald ablösen wird, für eine Reihe von Jahren, bis auch sie dorthin weggeht, in jenes Land, von dem kein Wanderer wiederkehrt. Nein, das Sichklarmachen bezieht sich darauf, daß diese Generation im Unterschied zu mir den Hitlerfaschismus überhaupt nicht aus eigener Anschauung kennt; daß sie nicht weiß, was es heißt, sich in Todesangst in Gräben zu ducken, um den Geschossen zu entgehen; daß sie nicht aus Hunger das Stehlen lernen mußte; daß sie weder die Kirche zu Zeiten Pius' XII. noch die Arbeit an einer oft heimlichen liturgischen Erneuerung, am Umbau der Theologie, am II. Vaticanum bewußt erlebt und mitbekommen hat. Was mich zutiefst geprägt hat, kann ich nicht mit ihnen teilen; das muß ich mir immer wieder neu klarmachen. Sie sind dabei, einen neuen Menschentypus darzustellen, geprägt von den Medien, vom Fernsehen, von Computertechnik. Ich denke, daß das schon heute an ihrer Sprache spürbar ist, während meine an Eichendorff und Rilke, am *Renouveau catholique* der großen französischen Romanciers und Dramatiker des 20. Jahrhunderts, an Reinhold Schneider und Albert Schweitzer, die ich kannte, orientiert ist. Es fällt nicht schwer, den heutigen jungen Menschen ihre Eigenarten zu lassen, auch wenn sie andere Musik und Tänze lieben.

Muß ich sagen, daß ich in meinem Beruf dieser Generation – damit meine ich: ihr im ganzen, nicht nur denen, mit denen ich ohnedies enger verbunden bin – zu Dank verpflichtet bin? Ich denke schon. Wir erleben in der Theologie mit Vehemenz einen Paradigmenwechsel: Auf die 16 Jahrhunderte, in denen das theologische Denken vom Paradigma der göttlichen Ordnung, Anordnung und Harmonie beherrscht war, folgten kaum drei Jahrhunderte, geprägt von der Schlüsselthematik der Freiheit und Subjektivität, um nun im Zeichen der globalen Krise das neue Paradigma auftauchen zu lassen: Leben für alle, Leben in einer lebenswerten Weise. Die junge Generation pocht mit Macht darauf, daß ihr die ältere nicht eine zerstörte, ausgeplünderte, friedlose, zerrissene Welt hinterläßt, und in Bezug auf die Theologie heißt das: eine neue Sensibilität nicht nur für

Gerechtigkeit, Befreiung und Versöhnung, sondern für den Primat der Praxis vor der Theorie überhaupt und damit Umkehr zur zentralen Botschaft Jesu vom Reich Gottes und seiner anfänglichen Verwirklichung. Damit nötigt die neue Generation die ältere zu Neuorientierung und Nachfolge, zum Ablassen von der Gewohnheit, Antworten auf Fragen zu geben, die kein Mensch mehr stellt; sie nötigt daher zum geistig Jungbleiben – und das ist wahrhaft des Dankes wert. Und um so mehr schmerzt ehrlich und tief die Situation auf dem Arbeitsmarkt; sie macht viel tiefer betroffen, als hier mit Worten auszusprechen ist. Das Bedrückendste an der Situation eines in der überfüllten Universität Lehrenden heute ist nicht die berufliche Überlastung; ich habe noch keinen Kollegen über die Arbeitszeit von häufig 60 Wochenarbeitsstunden klagen, geschweige denn mit Streik drohen hören; das Bedrückendste ist das Gefühl, so viele Arbeitslose zu produzieren und den unfähigen Politikern hilflos ausgeliefert zu sein. Das schafft eine bisher noch nicht gekannte Solidarität von Lehrenden und Studierenden, so hilflos sie auch ist.

Aber müßten nicht auch kritische Gedanken zur heutigen Generation geäußert werden? Ich möchte lieber von Sorgen, von möglicherweise drohenden Gefahren sprechen als von negativen Erfahrungen und Verletzungen. Viele junge Leute von heute tun mir leid, weil sie in jener Lebensphase, in der sie noch Objekte von Erziehung waren, nicht gelernt haben, daß es zwei wesentliche geistige Grundkräfte des Menschen gibt, Verstand und Wille, und daß beide nicht so kostbar sind, daß es naheläge, möglichst sparsamen Gebrauch von ihnen zu machen. Vorlesungen zum Beispiel werden nicht dazu vorgetragen, um in immer dünneren und dürftigeren Exzerpten abgelegt und erst und ausschließlich zum Examensgebrauch wieder hervorgeholt zu werden, sondern damit ein begleitendes, nacharbeitendes Denken sich mit ihnen auseinandersetzt, so intensiv, daß alle Beteiligten sich in freier Rede über die Materie verständigen können, wobei grundsätzlich kein Frage-, kein Kritikverbot besteht. Theologiestudium wird oft gar nicht als Arbeit des Verstandes wahrgenommen; an die Stelle erarbeiteter Erkenntnis tritt oft ein irrationales „feeling", an dessen Ende – wenn ich die Linie aufgrund schrecklicher Erfahrungen prognostisch ausziehe – ein für Individuen und Gesellschaft gleichermaßen verhängnisvolles Mitläufertum stehen könnte. Der Wille, die mit dem Menschsein geschenkte zweite geistige Grundkraft, läßt sich ebenfalls trainieren, das heißt einüben und stärken. Aus ihm ergeben sich so fundamentale Verhaltensweisen wie Zuverlässigkeit und Treue. Diese werden aber heute vielfach ersetzt durch Parolen wie „Selbstverwirklichung durch Erfüllen der Bedürfnisse", „Sichausleben", „Tun, was Spaß macht" und ähnliches. Menschliche Beziehungen, die unter solchen Parolen gelebt werden, gehen unter dem Verbrauch von Gefühlen zugrunde. Darum leben auch unter den jüngeren Menschen so viele mit dem Schock zerbrochener Beziehungen, weil sie nicht gelernt haben, daß menschlicher Wille die Treue garantieren kann, und am Ende suchen sie ihre letzte Zuflucht bei den oft fragwürdigen Künsten von Psychotherapeuten. Ich frage mich natürlich, wie solchermaßen beschädigten Menschen Theologie vermittelt werden kann, Theologie, die sich von ihrer Sache her an die geistigen Grundkräfte des Menschen, Erkenntnis und Freiheit, wendet.

Mit diesen beschränkten Möglichkeiten, die manchen jüngeren Menschen für den Gebrauch von Verstand und vor allem Willen gegeben sind, mag es zusammenhängen, daß vieles zunächst einmal intuitiv richtig gesehen, dann aber überhaupt nicht konsequent realisiert wird. Für Theologiestudenten bedeutet das konkret: Wie steht es mit der gegenseitigen Akzeptanz? Bilden sich nicht häufig Grüppchen, die sich gegenseitig voreinander abschotten? Wie steht es mit der Solidarität zwischen Laientheologen und Priesteramtskandidaten? Was soll ich von Solidaritäts-Parolen halten, wenn Theologiestudenten wichtige Bücher oder Zeitschriften für andere unauffindbar aus den Bücherregalen entfernen? Für mich spricht das von einer Ellbogenmentalität, wie sie wohl das politische und ökonomische Klima bei uns prägt, aber niemals in Theologie und Kirche heimisch werden darf. Wie eindrucksvoll sind für mich Umweltschutzdemonstrationen, wenn deren Teilnehmer mich tagaus, tagein gnadenlos zum Passivrauchen verurteilen und vergiften? Das ist etwas, das sehr schmerzt. Ein Letztes, als

Zusammenfassung: Es gibt unter Studierenden manche Flucht-
erscheinungen, gleichsam Fluchten auf abgedichtete kleine
Inseln, in die Möglichkeit, die Studien-Arbeits-Auseinander-
setzungs-und-Praxis-Zeit, die einen anspruchsvollen Teil des
Lebens ausmacht, möglichst unbeschädigt zu überstehen; unbeschädigt vielleicht ja, dann aber auch unbetroffen. Und mit
dieser Suche nach Nischen und Inseln hängt es zusammen, daß
manche einen abwartenden und geduckten Eindruck machen.
Es ist ja nicht so, daß ich das nicht verstehen könnte. Aber der
Wunsch sollte doch heiß und lebhaft sein: wenn schon abwar-
ten, dann möglichst nicht lebenslang; wenn schon geduckt,
dann keineswegs resigniert; denn ein Gang, nicht ein Stand
oder eine Lage, ist es, der den Menschen als Menschen charak-
terisiert, und zwar ein aufrechter Gang!

Es ist höchste Zeit, zu den Fragen an den Professor und an
seinen Glauben, an seine Lehre überzugehen. Ich möchte versuchen, ganz kurz zu sagen, was der Glaube – wie ich denke –
leistet und warum dieser christliche Glaube überall in der Öffentlichkeit und so auch in der Universität mit allem Nachdruck präsent sein müßte. Der Glaube leistet das tiefste Verständnis des Menschen und der Schöpfungswirklichkeit, das
jemals in der Menschheitsgeschichte laut wurde, und dieses
tiefste Verständnis setzt sich gleichsam zusammen aus zwei
Bewegungen, die im Menschen zusammentreffen. Die eine Bewegung ist die, die der Mensch an sich selber, in der Menschheit und in der Schöpfungswelt wahrnimmt oder wenigstens
wahrnehmen kann, und diese Bewegung besagt: Alles ist unterwegs auf eine unendliche, unermeßliche, alles übersteigende
Wirklichkeit hin. Alles ist transparent auf eine ungleich tiefere
Wirklichkeit hin; der Mensch ist ein Wesen unendlicher Transzendenz, oder auch so gesagt: Das Herz des Menschen rührt
an das Herz Gottes. Die andere Bewegung ist von Gott her
eröffnet, indem er sich selber als das bergende, heilende und
selig erfüllende Ziel aller dieser Bewegungen zu erkennen gab
und so diese Hinbewegung zu ihm unter die große Verheißung
eines umfassenden *Schalom* stellte. Diese Selbstkundgabe Gottes ist begleitet von zahlreichen von ihm gesetzten Zeichen, die

uns verlocken sollen, diese Bewegung zu Gott hin wahrzunehmen, in sie einzutreten und damit auch alles als transparent zu erkennen.

Es handelt sich wie gesagt um einen Weg, um eine Bewegung, das heißt: nicht um einen Besitz, gar noch einen solchen mit letzten Sicherheiten. Der Weg bedeutet Suche, Krisen, Ermutigungen, Niederschläge. Der Glaube bietet keinerlei fertige und feste Lösungen aller Lebensfragen an. Zu glauben bedeutet vielmehr, alle Fragen nach vorwärts hin offenzuhalten, sie niemals in Resignation, Pessimismus oder Optimismus für abgeschlossen zu erklären. Das ist es, was der Glaube – wenn Sie so wollen, mein Glaube – leistet: die ständig drohende Resignation und Lähmung, aber auch das Nachgeben gegen schnelle Erklärungen, gegen Modetrends zu überwinden in die Bewegung des Unterwegsseins hinein und dabei die grundlegenden Menschheitsirrtümer zu vermeiden, die immer in Negationen bestehen (Liebe sei nichts als ein komplexer chemischer Prozeß; Gott sei nichts als das Geschehen von Mitmenschlichkeit …). Und diese Leistung des Glaubens ist ein ungeheurer Dienst an der Menschheit, weil dieses Beharren auf der Transzendenz des Menschen der einzige Schutz seiner Würde ist, der einzige Schutz vor seiner totalitären Banalisierung und damit das einzige Hindernis für die Menschheit, sich dorthin zurückzukreuzen, woher sie gekommen ist, aus dem Bereich verstandes- und willenloser, nur noch instinktgeleiteter höherer Säugetiere. Ob ich die ganze Bewegung des von sich aus mir entgegenkommenden Gottes wahrnehme, ob ich alle seine Signale und Zeichen erkenne, das weiß ich nicht; wenn es wahr ist, daß Glaube Gnade ist, also Geschenk von seiner Seite her, dann muß er seinerseits auch etwas dazu beitragen, daß ich seine Zeichen vernehmen kann. Aus dem Gesagten läßt sich leicht entnehmen: Wenn der Glaube nicht Besitz, sondern orientierte Suche ist, dann ist Gott auch kein Faktor, den ich zum Gelingen meines Lebens in meine Kalkulation einsetzen könnte; zugleich weiß ich aber auch: Mein Weg kann nur ans Ziel kommen, wenn ich Gott um seiner selbst willen suche und nicht um meiner und meiner Selbstverwirklichung willen.

Nun muß ich natürlich sofort ergänzen, daß ich diese beiden Bewegungen, diejenige von Menschen und Schöpfung auf Gott hin und diejenige von Gott in seiner ewigen Verheissung auf uns zu, nicht von mir aus entdeckt habe. Daher ist mein Glaube ein kirchlicher Glaube. Ich gehöre zu jener Gemeinschaft von Menschen, die fortwährend ihre Gotteserinnerungen, ihre Gotteswahrnehmungen und ihre Gottesverheißungen erzählend bezeugt und sie sich dadurch in Identität längs der Geschichte bewahrt. Innerhalb dieser Gemeinschaft bin ich erstmals auf die großen Bewegungen, auf den Weg und auf die Zeichen am Weg aufmerksam geworden. Darum bin ich bereit, meine persönlichen Erfahrungen – die ich für richtig halte – in Beziehung, in Korrelation, zum Glauben dieser Kirche zu bringen und sie im Konfliktfall diesem unterzuordnen. Dabei möchte ich Kirche keinesfalls abstrakt und rein theoretisch verstehen, sonst wäre ich ja evangelischer Theologe und würde als Bezugsgröße meines Glaubens ausschließlich ein bestimmtes Buch, die Bibel, akzeptieren. Kirche konkret heißt für mich die Begegnung mit Menschen, die sich für mich nicht nur von ihrem Lebensstil her, sondern auch wegen ihrer geistigen Kapazität als vertrauenswürdig erwiesen haben. Noch konkreter gesprochen, damit Sie sehen, was ich meine: Mit drei Menschen war ich derart befreundet, daß sich ausgedehnte Briefwechsel ergaben, in denen offen alle möglichen Fragen von Gott, Religion und Theologie verhandelt wurden, Briefwechsel zwischen Menschen sehr unterschiedlichen Alters, in denen sie mich, den um 30 und 25 Jahre Jüngeren, als „lieber Freund" anredeten. Das waren der französische Jesuit Henri de Lubac, von Paul VI. zum Kardinal ernannt, der Schweizer Schriftsteller Hans Urs von Balthasar, am Lebensende ebenfalls zum Kardinal erhoben, und am nachhaltigsten natürlich Karl Rahner; von allen dreien habe ich Biographien geschrieben, um sie gegen einseitige Sichtweisen in Schutz zu nehmen. Ihre Bedeutung für meinen Glauben war überaus groß, auf dem recht einfachen gedanklichen Weg basierend: Wenn solche Menschen die Zeichen Gottes wahrnehmen und den Verheißungen im Wort Gottes trauen, dann werde ich das auch können, oder: dann verrate ich mich selber nicht, wenn ich in deren Glauben und damit in den Glauben der Kirche einstimme. In den eigentlich theologischen Konfliktfällen, die ich erlebt habe, ob sie nun die „Unfehlbarkeit" oder die „Jungfrauengeburt" betrafen, hat sich die Integration meiner Meinung in die kirchliche Glaubensüberlieferung bewährt. Ich spreche von der Glaubensüberlieferung, nicht von römischen Disziplinvorstellungen, mit denen ein Gehorsam ohne Überzeugung erzwungen werden soll und gegen die Widerstand natürlich möglich ist. Wenn ein einzelner Theologe oder eine Theologin sich aber absetzt vom gesamtkirchlichen Glaubenskonsens, ist die Basis für eine Glaubenszustimmung für mich zu schmal, nicht tragfähig genug. Ich richte an die betreffenden Theologen die Frage, die unter vergleichbaren Umständen auch an mich selber zu richten ist: Wer bist du, daß du es besser wissen willst als deine Vorfahren im Glauben und als deine eigentlichen Glaubenszeugen? Ich denke, daß jede theologische Fakultät Angebote solcher personaler Bezugsgrößen des Glaubens bereithält, wie ich sie durch meine persönlichen Freundschaften erleben durfte. Was ich nur vermieden habe und auch heute für grundlegend falsch erachte, ist: aus einer Bezugsgröße eine Identifikationsfigur zu machen. Die menschlichen Beziehungen, von denen ich rede, sind Zeichen Gottes, nicht Selbstzweck; gesucht wird: Verstehen der Glaubenswege in der Gegenwart, aber auch in der Vergangenheit, darum die Bedeutung exegetischer und historischer Fragestellungen; Vergewisserung der Wege, Kurskorrekturen; nicht aber gesucht werden Beziehungen mit ständigem Einanderumkreisen, mit Kuschel- und Nestwärme. Darum finde ich für mich – selbst wenn die Zahl der Studierenden es zuließe – eine Vermehrung privater Kontakte und Unternehmungen überhaupt nicht erstrebenswert, weil dann aus dem theologischen Lehrer ein Guru, aus der Einsichtsvermittlung eine psychotherapeutische Übertragung würde; am Ende könnte allzuleicht so etwas wie eine kriminelle Scharlatanerie stehen, wie sie etwa beim Bhagwan aufgetreten ist. Eine andere Verantwortung für studentisches Denken und Leben, als zu sagen: „So sehe ich es, dahin möchte ich selber kommen", kann ich nicht übernehmen; zu sagen, wohin ich kommen möchte, betrachte ich allerdings als eine Frage von tödlichem Ernst für mich selber und – an jeden unserer Zeitgenossen gerichtet – als eine entscheidende Frage für das Überleben der Menschheit, also kann ich nicht verstummen, auch wenn ich manchmal lieber nicht reden würde.

Im Anschluß daran und zum Schluß muß ich noch ein paar Worte sagen auf die Frage: Zu was wollen Sie die Theologen ausbilden? Ich kann darauf nicht fachspezifisch antworten: zu Dogmatikerinnen und zu Dogmatikern, wie ich selber einer bin, wenn auch gewiß das akademische Ideal des Professors darin besteht, Interesse zu wecken für das, was ihn interessiert, Schülerinnen und Schüler zu finden, die seine Sache weiterführen. So etwas gibt es zwar, so etwas ergibt sich im Lauf der Jahre, daraus ergibt sich der Schülerkreis im engsten Sinn, der nie besonders zahlreich sein kann, aber darum geht es ja in der Frage nicht. Ich möchte so antworten: *Theologie* ist Glaubenswissenschaft, ist Reflexion auf den Glauben und die Hoffnung der Menschen in der Kirche. Theologie ist nicht der Glaube selbst, Theologie ist nicht das suchende und antwortende Gebet, Theologie ist nicht Frömmigkeit. Theologie ist nur ein Teilaspekt des Christseins, und natürlich nicht der wichtigste. Martyrium kann man nicht lernen in der Theologie. Warum ist Bonhoeffer niedergekniet in seiner Zelle, bevor er zur Hinrichtung geführt wurde? Etwa weil er gute theologische Lehrer hatte?!

Es gibt viele Schichten und Dimensionen des Menschen, und keine sei verachtet. Theologie als Glaubenswissenschaft gehört in die Dimension der Rationalität: Sie sucht das Verstehen mit jenem Verstand, der gewiß aus dem *einen* Urgrund des Menschen, aus dem Herzen, lebt, der aber nicht dasselbe ist wie gutgemeinte Praxis oder Gefühl. Gewiß gibt es die ästhetische, die emotionale Suche nach Gott. Die Theologie aber sucht das Mysterium auf rationalem Weg, um in begründetem, argumentativem Gespräch Rechenschaft über Glaube und Hoffnung geben zu können. Mit dieser Rationalität ist eine sprachliche Seite unlösbar verbunden: Eine argumentative Sprache ist eine präzise und zugleich eine der Kommunikation dienende Sprache. Nicht jeder kann und darf von sich aus festlegen, was er mit dieser oder jener Vokabel bezeichnen will, sondern die

Kommunizierenden haben sich über Zeichen und Verstehen geeinigt. Mit diesem rationalen, argumentativen und kommunikativen Charakter der theologischen Rede ist dann eine ethische Seite unlösbar verbunden: Theologische Rede ist geprägt von einem radikalen Willen zu Wahrheit und Gerechtigkeit. Alles, was auch nur entfernt nach Mutmaßungen, Unterstellungen, Hörensagen, Plakativität, Pauschalurteilen aussieht, ist ihr zutiefst zuwider. Mit den kirchlichen und staatlichen Prüfungsordnungen ist gegeben, daß mittels einer Spezialisierung in einem Fach diese verantwortliche und verantwortete Theologie besonders eingeübt und nachgewiesen wird. Das ist sinnvoll, vielleicht unumgänglich, weil sich jeweils in der Zuwendung zum Einzelnen das Ganze erschließt. Ebenso läßt sich sagen, daß das Ganze sich in der einzelnen Praxis – deren Basis es ist – bewährt, sei diese Praxis nun religionspädagogisch, im Gemeindebereich, im Bildungswesen oder wo sonst verortet. Aus all diesem tritt hervor oder sollte hervortreten, was Lehrende in Theologie wie ich erreichen wollen: das jeweils individuelle Profil eines Menschen, der rational, argumentativ, kommunikativ, in Wahrhaftigkeit und Gerechtigkeit sprechen kann und spricht über den Glauben und über die Hoffnung, aus denen er lebt.

Damit sind wir am Ende – nachdem bisher vom Gegenüber der Lehrenden und Studierenden geredet wurde – wieder bei der Gemeinsamkeit beider auf dem Weg des Glaubens angekommen. Gott ist nicht Gegenstand der Theologie, weil Gott niemals Gegenstand sein kann. Gott ist die Ermöglichung dessen, daß es überhaupt Theologie geben kann. Gott ist nicht die Lösung unserer Lebensfragen, aber er ist der Grund, warum alle Fragen überhaupt erst mit Mut angegangen werden können. So wünsche ich Ihnen, daß Sie die Zeichen Gottes in Ihrem Leben so deutlich wahrnehmen, daß Sie mit dem Psalmwort und Titel des schönen Buches von Erich Zenger sagen können: „Mit meinem Gott überspringe ich Mauern".

Die Clemensschwestern im Bistum Münster feiern alljährlich am Allerheiligenfest ihr Stiftungsfest. Vor ein paar Jahren lud ich die Ordensschwestern zu diesem Anlaß ein, sich mit folgenden Gedanken in zwei Richtungen zu erinnern, und zwar vor dem Gott, der uns erschaffen hat, damit wir uns erinnern:

Die erste Richtung der Erinnerung mag bei einer Ordensgemeinschaft in das Jahr der Stiftung zurückgehen, zu dem, was die Stifter vor vielen Jahren zu ihrem Werk bewegt haben mag. Wenn man sich an die kleinen und bescheidenen Anfänge erinnert, dann kommt einem Zeitbedingtes in den Sinn, das einen heute nicht mehr anspricht, und Bleibendes, Gültiges, das es wert ist, daß man es sich immer wieder in Gestalt guter Vorsätze vor Augen stellt. Ich möchte für beide Gesichtspunkte, für das Zeitbedingte und für das Gültige, ein paar wenige Beispiele anführen.

Etwas sehr Zeitbedingtes ist ohne Zweifel das Ordensgewand, die Tracht. Die Stifter des Ordens der Clemensschwestern haben sich sehr stark am heiligen Vinzenz von Paul, dem Missionar und Helfer der Armen in Paris, orientiert. Er gründete im 17. Jahrhundert die Barmherzigen Schwestern oder Vinzentinerinnen. In meiner Heimatstadt Freiburg leiten sie das Josefskrankenhaus und das Borromaeum, das Theologenkonvikt. Ich habe ihre Tracht noch gut in Erinnerung, 30 Jahre habe ich sie gesehen, mit gestärkten, unendlich viel gefalteten Hauben, Kragen und Schleiern und den aufgefaßten Röcken. Als Theologiestudenten vor dem Konzil haben wir oft ein wenig über sie gelächelt und die Schwestern bemitleidet. War das Aussehen ihrer Tracht so gewollt? Ein kluger Papst des christlichen Altertums, Coelestin I. († 432), schrieb einmal: *„Habitus non facit clericum"*, „Nicht die Kleidung macht den Priester aus". Vinzenz von Paul wollte, daß seine Schwestern einfach gekleidet seien, so wie die Dienstmädchen in Paris im 17. Jahrhundert. Mit dieser Weisung wollte er nicht sagen, daß die Kleidung für alle Zeiten so bleiben solle. Ich möchte damit nichts gegen die Tracht sagen für die Schwestern, denen sie lieb und teuer ist; ich möchte nur darauf hinweisen, wie sich etwas verfestigen kann, was gar nicht um jeden Preis so bleiben muß. In dem Moment, wo alle sich kleiden können, wie sie wollen, fetzig, bunt, ausgefallen, aber auch mit großen oder kleinen Kreuzchen um den Hals, ist es beispielsweise auch nur noch lächerlich zu behaupten, das besonders düstere und vornehme „geistliche Gewand" sei ein Hinweiszeichen auf das Reich Gottes.

Ein zweites Beispiel für Zeitbedingtes ist das strenge Verlangen nach Gehorsam bei den Stiftern. Die Stifter waren daran eigentlich nicht schuld, weil sie selber wieder in einer langen Tradition standen, die auf den heiligen Paulus zurückgeht. Paulus hatte in seinem Römerbrief geschrieben: „Jede Obrigkeit ist von Gott eingesetzt. Wer sich ihr widersetzt, der widersteht der Anordnung Gottes" (13,1). Hier irrte sich Paulus. Er gibt eine Auffassung seiner Zeit wieder, die nicht unsere Auffassung ist. Denn wir wissen, daß jede Obrigkeit von Menschen gewählt ist, auch in der Kirche, Papst, Bischöfe und Ordensobere. Sie können nicht einfach an Gottes Stelle Gehorsam fordern. Auch in der Kirche funktionieren die Gemeinschaften nicht nach dem Schema Befehl – Unterwerfung. Was jeweils das Beste oder das Sinnvolle für eine Gemeinschaft ist, muß miteinander besprochen werden, und wenn etwas zu entscheiden ist, muß der Obere das mit Argumenten tun, er muß das begründen, was er von den anderen verlangt. Oberin oder Oberer sein bedeutet nicht Herrschaft, sondern Dienst an der Gemeinschaft, und ein solcher Dienst verdient Dank und Gesprächsbereitschaft, nicht kleinkarierte Nörgelei, sondern konstruktive Solidarität. Er verlangt aber auch, daß gemeinsame Wege gesucht und begangen werden und nicht einsame Entschlüsse den angeblich „untergebenen" Menschen demütigen.

Schauen wir nach diesen Beispielen für Zeitbedingtes auf heute noch Gültiges, wie es im Vermächtnis von Ordensstiftern erkannt werden kann.

Die Stifter des Ordens der Clemensschwestern haben eine Gemeinschaft gegründet mit einem ganz bestimmten Ziel, dem Dienst an den kranken Menschen und am Krankenhaus. Dieser Dienst ist so wichtig und so dringlich wie zur Zeit der Ordensgründung. Aber der Gedanke der Stifter enthält über den Dienst hinaus eine große zeitlose Weisheit. Alle Beziehungen, auch die von zwei Menschen in einer Partnerschaft oder Freundschaft, brauchen ein Ziel, den Blick auf das Dritte oder auf den Dritten. Andernfalls ist die Gefahr groß, daß die zwei umeinander kreisen, sich nur noch miteinander beschäftigen und sich selber durch Eifersucht zerstören. Man muß sich klar werden darüber, daß kein Mensch für den andern Lebensziel, daß keiner für den andern Erfüllung sein kann. Man muß das nicht so hart ausdrücken wie der Psalmensänger: Jeder Mensch ist ein Lügner (Ps 116,11 nach der lateinischen Bibelübersetzung), aber es müßte einem bewußt sein, daß kein Mensch einen tragfähigen Boden abgibt, auf dem man fest und sicher stehen kann. Nur der Dritte hilft; es heißt also, auf ihn zu schauen und auf ihn zuzugehen.

Ein letztes Beispiel ist sehr wichtig. Die Stifter des Ordens der Clemensschwestern haben vorgesehen, daß trotz aller Zuwendung zu Leidenden und Sterbenden Zeit für das Gebet sein muß. Dahinter steckt die alte Erfahrung, daß Glaube, Hoffnung und Liebe nicht leben können ohne Gebet. Im Gebet, wenn man sich und alles, was einen bewegt, vor Gott ausbreitet, wird Gott erst zur Wirklichkeit. Das ist noch nicht „erledigt" mit der Eucharistiefeier. Die Eucharistie wird häufig als Quelle der Kraft für den Alltag bezeichnet. Das trifft nicht bei allen Menschen zu. Viele sehen es vielmehr so, daß die Eucharistiefeier das Ziel der gelebten Gottesbeziehung ist, die Zusammenfassung des Alltags, gleichsam der Gipfel vieler alltäglicher Wanderungen. Denn in der Eucharistiefeier wird der Höhepunkt des Menschenlebens gefeiert, daß der Weg durch Leiden und Tod zu Gott gelingt, wie er bei Jesus gelungen und ans Ziel gekommen ist. Das Gebet des Alltags ist nicht Höhepunkt, sondern Innehalten und Stillwerden, Sichsammeln und Schweigen vor Gott. Wir müssen nicht viele Worte machen im Gebet. Wir brauchen gar keine Worte, denn Gottes Geist, der in uns wohnt, gibt uns ein, was wir beten sollen, und wenn wir nicht beten können, dann spricht er in uns. Und wenn wir wünschen, beten zu können, dann beten wir schon, weil es

Gottes Geist ist, der uns den Wunsch eingibt. Nicht die vielerlei Worte sind wichtig, sondern daß wir uns hinstellen vor Gott und ihm schweigend begegnen, zur Ruhe kommen, ihn anschauen und ihn aushalten. Wenn wir darauf verzichten würden, müßte auch von uns das böse Wort des Psalmensängers gelten: Sie bringen ihre Jahre zu wie ein Geschwätz (Ps 90,9 nach der lateinischen Fassung). Beten heißt in Stille Gott anschauen und sich in ihn hineinversenken. Die Mahnung, dies nicht zu kurz kommen zu lassen, ist heute so aktuell wie ehedem. Diese Stille, dieses Zur-Ruhe-Kommen, ist aber keineswegs mit verordneten Anbetungsstunden oder mit „gestalteten" multimedialen Meditationen identisch. Um Stille geht es, endlich um Stille.

Die zweite Richtung der Erinnerung könnte dem eigenen persönlichen Anfang unseres Lebensweges mit Gott, den Tagen und der Stunde unserer Berufung gelten, und das Folgende ließe sich auch mit Blick auf die Berufung zur christlichen Ehe sagen. Manche haben den Eindruck, es sei nicht mehr viel übrig vom Schwung und der Freude des Anfangs. Manche leiden unter der alltäglichen Trockenheit und Routine. Ist der Anfang ein einsamer Höhepunkt, und ist das Leben danach nur noch Niedergang, Bruch, Abfall, ist es nur noch Verrat? Der katholische Dichter Reinhold Schneider, ein Mann des Widerstandes, den ich kannte und in seiner Freiburger Wohnung besuchen durfte, schrieb ein Büchlein „Im Anfang liegt das Ende". Dieses Wort, das er wiederum einem berühmten Schriftsteller entnommen hatte, enthält eine ganz tiefe Einsicht. Das Ende ist nur scheinbar ein Tiefpunkt, nur scheinbar eine Katastrophe. Paulus hat das in das Bild vom äußeren und inneren Menschen gebracht: „Daher werden wir nicht mutlos. Denn wenn auch unser äußerer Mensch aufgerieben wird, so wird doch unser innerer Mensch von Tag zu Tag erneuert" (2 Kor 4,16). Wie ist das möglich, wenn wir doch nichts davon merken?

Das Wunderbare ist, daß es bei Gott keine Vergangenheit gibt. Alles ist ihm gegenwärtig. Und so ist auch unser Anfang, ist die Zeit unserer Berufung und unserer ersten Liebe vor ihm reine Gegenwart. Wenn wir sie nicht absichtlich widerrufen haben – und das tun wir ja nicht, wenn wir uns nach ihr zurücksehnen! –, dann bleibt sie lebendig und in Geltung vor ihm. Nur wir Menschen sind auf die Erinnerung angewiesen. Gott hat es nicht nötig, sich zu erinnern und sich das Vergangene ins Gedächtnis zurückzurufen. Nicht das, was wir im Leben zustande gebracht haben, zählt vor Gott, denn alle Leistungen bleiben Bruchstücke, sondern dasjenige gilt, was wir einmal und ein für allemal gewollt haben, weil Gott selber es uns eingegeben und als Berufung geschenkt hatte – und seine Gaben sind ohne Reue (Röm 11,29).

Wenn wir solchen Gedanken nachgehen, dann bringen wir in unserer Erinnerung unseren Anfang wieder vor Gott, und wir empfangen von ihm die Verheißung, daß der Segen des Anfangs auch der Segen des Endes sein wird. In dem Büchlein „Im Anfang liegt das Ende" schreibt Reinhold Schneider den schönen Satz: „Auf jedem Tag ruht der Abglanz des ersten und des jüngsten Tages" (S. 64). Das ist der Trost, der uns mit unserer Erinnerung geschenkt wird. Stand der erste Tag im Zeichen einer großen Begeisterung und Liebe, so wird der letzte Tag im Zeichen der Versöhnung und des Friedens stehen, ein Tag der Vollendung dessen, was Gott ohne unser Verdienst am ersten Tag mit uns begonnen hatte.

Von der Not und dem Segen eines Neuanfangs

Überlegungen zu den Perspektiven des Christentums „an der Schwelle des dritten Jahrtausends" können naturgemäß nur von den sehr begrenzten Erfahrungen im mitteleuropäischen Bereich ausgehen. Wenn heute in einer Zeitdiagnose festgestellt wird, die religiöse Sprache habe versagt, dann ist das in erster Linie eine Aussage über eine Erkenntnis, die seit der europäischen Aufklärung immer weitere Kreise gezogen hat und öffentlichkeitswirksam geworden ist, während der dieser Feststellung zugrunde liegende Sachverhalt bereits auf die biblischen Grunddokumente des Christentums zurückgeht. Von den vielen Beispielen, die angeführt werden könnten, sei ein besonders relevantes ausgewählt, das Wort „Gott". Der Bonner Religionsphilosoph Heinz Robert Schlette faßt die Situation mit Recht in prägnanter Kürze zusammen: „Wir leben eben nicht mehr in der Zeit *Anselms,* in der in dieser voraussetzen konnte, jeder, der die Vokabel Gott höre, denke sich darunter ‚id, quo maius cogitari nequit' (Prosl. 2) (Gott sei das, worüber hinaus Größeres nicht gedacht werden kann). Es kann heute sein, daß man sich überhaupt nichts unter diesem Wort denkt, weil es neopositivistisch nur ein Scheinproblem anzeigt, daß man sich darunter ein transzendentes, schweigendes Ungeheuer oder einen ethischen Weltpolizisten vorstellt – ,ein Auge ist, das alles sieht …' – , daß man sich einen noch größeren oder auch besseren Gott denkt, der uns das Böse erspart hätte, daß man ihn für einen guten, aber schwachen, ohnmächtigen und selbst leidenden Gott hält, dem möglicherweise doch ein böser Gott im gnostischen Sinn entgegensteht, daß man sich ihn irgendwie mit Welt und Mensch als schwer zu begreifende Einheit denkt, ‚kosmotheandrisch', wie *Panikkar* das nennt, oder daß man ihn einfach braucht und in Anspruch nimmt als einen Garanten für sittliche und gesellschaftliche Werte, auch wenn man sich religiös vielleicht gar nicht für ihn interessiert." Mit einem kritischen Seitenblick auf die neuere katholische Dogmatik fügt Schlette hinzu: „… ganz abgesehen davon, daß man die vielen Fragen nach Gott durch den Hinweis auf das Geheimnis, das Gott sei, ruhigstellen kann" (in: Orientierung, Jg. 1999, S. 51 f.).

Was heutzutage vielfach als willkürliche Auswahlreligiosität beklagt wird, das hat seine Berechtigung in der nicht widerspruchsfreien Vielfalt der biblischen Gotteszeugnisse sowie der divergierenden Bilder und Vorstellungen der Gottestraditionen. Eine ähnliche Analyse könnte sich auf die Pluralität der Jesus-Auffassungen, der Umschreibungen seiner Heilsbedeutung, beziehen. Insgesamt also dürfte die These, daß es „das Christentum" überhaupt nicht gibt, kaum Widerspruch erfahren. In dem von christlichen Überlieferungen geprägten mitteleuropäischen Bereich werden sich wohl auch im dritten Jahrtausend verschiedene Verständnisschichten überlagern, „Reliktmentalitäten" werden weiterbestehen. Es wird gewiß weiterhin fundamentalistische Standpunkte geben, von denen aus ein unbesorgter Umgang mit Mythologemen gepflegt wird, wie zum Beispiel bei den Themen Engelssturz, Teufel, Erbsünde, Hölle. Es wird Kreise geben, die eine schlicht-gehorsame Zustimmung zu „unverkürzten" Glaubensinhalten einfordern, Andersdenkende ausgrenzen und damit eine Sektenmentalität weiter fördern. Bei manchen in zwei Jahrtausenden besprochenen Problemen werden mit großer Anstrengung Antworten gesucht und gefunden werden auf Fragen, die niemand mehr stellt. Das Beispiel der Rechtfertigungs-Debatte („Wie finde ich einen gnädigen Gott?") zeigt das überaus deutlich. Für die gesellschaftliche Öffentlichkeit ist diese ideologieträchtige Sonderwelt nicht mehr von Interesse. Die sicherlich auch weiterhin zu erwartenden „autoritativen" Erklärungen und Indoktrinationen werden nicht einmal mehr als konfliktfähig empfunden werden. Menschenrechte und ethische Werte lassen sich bei der Mehrzahl der Menschen nicht mit Hinweisen auf Gebote Gottes „deontologisch" begründen.

Wer in dieser Situation mit Nachdruck darauf hinweist, daß Glaube und Glaubenszustimmung aus der Innerlichkeit des einzelnen Menschen entspringen und in ihm einen „Katechismus des Herzens" (Karl Rahner) entstehen lassen, der mit den offiziellen Katechismen nicht übereinstimmen muß, der plädiert keineswegs für grenzenlosen Individualismus, für totale Privatisierung des religiösen Bereichs. Es wird zwar künftig gewiß Menschen geben, die ihre oft vergebliche Suche nach „Gott" für nicht kommunikabel halten, Menschen, für die sich die Gottes-Frage verschiebt zu einer Frage nach dem Sinn ihres Lebens oder nach dem Grund ihrer oft unbegreiflichen Dennoch-Hoffnung. Andere, die „Mystikerinnen und Mystiker von morgen", werden aus ihren grundlegenden Erfahrungen des existierenden Transzendenten Überzeugungen von großer Sicherheit gewinnen. Unter ihnen werden immer solche sein, die einen Weg der Lebensorientierung gemeinsam mit anderen zu gehen wünschen. Alle Bemühungen um Nachbarschaftshilfen, viele Bürgerinitiativen, Diskussionsforen usw. weisen auf ein tiefes Gemeinschaftsbedürfnis hin.

Im Jesus-Erbe sind wesentliche Elemente enthalten, die auch von Nichtchristen (ein Beispiel unter vielen: Mahatma Gandhi) als Höhepunkte menschlicher Kulturgeschichte beurteilt werden. Das Reich-Gottes-Programm Jesu in der Bergpredigt, mit den Hinweisen auf die Dringlichkeit gewaltfreier Lösung von Konflikten, auf die Notwendigkeit unbedingter Treue und Verläßlichkeit, auf den Widerstand gegen die Versuchungen von Macht und Herrschaft, wird seine Anziehungskraft als Lebensorientierung nicht verlieren. Dabei ergeben sich für das Verständnis der Person und der Praxis Jesu analoge Probleme wie bei der Gottes-Auffassung. Die Jesusüberlieferung läßt sich nicht als Ganze systematisierend rezipieren: In manchen Passagen ist sie nicht frei von Gewalttätigkeit. Eine Liebe zu Gott und zu Menschen, die mit Drohungen erzwungen ist, hört auf, wahrhafte Liebe zu sein. Das wirkliche Menschsein Jesu droht hinter dem „auf Erden wandelnden Gott" (Ernst Käsemann) unterzugehen usw. Es wird also in kleinen Gruppen, in Nachbarschafts- und Freundschaftskreisen, notwendigerweise zur Verständigung über das Jesus-Erbe kommen. Darin liegt die große Chance eines wirklichen Neuanfangs der Glaubensgemeinschaft „Christentum". In ihrer Verbindung von begründeten Überzeugungen, als Gegenteil von beliebiger Fluktuation, mit radikaler, vom Gewissen bestimmter Praxis wird für viele „Menschen von morgen" eine echte Alternative sichtbar werden zur Vergnügungs- und Überflußgesellschaft, die von „Verlustangst" und Medienherrschaft dominiert ist.

Die ernsthafte Beschäftigung mit Jesus, mit den Gründen seines konsequenten Verhaltens, wird zu neuen Zugängen zu seinem Gott – aber zu welchem? – führen. Die Berufung auf frühere Machttaten und Wunder Gottes in der Menschheitsgeschichte wird an Überzeugungskraft verlieren, weil sie den Problemen der Theodizee (Woher das Böse? Warum Hilfe für so wenige und für so viele nicht? Warum früher so häufig Wunder und heute offenbar nicht mehr?) nicht standhalten kann. Der schlichte Rekurs auf Allmacht, Vorsehung und unerforschliche Ratschlüsse Gottes wird kaum mehr jemandem genügen. Die Gottes-Beziehung von morgen wird daher eher von einem Vertrauensvorschuß auf die biblischen Verheißungen als von Rückblicken getragen werden. Die Hoffnungsstruktur des Glaubens wird in den Vordergrund treten. Damit ist untrennbar die Kategorie der personalen Beziehung verbunden: Für die „Mystikerin und den Mystiker von morgen" wird als entscheidendes Ziel ihres Lebens die Begegnung mit ihrem großen Du, das Eintauchen in jene Liebe, die in der Tradition „Gott" heißt, vor Augen stehen. Ein anderes Wort für „entscheidendes Ziel" ist „Sinn": Bleibendes Zusammensein mit Gott zeigt sich den Glaubenden als der umfassende Sinn des menschlichen Lebens. Von da her werden neue, nicht einfach „missionierende" Begegnungen mit nichtchristlicher Religiosität möglich.

Mit diesem Aspekt des Eintauchens in grenzenlose, nichts ausgrenzende Liebe eröffnen sich Möglichkeiten einer positiven christlichen Würdigung buddhistischer Religiosität. Zugleich berührt sich die Zukunftsorientierung der christlichen „Frömmigkeit von morgen" auf engste mit den messianischen Erwartungen des Judentums. Gerade im Hinblick auf das jüdisch-christliche Verhältnis ist ein Neuanfang dringlich, ein Neuanfang, der „hinter" die antijüdischen Passagen des Neuen Testaments zurückgeht zum jüdischen Glauben Jesu.

Hoffnungsausblicke

An der Schwelle der Auferstehung

Wir wollen hier nicht die sozusagen festgelegten und bekannten Sätze einer Theologie des Todes wiederholen. Die folgenden Gedanken stellen vielmehr einen Versuch dar, Gesichtspunkte hervorzuheben, die in der gegenwärtigen mitteleuropäischen Situation und Mentalität, mit dem Tod und dem Sterben umzugehen, dringlich sind, ohne Anspruch auf Vollständigkeit.

Durch die Medien und den von ihnen verbreiteten Kult von Jugend, Schönheit, Karriere, Genüssen usw. geht die Aufmerksamkeit für geistige Realitäten immer stärker zurück, also für „Wirklichkeiten", die in höchstem Maß wirklich sind, gleichwohl nicht einfach im Bereich des Greifbaren sinnlich erfahren werden können. Unglücklicherweise verbindet sich bei Glaubenden, auch bei Predigern, diese Haltung oft mit Elementen einer Theologie, welche die Besinnung auf die diesseitigen Elemente der biblischen Verheißungen in den Vordergrund rückt und die Impulse der Politischen Theologie aufgreift (die beide in ihrer Bedeutung nicht bestritten werden sollen). Aber letztlich führt das zu einer *Überforderung* des irdischen Lebens: was es alles an religiöser Erfahrung, an Lust am Glauben, an erfaßbarer Beglückung usw. leisten müsse.

1. „Realisierung"

In dieser Situation erscheint es als vordringlich, in der Glaubensverkündigung und in der seelsorgerlichen Mystagogie die *Realisierung der Welt des Geistigen* einzuüben. Das ist einfach wichtig für die „Realisierung" Gottes, des in Gott lebendigen Jesus wie der bei Gott lebendigen Heiligen. Hierzu gehört auch, das Bewußtsein für das wahre, wirkliche Leben der Verstorbenen zu schärfen. Dies kann dadurch beginnen, daß man schon im Augenblick ihres Todes das Gespräch mit den Verstorbenen aufnimmt, ihre (geistige) Gegenwart bei denen, die ihnen bisher wichtig waren, ernst nimmt, sie dazugehören läßt. Europa könnte vom fälschlich so genannten Ahnenkult Afrikas einiges lernen. Viele Formulierungen, denen man im christlichen Bereich begegnet, lassen Zweifel aufkommen, ob der Glaube an das Leben der Verstorbenen realisiert wird; so zum Beispiel, wenn von einem Abschied „für immer" („für immer von uns gegangen") die Rede ist. So etwas kann die Mentalität eines platten Materialismus verstärken.

Zur Realisierung der Welt des Geistigen gehört jenes Kernelement des Menschen, das in der traditionellen Sprache *Seele* heißt. Wenn dieses Wort heute nicht mehr (oder noch nicht wieder) brauchbar sein sollte, kann es auch mit *Ich* wiedergegeben werden. Mein Ich ist eine höchst konkrete und dennoch zuerst geistige Realität. Ins Zentrum des christlichen Glaubens gehört die Überzeugung, daß mein Ich nicht unlösbar mit seiner biologischen Grundlage, meinem Körper, verbunden, sondern von diesem ablösbar ist und im Tod zu Gott gerettet wird. In meinem Ich sind alle positiven und negativen Erfahrungen meines Lebens – jenseits der Vergessensschranke – gespeichert. Daher gelangt mit meinem Ich auch mein ganzer Lebensertrag zu Gott. Im Normalfall (Grenzfälle müssen Gott überlassen bleiben: vorzeitig verstorbene Kinder, Schwerstbehinderte) bedeuten die ethischen Verpflichtungen nicht nur die Einhaltung der Goldenen Regel im Umgang miteinander, sondern auch das bewußte Herausarbeiten eines geistig-ethischen individuellen Profils, das im Moment des Todes Gott zu ewiger Partnerschaft zugemutet wird.

2. Das „Bleibende"

Diese Aspekte scheinen mir wichtig zu sein auch im Hinblick auf die Berufsauffassung „im Angesicht des Todes". Dem Betonarbeiter an der Autobahn kann man so wenig wie dem Erbauer von Kathedralen versichern, daß Autobahnen und Kathedralen (und theologische Bücher) in Ewigkeit bleiben werden. Was bleibt, ist die Gesinnung, in der die Arbeit getan wurde. Nach dem Evangelium wird dieses Bleibende von dem her bewertet, inwiefern es für andere, anderen zulieb und zugute, getan worden ist. So etwas läßt sich bei jedem Job ausfindig machen.

So wichtig dieser Gesichtspunkt der Verantwortung für das eigene Leben und der Übereignung des Lebensertrages an Gott ist, so wenig darf der darin enthaltene Gedanke des göttlichen Gerichts zur Einschüchterung der Menschen mißbraucht werden. Manche in der Liturgie verwendeten Texte wären daraufhin zu überprüfen. Häufig wird an Gräbern zum Beispiel gebetet für „denjenigen aus unserer Mitte, der dem oder der Verstorbenen zuerst vor den Richterstuhl Gottes folgen wird". So forciert man die Gottesvergiftung. Auch wenn man „vor das Angesicht Gottes" statt „Richterstuhl" sagt, kann das Angst einjagen.

Die Fürbitten für die Verstorbenen scheinen bleibend wichtig zu sein, weil sie „realisieren", daß das Überleben des Todes nicht eine bare Selbstverständlichkeit – im Sinne der Unsterblichkeits-Hybris der idealistischen Philosophie –, sondern eine gnadenhafte Rettung durch Gott ist. Manche Totentexte klingen zu triumphalistisch: „Vom Himmel her werde ich für euch sorgen ..." Die kirchliche Praxis sollte sich bemühen, solche falschen Sicherheiten abzubauen, um dem unbegreiflichen Gott die Ehre zu erweisen. Gottes Souveränität ist nicht kalkulierbar. Die Gemeinde der Glaubenden richtet ihr flehentliches Bittgebet und den Ausdruck ihrer Hoffnung an ihn. Keine kirchliche Instanz kann mit Gewißheit sagen, wie Gott sich im Angesicht eines Todes verhalten wird. Gerade angesichts des grassierenden Bildes von einem sanften, kuscheligen, grenzenlos gutmütigen und bedingungslos liebenden Gott kommt es sehr auf die Art und Weise an, wie das Gebet formuliert wird.

3. Die „Kunst des Sterbens"

Der Tod ist, religiös-theologisch gesehen, das Eintreten eines Menschen in die unmittelbare und bleibende Gottesbegegnung.

Angesichts der Erwartung Gottes, die in seinem Liebesgebot des Ersten und des Neuen Testaments dokumentiert ist, müßte die allererste Haltung des Menschen angesichts seines Todes die der Liebe zu Gott sein, genauer gesagt: die der Übergabe seiner selbst, des Ich und des Lebensertrags an Gott, der den Menschen erwartet. Diese Übereignung kann nicht erst in der Sterbensnot erlernt werden. Sie ist der zentrale Inhalt der *ars moriendi*, der „Kunst des Sterbens", die in den Gemeinden meditiert und eingeübt werden müßte (sie ist mit der grausam-inquisitorischen „ars moriendi" des Spätmittelalters nicht zu verwechseln!).

4. „Abschied" und „Wiedersehen"

Manchmal schieben sich andere Erwartungen an die ewige Seligkeit als die soeben erläuterten ungebührlich in den Vordergrund. So sind manche Todesanzeigen formuliert, als sei das Wiedersehen mit den Lieben das einzig Wichtige am Tod. Die eigene Beglückung, das Wiederfinden, die Vollendung der Schöpfung können natürlich als Gaben der Liebe Gottes mit erwartet werden, sie dürften aber nicht die Liebe zu Gott von ihrem ersten Rang verdrängen.

Die Leiche ist der Ort der Erinnerung an das Leben des Verstorbenen. Angesichts der Leiche ist die Thematisierung des Abschieds voll berechtigt. So, wie es einmal war, wird dieses Leben nie mehr gegeben sein; dieses Leben, die Geschichte dieses Lebens ist voll-endet. Insofern kann die liebevolle Zuwendung zum Leichnam die Äußerung von Besinnung, Dank und Abschied sein. Zu beherzigen ist, was Klemens Richter in dem von ihm herausgegebenen Band („Der Umgang mit den Toten") dazu schreibt: Die Trauer kann und darf sich äußern. Der Umgang mit der Leiche kann auch dazu verhelfen, die Scheu vor Sterben (Sterbenden) und vor dem Tod in sich zu bekämpfen. Auf der anderen Seite muß immer gelten, daß die Leiche nicht der Mensch ist. Die Liebe ist dem Verstorbenen zuzuwenden, der in der geistigen Dimension Gottes als gerettet und lebend geglaubt wird. Hier müßten verschiedene Warnsignale gesetzt werden. Es gibt zu üppige Aufwendungen für die Leiche (Sarg, Aufbahrungsart, Grabschmuck). Oft verraten sie Reue und den Wunsch nach Wiedergutmachung. Die christliche Besinnung hat klarzumachen, daß es das Gespräch mit den Verstorbenen, die Bekundung der Reue und des Nichtgesagten gibt. Der Friedhof kann also Ort der Aufarbeitung des Versäumten sein, muß es aber nicht.

5. „Hier ruhen die Gebeine"

Da die Leiche nicht die oder der Verstorbene *ist*, darf auch nicht irreführend über sie gesprochen und geschrieben werden. An der Tagesordnung sind Ankündigungen wie: Die Beerdigung von Herrn Franz Maier ist morgen; oder: Wir haben heute unsere liebe Mutter zu Grabe getragen. Oder es finden sich Grabinschriften wie: Hier erwartet Peter Klein seine Auferstehung im Herrn. Richtiger sind Inschriften, wie man sie auf alten Friedhöfen findet: Hier ruhen die Gebeine; hier ist beigesetzt, was sterblich war ...

Der Brauch, anonym zu bestatten, spricht nicht unmittelbar gegen eine Glaubensüberzeugung. Das alte Mönchtum kannte weder Grabsteine noch Namensinschriften, in der Überzeugung, daß Gott den Verstorbenen neue und ewige Namen geben werde. Auf der anderen Seite kann es im Zeichen der zunehmenden Säkularisierung als notwendig empfunden werden, in Todesanzeigen und in der Gestaltung von Grabmälern Zeugnis für den Glauben an Gott und für die Hoffnung auf Auferweckung zu geben.

Das Neue Testament redet in unausgeglichener Weise von den Hoffnungen über den Tod hinaus. Zum einen bekundet es die feste Zuversicht, daß die Toten im Herrn und beim Herrn sind. Andererseits redet es in der Form zeitlich gestreckter Abläufe (zum Beispiel: „Die Stunde kommt, in welcher alle, die in den Gräbern sind, seine Stimme hören und hervorgehen werden, die das Gute getan haben zur Auferstehung für das Leben, die das Böse verübt haben zur Auferstehung für das Gericht"; Joh 5,28f). Die Vorstellung, daß die Verstorbenen in den Gräbern „schlafen", ist im Rahmen katholischer, vielfach auch evangelischer Glaubensüberzeugung unmöglich. Hier müssen mißverständliche Äußerungen korrigiert werden („Gott der Herr wird dich auferwecken am Jüngsten Tage").

6. „Leiblichkeit"

Wie immer man zu der von vielen Theologen vertretenen These von der „Auferstehung im Tod" auch stehen mag: Die Rettung des menschlichen Ich aus dem Tod zu Gott kann sich, da es sich eben um einen Menschen handelt, nie im Bereich des reinen Geistes abspielen. Der Mensch bleibt ein Kind dieser Erde, bleibt auf Selbstvollzug seiner Geistigkeit im Bezug auf Materie angewiesen, gehört also in das Koordinatensystem von Geist, Raum und Zeit (Energie). Das von Gott in der Schöpfung so gewollte Ich erhält im Tod, so sagt es die christliche Zuversicht, alles, was es benötigt, um in Ewigkeit glücklich zu sein. Die klassische Theologie hat immer große Schwierigkeiten damit gehabt, was eine Auferweckung des alten irdischen Leibes denn zur Seligkeit noch hinzufügen könne und wie sie konkret zu denken sei. Heraus aus diesen Auswegslosigkeiten führen die Darlegungen von Paulus im 1. Korintherbrief (Kapitel 15) über die völlig neue, dem Bisherigen unähnliche, geistgewirkte Leiblichkeit der Auferweckten. Das könnte angesichts einer falschen Verliebtheit in den eigenen Körper eine heilsame Besinnung anregen.

Die Verkündigung der Auferweckung der Toten am Jüngsten Tag hat zu berücksichtigen, daß es sich hierbei zuerst um eine Chiffre für die Beendigung der ganzen Menschheitsgeschichte durch Gott handelt, und damit verbunden um ein Bild für seine abschließende Bilanz, inwieweit er mit der Menschheit das Gewollte erreicht hat.

Zu bedenken bleibt, daß eine „Vollendung" des Vergänglichen im wahren Sinn dieses Wortes nur durch „Transformation" erreicht werden kann. Nichts kann so bleiben, wie es ist, und wäre es noch so lieb und teuer. Das gilt für das menschliche Ich, das – unter Beibehaltung des Lebensertrags – nur durch

Verwandlung in eine ganz neue Gestalt Vollendung finden kann. Es gilt für den Planeten Erde, dessen heutige Gestalt ein vorausberechenbares Ende hat. Es gilt auch für die Schöpfung im ganzen. So wichtig die Aufgaben der Bewahrung der „Schöpfung", das heißt des Planeten und seiner Ressourcen, für die Lebensqualität der Gegenwart und der Zukunft sind, so deutlich muß auch im Bewußtsein bleiben, daß der Planet auf die Dauer nicht zu retten ist und daß Rettung überhaupt nur von einem verwandelnden Eingreifen Gottes und nicht von menschlichen Anstrengungen erhofft werden kann. Das heißt: Das Reich Gottes beginnt – im Sinn der Mühe um ein ethisches Profil – zwar hier und heute. Im ganzen verwirklicht wird es aber nur durch den Tod hindurch. Das ist bei der Bitte „Dein Reich komme" zu bedenken.

Auferstanden von den Toten

Zeitungen und Zeitschriften, Nachrichtensendungen in Funk und Fernsehen enthalten Informationen. Im besten Fall, der hoffentlich recht häufig eintritt, treffen diese Informationen zu; die Grundlage des Vertrauens zwischen Sendern und Empfängern besteht darin, daß die Informationen nachprüfbar sind. Zwar kann nicht jedermann zum Erdbeben nach Japan oder zum Krieg nach Tschetschenien reisen, aber grundsätzlich ist die Kontrolle möglich. Ohne das wäre es sinnlos, den Nachrichten zu vertrauen.

Am Osterfest wird in allen christlichen Kirchen eine Nachricht verkündet, die sich wie eine Information anhört: Er – Jesus von Nazaret, der am Kreuz Hingerichtete – ist auferstanden von den Toten. „Halleluja, Jesus lebt!" singen die Christen in den Kirchen. Diese Nachricht ist nicht überprüfbar. Sie geht zurück auf die Erfahrungen einer Gruppe von Menschen im heutigen Israel, im Kleineleuteland Galiläa und in der Stadt Jerusalem, Erfahrungen, die deren ganzes Leben förmlich umgeworfen, sie aus tiefer Resignation zu neuem Mut emporgerissen haben: Der Hingerichtete und Begrabene ist nicht im Tod geblieben, er lebt, er ist als Lebendiger wahrgenommen worden! Überprüfbar ist, daß diese Menschen solches von ihren Erfahrungen berichtet haben. Überprüfbar ist auch, mit welch ungeheurem Schwung sie begonnen haben, von diesem Jesus, seinen Worten und Taten, in aller Welt zu erzählen, und wie sie schließlich bereit waren, sich für diese Wahrheit – Er ist nicht im Tod geblieben, er lebt! – in Stücke hauen zu lassen. Bei einer bloßen Information ist das nicht der Fall – warum auch? Ob die Raumsonde den Mars umkreist oder irgendwo ein Politiker bestochen wurde, das kann zwar im Moment ganz schön aufregen. Wirklich wichtig für das Leben und erst recht für das Sterben ist es aber in keinem Fall.

Diese Botschaft: Jesus von Nazaret ist nicht im Tod geblieben, er ist auferstanden aus dem Tod, muß in ihrem Kern also etwas anderes sein als eine Information.

Die Menschen, die diese Erfahrung mit dem Gekreuzigten gemacht hatten, sollten etwas verstehen, etwas innerlich wahrnehmen, das sie nicht einfach unberührt ließe, nein, etwas, das ihrem Leben eine völlig neue Richtung geben, sie von innen her in Bewegung setzen sollte. Auch die Nachricht von einem Erdbeben oder von einem Krieg kann Menschen erschüttern – gut wäre es, wenn es so wäre! –, aber jedenfalls nicht so, nicht so in den ganzen Lebensablauf eingreifend, daß nachher nichts mehr so wäre, wie es vorher war.

Die Erfahrung des ersten Ostertages war: Hier und heute hat Gott selber nun wahrnehmbar gehandelt. Er hat eingegriffen in den normalen, üblichen Gang der Dinge, daß ein Toter eben fortgeht aus unserer Welt und die Augen und Ohren der Hinterbliebenen nichts mehr von ihm wahrnehmen. Er hat Jesus von den Toten auferweckt, Jesus lebt!, das heißt: Gott hat sich vor dieser Gruppe von Augen- und Ohrenzeugen zu Jesus bekannt. Er hat seine Worte, seine Gottesbotschaft, und seine Taten, seine Praxis des Gottesreiches, voll und ganz bestätigt und legitimiert. Sein Lebensweg war kein Irrweg, der mit dem Scheitern am Kreuz geendet hätte; er war der Weg des einzigartigen Gottesboten, Jesus. Aber noch mehr: Gott hat sich für das bittere Ende des Lebensweges Jesu gerechtfertigt, indem er Jesus als den herrlich Erneuerten und Verklärten in Erscheinung treten ließ; er hat sich gerechtfertigt in dem Sinn, in dem der Apostel Paulus im Brief an die Gemeinde zu Rom sagen konnte: „Ich halte dafür, daß die Leiden der jetzigen Zeit nichts bedeuten im Vergleich zu der Herrlichkeit, die an uns geoffenbart werden soll" (8,18). Wer sich auf das Sichtbare und Greifbare fixiert, wer nur dem Augenschein traut, der neigt dazu, dem Tod das letzte Wort zu lassen und damit dem Menschenleben den Stempel der Trostlosigkeit des Endes aufzudrücken. Mit seinem Eingreifen am ersten Ostertag wollte Gott kundtun, daß Menschen dem Augenschein nicht restlos und bedingungslos vertrauen sollen, daß die große Verheißung, die jedes Menschenleben darstellt, im Tod nicht zerbrochen und widerlegt wird. Es ist mehr zu erwarten als das Sichtbare und Greifbare!

Wer die Osterbotschaft als bloße Information auffaßt, als ob es hier irgendwelche Neuigkeiten zu wissen gäbe, der läßt sich auf eine falsche Fährte locken. Die Botschaft „Jesus ist von den Toten auferstanden" könnte, als Information verstanden, die Aufmerksamkeit ablenken von dem Gott, der den Hingerichteten in seine herrliche Welt rettete; auf demselben Wege könnte „Aufstehung" mißverstanden werden als Wiederbelebung eines Leichnams, als Rückkehr eines Verstorbenen in dieses Leben, das wir kennen, an dem wir selber jetzt noch ganz und gar teilhaben. Wer „Auferstehung" als Wiederbelebung zu verstehen meint, der hält sich bei unbeantworteten Fragen und bei ungebrochener Neugier auf: Rückkehr in dieses Leben – mit Stoffwechselorganen und Wachstum der Zellen? Mit Blut- und Atemkreislauf? Aber doch nicht auf Essen und Schlafen angewiesen? Wiederbelebt, und doch unseren Blicken entzogen, womöglich also von Gott versteckt gehalten? Die Erzählungen des Neuen Testaments, in denen die Erfahrungen der Osterzeugen festgehalten sind, enthalten Hinweise, daß solche Fragen unwichtig, ja fatal sind, weil sie vom Wesentlichen ablenken. Da wird erzählt, daß eine mit Jesus sehr vertraute Frau, Maria von Magdala, am Grab weinte, weil der Leichnam Jesu nicht mehr vorhanden war. Den Mann, der ihr da am Grab begegnete, erkannte sie nicht, nicht vom Aussehen her und nicht von dem ersten Satz her, den er zu ihr sprach: „Frau, was weinst du? Wen suchst du?" Sie hielt ihn für den Gärtner. Erst als er sie bei ihrem Namen nannte, „Maria", ging ihr die Wirklichkeit auf (Joh 20,1–18). Die zwei Jünger, die am Ostertag nach Emmaus wanderten, erkannten Jesus nicht, als er mit ihnen ging und sich eingehend mit ihnen unterhielt, ihnen sein Leiden und seine Verherrlichung erklärte und die Bibel auslegte. Erst beim Brotbrechen, heißt es im Lukasevangelium, wurden ihnen die Augen aufgetan und sie erkannten ihn (Lk 24,13–35). Als Jesus in den Kreis seiner engsten Gefährten trat, erkannten sie ihn nicht, sondern hielten ihn für ein Gespenst (Lk 24,36 f). Ähnliches hält das Johannesevangelium fest: Jesus betritt den Raum, in dem sein Jüngerkreis beisammensitzt, obwohl die Türen verschlossen sind (Joh 20,19.26). Er steht am Ufer des Sees Gennesaret, aber die sieben Jünger aus seinem engsten Schülerkreis, die vom Fischfang zurückkehren, erkennen ihn nicht (21,4). Überdeutlich lassen diese Erzählungen erkennen, daß „Auferweckung von den Toten" nicht eine Wiederbelebung und Rückkehr in das diesseitige Leben meint. Die Aufmerksamkeit soll von der bloßen Information weg auf Gott hin gelenkt werden, der allein Leben schenkt und der allein die Macht hat, vom Tod und aus dem Tod zu retten, hinein in eine Wirklichkeit, die für unsere Sinne nicht zugänglich ist. *Wo Gott ist, da ist alles anders, als wir es gewohnt sind.* Damit aber der Glaube eine Stütze habe, damit die Hoffnung einen Grund habe, auf dem sie verläßlich stehen könne, darum hat Gott an Ostern Jesus sichtbar gemacht. Er hat ihn zur Erscheinung gebracht, er hat ihn vorgezeigt. Die Gruppe der Zeugen dafür – Paulus spricht von mehr als 500 (1 Kor 15,6) – muß genügen. Es entsteht eine Erzählgemeinschaft, die auf mehr vertraut als auf das Greifbare und Sichtbare allein.

„Auferstehung von den Toten", das bedeutet die Hoffnung, von Gott aus diesem Leben der vielen Vergeblichkeiten, der Schmerzen und der Vergänglichkeit gerettet zu werden in jene unausdenkbare, unvorstellbare neue Welt hinein, in der Gott alles mit seiner Seligkeit erfüllt und die „Leiden dieser Zeit" vergessen lassen wird. Nicht wenigen Menschen heute bereitet der Gedanke, den Tod zu überleben, ein gewisses Unbehagen. Mit schuld daran hat die vielfach verbreitete Meinung, Gott verhalte sich wie ein Buchhalter, der nach dem Tod zu einem unerbittlichen Gericht ansetze. „Auferstehung von den Toten" wäre dann, in diesen Angstvorstellungen, gleichsam ein neutraler Vorgang mit ungewissem Ausgang: Rettung aus dem Tod würde möglicherweise erfolgen, um etwas viel Schrecklicherem als dem Tod für immer ausgeliefert zu werden. Wer so von Gott redet oder denkt, der macht sich Gott nach seinem eigenen Maß, nach dem Maß seiner Vorurteile und seiner Ängste, zurecht. Der Gott, der sein liebes Kind Jesus nicht im Tod ließ, ist ganz anders, als das menschliche Maß es wahrhaben will. Darum bedeutet Ostern auch die Anfrage, ob Menschen es wirklich genug sein lassen wollen mit diesem einen kurzen Leben; ob es wirklich alles gewesen sein soll – oder ob es „hinter" dem Tod mehr gibt als alles. Gewiß, der Gedanke ist nicht schrecklich, wenigstens für viele Menschen nicht schrecklich, im Tod zurückzukehren in den Schoß dieser Erde, zur Werdewelt dieser Natur, der jeder Mensch zu verdanken ist: So wie es Hunderttausende von Jahren gegeben hat, in denen ein bestimmter Mensch nicht war und niemand von ihm wußte, auch er selber nicht, so könnte es wieder Jahrhunderttausende einer Welt geben, in der niemand mehr von ihm wüßte. Die Botschaft von Ostern aber sagt: Doch, einer weiß, in einem und bei einem gibt es kein Vergessen, und wer in der Erinnerung Gottes lebt, der lebt für immer, unvergleichlich schön und glücklich. Daß Gott es so mit den Menschen meint, gut meint mit jedem einzelnen Menschen, dafür hat er am ersten Ostertag wahrnehmbare Mitteilung gemacht.

Einmal und nie wieder?

Im Interesse für das Thema der Wiedergeburt, auch Reinkarnation oder „Seelenwanderung" genannt, spricht sich für mein Empfinden eine gewisse Trauer aus: Schade, daß es so schnell vorbei ist; oder: Wenn ich es noch einmal zu tun hätte, wüßte ich, wie ich es richtig machen würde (oder könnte). Für den christlichen Glauben können solche Stimmungen nur verständliche, aber ungenügende, vorletzte Sichtweisen sein. Richtig müßte es heißen: Weil es einmalig ist und weil es so schnell vorbeigeht, gerade darum ist es so kostbar, so schützenswert: das *menschliche Leben*. Aber genug der Einleitung. In der Gegenwart mehren sich die Stimmen, die mit fester Überzeugung behaupten: Wir sind *nicht* nur einmal auf Erden. Im Fernsehen folgt praktisch eine Sendung der andern, in der irgendwelche Prominente ihre Überzeugung von einer Wiedergeburt bekennen (Schauspieler wie Shirley McLaine, Richard Chamberlain usw.). Nach einer angeblich repräsentativen Umfrage glaubt jeder fünfte Bundesbürger an eine Wiedergeburt. In verschiedenen Medien versucht man nun, eine große Trennungslinie zu ziehen zwischen Ungläubigen auf der einen Seite, Gläubigen auf der andern, wobei dann Christen und Anhänger der Wiedergeburtsauffassung einfach zu Gläubigen zusammengerechnet werden. Die Todesauffassungen werden dementsprechend in zwei große Strömungen aufgeteilt: in die feste Überzeugung vom endgültigen Untergang des menschlichen Lebens im Tod, völlig parallel zum tierischen Leben, eine Meinung, die angesichts des zunehmenden Materialismus und der immer mehr anwachsenden Skepsis an Boden gewinnt; und als typisch für die zweite Kategorie von Todesauffassungen bezeichnet man die feste Hoffnung – ja, manche sagen, für sie sei es mehr als eine feste Hoffnung, nämlich ein Beweiswissen – von einem Fortleben des menschlichen Ich nach dem Tod; eben hierbei sei es dann nicht so wichtig und entscheidend, ob dieses Fortleben in einer jenseitigen Welt oder aber in einer Reihenfolge irdischer Existenzen bis zur endgültigen Erlösung zu denken ist.

1. Vorchristliche Wurzeln im Altertum

Die Lehre von möglichen Wiedergeburten ist in ersten schriftlichen Zeugnissen in Indien im 8. Jahrhundert vor Jesus Christus bezeugt. Ein denkerischer Hintergrund ist ein Dualismus von Leib und Seele. Dualismus kann in einem moralischen Sinn gemeint sein: zwei Kräfte, die miteinander ringen; auf Leib und Seele angewandt, würde das bedeuten: Der Leib ist vom Bösen, die Seele ist vom Guten. Es ist unsicher, ob diese Sichtweise auch in Indien vertreten war. Dualismus kann aber auch ungleichmäßige Selbständigkeit oder Dauer bedeuten. Ein solcher Dualismus ist weit über das alte Indien hinaus zu finden. Dabei kann dieser Dualismus durchaus erst in der Sicht auf den Tod zutage treten: Während seines Lebens mag der Mensch als eine Einheit von Seele oder Lebensprinzip und Leib empfunden werden. Im Tod aber kann eine solche Einheit auf keinen Fall fortbestehen; nur das Lebensprinzip vermag weiterzuexistieren. Für die Menschen des Altertums war das zu beobachten: Der Mensch stößt einen letzten Atem aus und atmet damit das Lebensprinzip, seine Seele, aus. Je nach Religion oder Weltanschauung wird die Frage unterschiedlich beantwortet, wie das Lebensprinzip in den Menschen gekommen sei. Unsere jüdischen Vorfahren im Glauben sagten: als eine kostbare, geliehene Gabe Gottes, die Gott im Augenblick des Todes als sein Eigentum wieder für sich reklamiert (vgl.: „Du Narr! In dieser Nacht fordert man deine Seele von dir"; Lk 12,20). Es läßt sich gut denken, wie sich Menschen schon in einem recht primitiven Lebenszustand fragten: Warum atmet ein Mensch eigentlich? Und warum hört er irgendwann einmal damit auf? Andere Weltanschauungen haben vor diesen Fragen einfach kapituliert und gemeint, sie könnten sich nicht denken, woher Leben und Atem kommen. Jedenfalls trat schon im Altertum ein Materialismus auf, der sagte, mit dem letzten Atem eines Menschen gehe eben sein Lebensprinzip zugrunde. Und daneben gab es eine viel breitere Überzeugung, die das geistige Lebensprinzip, die Seele, für unzerstörbar und daher für ewig hielt. Beiden Meinungen war gemeinsam, daß es um den Leib hoffnungslos bestellt sei; er gehe eben im Grab, in der Verbrennung oder in der Verdauung reißender Tiere zugrunde; von ihm würden nach einer Reihe von Jahren bestenfalls noch einige dunkle Aschenflecke zeugen.

Die alten Inder, von denen erstmals in Zeugnissen über den Wiedergeburtsglauben berichtet wird, waren keine Materialisten. Sie hielten die Seele, das menschliche Ich oder Selbst, das geistige Lebensprinzip, für unzerstörbar und fragten sich: Wohin geht es im Tod? Die Religion oder vielleicht besser: Weltanschauung dieser alten Inder braucht hier nicht rekonstruiert zu werden. Zur Klärung unseres Themas genügen einige große

Linien. Dazu gehört zuerst und zuletzt, *daß ein persönlicher Gott nicht ist.* Die Welt, die wir erleben, wird ohne Anfang und ohne Ende gedacht. Sie erscheint als ein einziger Lebensprozeß, in dem Existenzen auftauchen, sich verändern und wieder verschwinden. In diese Kette sind die Menschen eingespannt, und zwar eben dualistisch: Ihre Leiber kommen, verändern sich und vergehen; ihre Seelen aber wandern: *Seelenwanderung.* Jedoch nicht ohne Aussicht! Für die Leiber ist zwar keine Hoffnung. Aber die Seelen sind der Ort der Moral. In den Seelen fallen die Entscheidungen. Die Seelen also sind gut oder böse oder auch etwas zwischen Gut und Böse. Und über den menschlichen Seelen waltet eine moralische Weltordnung. Wieder wissen die Inder nicht, woher diese Weltordnung kommt und was sie genau ist; jedenfalls ist sie gesichtslos; sie ist nicht personal, das heißt: man kann nicht zu ihr sprechen und sie antwortet niemals. Aber sie gilt und setzt sich durch. Und in diesen Zusammenhang der ewigen gültigen moralischen Weltordnung gehört nun *das Zentraldogma* der asiatischen Religionen, das Dogma von der *Vergeltung.* Die Vergeltung ist Kern eines ewigen und streng unabänderlichen Gesetzes. Die Vergeltung gilt dem *Unrecht.* Und das Unrecht läßt sich wieder von zwei Seiten ansehen, je nachdem, ob es getanes oder erlittenes Unrecht ist. Hier wird nun der Gedanke von einer Wiedergeburt eingesetzt: Jedes getane Unrecht muß eine Seele durch eine Reinkarnation abbüßen; sie wird in einen neuen Leib versetzt und muß mit ihm zusammen von Anfang bis Ende ein neues Menschenleben durchmachen, durchleiden. Jedes erlittene Unrecht aber ist Buße für getanes Unrecht in einem früheren Leben. Dahinter steht also nicht ein persönlicher Gott, der dies im Urteilsspruch verhängen würde, sondern ein unpersönliches Weltgesetz, das sich zwangsläufig Geltung verschafft.

Reinkarnation oder – mit einem aus dem Neuen Testament entwendeten Wort, das falsch eingesetzt wird – Wiedergeburt bedeutet also, daß die menschliche Geistseele zur Strafe und Läuterung in ein anderes leibliches Leben eingeht. Eine solche Reinkarnation ist in der Sicht der altindischen Religion nicht erstrebenswert. Es handelt sich ja um Strafe und Bußetun. Doch wird Rettung in Aussicht gestellt: Dieser Kreislauf der Seele ist im Unterschied zu andern Kreisläufen nicht ewig. Es gibt für die schuldig gewordene Geistseele die Möglichkeit, aus dem Kreislauf herauszukommen: Das ewige Moralgesetz ist zufrieden, wenn die Geistseele ganz geläutert ist. Die Seele kommt dann aus dem Kreislauf der Reinkarnationen heraus und gelangt in einen Zustand völliger Empfindungslosigkeit. Genaueres darüber sagt diese Religion nicht. Sie gibt sich mit der Auskunft zufrieden: Dann gibt es kein Leiden mehr.

Wir machen geographisch einen Sprung. Solche Vorstellungen treten auch im alten Griechenland auf. Der bekannteste Denker, der sich dazu äußerte, war Pythagoras im 6. Jahrhundert vor Christus. Er „weiß" viel mehr als die alten Inder über die Wege, die die menschlichen Seelen gehen müssen, und diese Wege sind nicht rein moralisch geprägt; bei ihm tritt der Läuterungsgedanke zurück. Wenn er die Seelen Wanderungen durch das ganze Tierreich, ja auch durch Pflanzen unternehmen läßt – die bevorzugte Pflanze für eine „Wiedergeburt" des Menschen ist für ihn die Bohne –, dann steht die Vorstellung der Allbeseelung dahinter, wobei zwischen Tier-, Pflanzen- und Menschenseelen nur haarfeine Unterschiede bestehen. Alles Geschöpfliche ist also miteinander verwandt. Der grandiose Wunschrahmen für das Ganze heißt: Wir leben in völliger Harmonie mit der Natur. Bei späteren Griechen wie dem großen Philosophen Platon ist die Reinkarnationsidee viel stärker vom Gedanken einer ausgleichenden Gerechtigkeit geprägt. Auch eine Art Angst vor Übervölkerung tritt schon auf: Es soll insgesamt nur eine begrenzte Seelenzahl geben, die in immer neuen Anläufen sich dem leiblichen Leben zuwenden müsse. Bekannt ist Platons Auffassung vom Leib als Gefängnis oder Grab der Seele: als düsterem Bewährungsort, fern vom lichten Himmel der Ideen.

Ich möchte nun, zum Ende des ersten Schrittes, darauf aufmerksam machen, daß in allen diesen Religions- oder Weltanschauungsvorstellungen des Altertums, nicht nur in den altindischen, von einem persönlichen Gott nicht die Rede sein kann. Ein Gesetz, ein gesichtsloses Göttliches (so bei Platon) waltet unerbittlich. Da ist keine Stimme, die spricht, sich zuwendet; keine Liebe, die im Herzen anrührt; keine Erwartung des göttlichen Partners oder Freundes; keine Stimme, die schließlich und endlich sagt: „Komm!" Und wenn ich sage: keine Erwartung des göttlichen Partners oder Freundes, dann ist da auch die Haltung zu den Mitmenschen, die soziale Verantwortung, stärkstens mitbetroffen. Wer an den zwangsläufigen Reinkarnationskreislauf glaubt, der hat eine ganz andere Sicht auf mitmenschliche Verhältnisse und das Elend: Man kann sich mit dem Bestehen von Unrecht abfinden, weil man mit eherner Sicherheit weiß, daß die Täter für ihr Unrechttun werden büßen müssen. Man wird geradezu dazu genötigt, Unrecht hinzunehmen, bei andern Menschen und bei sich selber, weil es irgendwie schon verdient sein wird. Ein tiefreichender Grund, warum ich soziale Verhältnisse verbessern, menschenwürdige Zustände schaffen soll, ist in den Religionen Asiens bis heute nicht ersichtlich, wenn ihre Anhänger im einzelnen auch Hilfe und Toleranz üben. Ein einsichtiger Weg, das Böse zu meiden, besteht im Nichtstun. Die Vorstellung eines Kreislaufs von Reinkarnationen führt ohne weiteres in Passivität.

2. Die Wiederaufnahme des Reinkarnationsdenkens in der Neuzeit

Mit der europäischen Aufklärung des 18. Jahrhunderts wird die feste kirchliche Bindung der Gesellschaft zerstört. Das Bürgertum der Aufklärung betrachtet Religion als Privatsache des einzelnen Menschen. Es beginnt die Zeit, in der je nach Bildungsstand angelesene oder im Ausland studierte Religionselemente in die eigene Religiosität eingebaut werden. Ich kann diesen merkwürdigen Prozeß, bei dem man fest glaubte, mit einem alten Aberglauben aufzuräumen, und gleichzeitig vielen neuen abergläubischen Vorstellungen Tür und Tor öffnete, nicht nachzeichnen. Das Bildungsbürgertum jedenfalls findet Zugang zu den Religionen Asiens, findet manche ihrer Elemente bei den alten Griechen bestätigt und übernimmt von ihnen den Reinkarnationsglauben.

Einen neuen Impuls erhielt diese Ansicht von aufeinander folgenden Reinkarnationen der menschlichen Seele durch die von Rudolf Steiner 1913 begründete Anthroposophie. Aus der anthroposophischen Gesellschaft entstand 1922 die „Christengemeinschaft" des ehemaligen evangelischen Pfarrers Rittelmeyer, die heute etwa 120.000 Mitglieder und ein reiches Schrifttum hat. Diese Christengemeinschaft ist für unser Thema deswegen wichtig, weil aus ihr die abenteuerlichen Versuche stammen, die Reinkarnationsauffassung mit biblischen Zeugnissen zu belegen. Die ernsthafte Bibelwissenschaft sagt übereinstimmend: Samt und sonders ist nichts von Reinkarnation oder Seelenwanderung im Ersten und im Neuen Testament zu finden, ob das nun die Frage betrifft „Bist du der Elias?" oder die „Wiedergeburt aus Wasser und Geist" bei Johannes (Joh 3,3.5; es heißt dort nicht „wiedergeboren werden", sondern „von oben geboren werden") oder das „Rad des Lebens" im Jakobusbrief (3,6).

Ich habe schon zur Christengemeinschaft erwähnt, daß sie ein umfangreiches Schrifttum produziert, in dem die Reinkarnationsidee verbreitet wird. Ähnliches gilt nun für die Literatur einer ganz anderen Denkrichtung, die mit anthroposophischer Herkunft nichts zu tun hat. Dieses ganze Gebiet heißt „Parapsychologie". Wie bei so vielen Dingen in unserer Zeit hat auch die Parapsychologie eine höchst ernsthafte Seite, und zugleich wird in ihrem Umkreis ein ganzer Rattenschwanz an Gaunerei und Scharlatanerie betrieben, und es ist schwer, wenn man sich nicht genau damit beschäftigt, das eine vom andern abzugrenzen. Die ernsthafte Parapsychologie, für die es ein berühmtes Universitätsinstitut in Freiburg gibt, untersucht gleichsam die empirische Seite der Reinkarnationsauffassung; des weiteren beschäftigt sich die Parapsychologie mit bisher unbekannten psychischen Energien und mit der Frage, wie diese beherrschbar gemacht werden können: Gedankenübertragung, Telekinese/Fernbewegung usw. Bei den zu untersuchenden Erfahrungen, die man mancherorts Reinkarnationen zuschreiben will, gibt es feste Erinnerungen an frühere Erlebnisse, Erzählungen mit genauen Geschichtskenntnissen (Kleidung, Orte, Flurnamen), 700 und mehr Jahre zurück, Sprachkenntnisse bei Nichtstudierten. Die Wissenschaft versucht, durch Trance oder Hypnose solche Erzählungen zu fördern und dadurch immer mehr Informationen aus früheren Zeiten zu sammeln, diese dann mit Ergebnissen der Geschichtswissenschaft zu vergleichen usw. Es gibt in Psychiatrie und Tiefenpsychologie Versuche, einzelne Menschen zu Erinnerungen aus ihrem Säuglingsalter, aus ihrem Geburtserlebnis, aus ihrer Lebenszeit vor der Geburt zu bringen. Es hat gar keinen Sinn, bestimmte Befunde dieser Wissenschaften zu leugnen. Es gibt menschliche Energien und Leistungsfähigkeiten, die uns weitgehend verborgen sind, also noch nicht erforscht, und solche, die durch unsere Zivilisation zerstört sind. Die Fähigkeit des „zweiten Gesichts" zum Beispiel, die in Westfalen als Spoekenkieken so bekannt war, tritt seit dem Aufkommen hochindustrialisierter Schweineställe nur noch in einigen wenigen Bergtälern auf, etwa in der Schweiz, bis auch dorthin Fernsehen und Neonlicht kommen und die sehr empfindlichen Antennen der menschlichen Seele zerstören werden. Es gibt also ohne Zweifel „Erinnerungen" an frühere Leben, ebenso wie es „Bekundungen" Verstorbener gibt. Wie aber gehen wir damit um? Damit müssen wir den dritten Schritt tun.

3. Die Sicht des christlichen Glaubens

Es gibt die christliche Philosophie, das Nachdenken mittels menschlicher Vernunft über die Wege zum Glauben, über das Umfeld des Glaubens, über die Wahrheiten des Glaubens, und sie gibt es nicht, um den Glauben durchschaubar und beherrschbar zu machen, sondern damit der Mensch sich Rechenschaft über den Glauben geben und zu dem sicheren Urteil kommen kann: Es ist nicht absurd oder sittenwidrig, wenn du glaubst, sondern es trifft auf etwas in dir, was dein Denken ahnt. Eine solche christliche Philosophie kann schon einmal ganz schwerwiegende Gründe gegen die Reinkarnationsvorstellungen vorbringen.

Die Fragestellung ist immer noch die des Altertums: Was ist Seele, was ist Leib? Ist der Leib nur ein Vehikel (um nicht mit Platon zu sagen: ein Grab, ein Gefängnis) der Seele? Ist er das Uneigentliche, das Entbehrliche? Sollten wir uns nicht hüten,

Leib, das ist die Materie, und unsere Seele, das ist der Geist, zu trennen; ist es nicht vielmehr so, daß wir beide, Leib und Seele, nur in ihrer Einheit haben und erleben? Der menschliche Leib ist durchgeistigter, geistgeprägter Leib. Ich kann in aller Wahrheit die Seele eines Menschen sehen, wenn ich ihm in die Augen schaue, seine Körpersprache vernehme, auf die Musik seiner Sprache achte. Miteinander, ineinander vermählt, werden Leib und Seele im Lauf eines Menschenlebens zu etwas, das einmalig und unverwechselbar ist, sie werden: *Ich*. So entsteht im Lauf eines Lebens die Identität eines Menschen aus der intimen Zwei-Einheit von Leib und Seele, aus dieser Zwei-Einheit mit ihren Beziehungen nach außen, zu anderen Menschen hin, und mit ihren Beziehungen nach innen *und* nach außen, nämlich zu Gott, der zugleich innen und außen ist, innerlicher in mir selbst, als ich mir bin, wie Augustinus sagte, und unendlich über mir. Auch in diesen leib-seelischen Beziehungen wird das Ich.

Die Reinkarnationslehre geht von der Zerreißung dieser Einheit aus, indem sie die Voraussetzung macht: Das Eigentliche ist der Geist, und die Identität eines Menschen entsteht ausschließlich aus seiner Geistseele und deren Aktivität (Entscheidungen usw.). Der Leib gehört aber doch wesentlich zur Identität des Ich, und wenn das Christentum dies in seinem Glauben sagt, dann muß es sich natürlich der Frage stellen, ob der Tod nicht eben doch diese Einheit auseinanderreiße. Nein, denn die menschliche Seele, die im Tod in Gott geborgen wird, ist eine leiborientierte Seele (sie wird nicht „reiner Geist", denn sie ist weder Engel noch Gott) und in einem bestimmten Leib erst zu sich selbst gekommene Seele, in einem bestimmten, nicht in jedem x-beliebigen, und sie erwartet gerade diesen und nicht irgendeinen andern Leib in der von Gott zugesagten Auferweckung aus dem Tod.

Der Glaube weiß in diesem Bereich vielfach keine konkreten Antworten, weil er die Vollendung Gott allein überlassen muß. Er weiß nicht, ob der in Gott geborgene Mensch, das Ich, der Zeit ausgesetzt ist und eine „leiblose Zeit" durchlebt. Er weiß nicht, wie sich der verklärte Leib von einem irdischen unterscheidet (er weiß nur aus 1 Kor 15 das „Ganz anders"). Er weiß nicht, wie Gott es macht, daß der auferweckte Leib wirklich der alte, zu einem bestimmten Ich gewordene Leib ist, ohne doch die Vergänglichkeit (Stoffwechsel, Kreislaufsystem) des alten Leibes zu besitzen. Wenn der Glaubende all das Gott überläßt, handelt er immer noch vernünftiger als der Anhänger der Reinkarnationslehre. Dieser muß annehmen, daß der Leib für die Identität, für das Ich, unerheblich ist. Er kann darum von vornherein gar kein positives Verhältnis zu seinem Leib haben. Er kann über ihn ja nicht denken: Du bist für die Ewigkeit bestimmt. Du bist mein Ich, so gut wie meine Seele. Du bist ein Gefäß, in dem ich menschliche Liebe und Freundschaften zu Gott trage. Der Reinkarnationsgläubige kann und darf vielmehr über seinen Leib, über den Leib anderer Menschen denken: unwichtiges, geistloses Wegwerfprodukt. Und weiter: Wäre es eigentlich menschenwürdig, in der Reinkarnation mit dem Erwirken eines Ich völlig beim Nullpunkt anzufangen? Einmal angenommen, daß Menschen tatsächlich wiedergeboren werden: Anscheinend hat das Bewußtsein dann ja im allgemeinen die frühere Existenz oder Existenzen radikal vergessen, höchstens gewisse Reste sind im Unterbewußtsein gespeichert. Sollen also mit jeder Reinkarnation die individuellen Entwicklungsphasen von neuem begonnen werden, also neues Durchwirken eines neuen Leibes durch die alte, ihrer selbst vergessene Seele, neues Werden und Heranwachsen in Beziehungen, zum Beispiel neue Eltern, eine neue Mutter, ein neues Mutterverhältnis, dieses alles immer neu und dann so, daß sich immer ein und dasselbe Ich durchhält?

Wenn die christliche Philosophie diese Probleme durchdenkt, die sich vom Reinkarnationsglauben her stellen, dann sagt sie sich in nüchterner Logik, daß die Fragen, die der christliche Glaube offenläßt, allemal leichter vor der Vernunft bestehen können als diese widersprüchlichen und phantastischen Konstrukte.

Aber das alles sind nicht die *entscheidenden* Gründe gegen die Reinkarnationsidee. Diese liegen vielmehr in der Gottesoffenbarung, wie sie in den Zeugnissen unserer jüdischen und christlichen Vorfahren im Glauben enthalten sind. Unser Gott ist ein ganz persönlicher Gott. Er meint dich und mich. Keiner ist ihm uninteressant, keiner überzählig. Er hat von Ewigkeit her von jedem einzelnen Menschen ein ganz bestimmtes Bild vor Augen, das sich dann in dessen Leben verwirklichen soll. Dieser Weg, wenn ein Mensch ins Werk setzt, was Gott von ihm erdacht und erträumt hat, ist nicht losgelöst von Gott, als habe Gott ihn wie einen Nichtschwimmer ins Wasser gestoßen. Gott, der sich für jedes Haar auf dem Kopf und dessen Ausfall interessiert, ist mit unterwegs. Ich denke, ich muß das, was der Glaube über diesen ganz persönlichen Gott, seine Liebe, sein Interesse sagt, nicht weiter ausmalen. Und von diesem Gott soll ich annehmen, daß er mich am Ende meines Weges nicht in die Arme schließt, sondern in barschem Befehl sagt: Und jetzt das Ganze noch mal? Soll er sich noch einmal erst langsam zu verstehen geben und sich wieder verbergen, sollen die Gotteswege von neuem gelernt werden?

Da ist aber auch der Gedanke der Läuterung, der vielen Menschen so wichtig ist, der Gedanke der neuen Bewährung, des Bessermachens, der Buße, und das christliche Verständnis dieses Aspekts scheint vielen Menschen Unbehagen zu bereiten. In der Tat wird durch den christlichen Glauben dem einmaligen Leben eine ganz starke Bedeutung gegeben. Es ist ja ein Gottesweg. Es geht um das Gott-Finden, um ein Bejahen oder Verfehlen Gottes, das Ewigkeitsgeltung hat. Die Zeit des Suchens und Findens kann manchem zu kurz vorkommen. Die Äußerung, das nächste Mal werde man's anders machen, ist ernst zu nehmen. Aber hier ist ein hauchfeiner Graben zu beachten, der die richtige Auffassung von der falschen unterscheidet. Gewiß ist ein Leben von einmaliger Bedeutung. Gewiß wächst aus vielen kleinen Momenten und recht wenigen Höhepunkten ein Gesamtgebilde heran, „mein Leben" oder „mein Ich" genannt, das ich Gott und meinen Mitmenschen für eine Ewigkeit zumuten werde. Aber beim Bedenken dieser Einmaligkeit und dieser Bedeutung des Lebens kann man unversehens in ein Leistungsdenken hineingeraten, das dem Gott der biblischen Offenbarung höchst zuwider ist. Er läßt keinen Zweifel daran, daß es die restlos Gelungenen, die Vollkommenen, gar nicht gibt – sosehr das Ziel, vollkommen wie er zu sein (nämlich vollkommen im Erbarmen), immer gesetzt bleibt. Alle bleiben Sünder, alle verwirklichen nicht das Bild, das er sich von ihnen erdacht hat. Er will, daß dieses schreckliche qualitative Defizit in aller Offenheit anerkannt wird: *das* heißt in sich gehen und bereuen. Dann aber steht er in grenzenloser Liebe bereit, mit offenen Armen alle aufzunehmen und an sich zu ziehen. Gewiß stirbt kein Mensch so, daß er Gott entsprechen würde, daß er Gott gemäß wäre, daß er zu Gott paßte. Alle, alle sind nicht das, was sie hätten sein können. Aber Gott wäre nicht Gott, wenn er nicht das Fehlende ersetzte, wenn er nicht imstande wäre, einen Menschen so zu heilen, daß er eben Gott gemäß wird. Mit anderen Worten: Zwischen dem Tod des reuigen Sünders und der Vollendung steht die *Vergebung.* Und genau hier liegt das große Defizit der Reinkarnationslehre. So, wie sie Läuterung versteht, ist diese nicht von Gott geschenkt, sondern vom Menschen in bitterer Leistung erreicht. Und damit ist der Bruch aufgezeigt, der zwischen dem Gott der *Gnade* und dem Gott der unerbittlichen Forderung nach selbständiger Läuterung besteht, der Bruch zwischen dem Christentum der biblischen Offenbarung (zu dem in dieser Sicht Katholiken und Evangelische gemeinsam zählen) und dieser aus Asien kommenden Weltanschauung.

Ist diese Klärung im Zentrum des Problems, im Glauben selber, gegeben, dann läßt sich frei über alles andere diskutieren, was mit der Reinkarnationsidee verbunden ist, weil es dann nicht mehr um Wahrheiten des Glaubens, sondern um wissenschaftlich offene Fragen geht. Aus der Literatur ist ersichtlich, daß über die Möglichkeit eines „kollektiven Unbewußten" diskutiert wird. Könnte es Erfahrungen früherer Generationen geben, die nicht nur von den direkten Vorfahren her vererbt, sondern durch Kontakte psychischer Energien weitervermittelt werden? Könnten psychische Energien mir beispielsweise die Erlebnisse und Sprachbrocken eines Schwarzwaldbauern des 15. Jahrhunderts vermitteln? Warum eigentlich nicht? Der Wissenschaft hier freie Bahn zu lassen ist allemal leichter und einwandfreier als die phantastische Annahme, ich hätte damals gelebt und gelitten, Gott gesucht und gebetet, wüßte heute davon aber nichts, außer daß mir aus unerfindlichen Gründen ein paar Ortsnamen und Sprachbrocken einfallen. Sollten diese heutigen Bruchstücke eine Offenbarung Gottes über eine so zentrale Angelegenheit meines Gottesverhältnisses sein, über die Frage, ob ich mir Erlösung selbst erarbeiten muß oder ob ich sie als Geschenk erhoffen darf? Warum hat Jesus, warum haben Paulus und die Zeugen des Anfangs nichts davon gewußt, warum die Missionare nichts, die Mönche des Mittelalters, denen wir Schulen und Universitäten verdanken, nichts – erst wir Kinder des Fernseh- und Raumfahrtzeitalters?

Ich möchte zum Schluß noch eine Sicht dieser Sache andeuten, die mir sehr wichtig ist. Es ist heutzutage nicht so, daß sich bei uns einfach Glaube und Unglaube gegenüberstünden. Vielmehr gibt es die von unseren Vorfahren im Glauben überkommene Überzeugung auf der einen Seite und eine bunte Fülle privat zurechtgemixter religiöser Ansichten auf der andern Seite. Eine erste Frage muß heißen, ob jenem breiten Strom der kirchlichen Überlieferung, zu dem unsere Eltern, Großeltern und so viele vertrauenswürdige Menschen gehörten, nicht viel eher zu trauen ist als einer solcherart privaten und subjektiven Mixtur. Die entscheidendere Frage aber lautet, ob wir überhaupt richtig denken, wenn wir von religiösen Bedürfnissen reden. Richtig verstandene Religion hat damit zu tun, ob wir Gottes Willen suchen, ihn tun wollen, ob wir uns vor ihn hinbringen wollen, ob wir fragen, was Gott an uns hat, ich sage etwas zugespitzt: ob er an uns glauben kann. Privatreligion, die eben keine Religion ist, fragt dagegen: Was habe ich vom Religiössein? Was gibt es mir? Kann ich „noch" an Gott glauben? Wer so fragt, liefert sich modischen Trends aus, und so läßt sich leicht voraussagen, daß auch die Reinkarnationswelle zerstieben und verschwinden wird, wenn etwas anderes auftaucht, das „religiöse Bedürfnisse" schneller und besser stillt.

„Siehe, ich mache alles neu"

Zu den uralten Anrufungen des göttlichen Geistes gehört diese: *„Emitte Spiritum tuum ...",* in der vertrauten Übersetzung: „Sende aus deinen Geist, und alles wird neu geschaffen werden, und du wirst das Angesicht der Erde erneuern." Es handelt sich hier um die liturgische Verwendung eines Psalmverses (Ps 104,30), der in der Übersetzung Martin Bubers so lautet: „Du schickst deinen Geist aus, sie sind erschaffen, und du erneuerst das Antlitz des Bodens." Wer sind „sie"? Der Psalmensänger ist begeistert von der Schönheit der Schöpfung Gottes. In immer neuen Anläufen stellt er sich und uns vor Augen, was er besonders schön findet: die Berge und Täler, die Quellen, an denen Wildesel trinken, die Äste, in denen Vögel zwitschern, das Brot, den Wein, der das Herz des Menschen erfreut. In bunter Vielfalt erinnert er an den Storch und die Steinböcke, die Sonne und den Mond, das Meer mit seinen Schiffen und, seltsam genug, an den arbeitenden (nicht etwa an den kontemplativen) Menschen. Dieses alles bildet das „sie", die Werke Gottes, bei deren Anblick der Sänger in den Jubelruf ausbricht: „Wie viel sind deine Werke, Gott! Alle hast du mit Weisheit gewirkt, deiner Stiftung voll ist die Erde."

Jener Mensch, der vor wenigstens zweieinhalbtausend Jahren den Schöpfer einer solchen Herrlichkeit rühmte, hatte andere Erfahrungen mit Gott und mit Gottes Walten in der Welt gemacht, als es uns heute möglich ist. Für ihn ist Gott in all diesen Werken unmittelbar gegenwärtig: Den Himmel hat sich Gott wie einen Zeltteppich ausgespannt; das Licht hat er wie ein Tuch um sich geschlungen; der Wolken bedient er sich als Fahrzeug; „er fährt einher auf den Flügeln des Sturmes". Und dieser all-gegenwärtige Gott greift nach seinem souveränen Willen in das Leben seiner Geschöpfe ein, meint der Psalmensänger: Blickt Gott zur Erde, dann bebt sie; rührt er die Berge an, dann rauchen sie. Alles, was lebt, wartet auf Gott, daß er ihm Nahrung gebe zur rechten Zeit. Tut Gott seine Hand auf, so wird alles mit Gutem gesättigt. Alle werden verstört, wenn Gott sein Antlitz verbirgt. Nimmt er den Lebensatem, der den Geschöpfen nur geliehen ist, wieder an sich, so verscheiden sie und kehren zum Staub zurück. Und schickt er seinen Geist aus, so werden sie neu erschaffen, und das Angesicht der Erde wird erneuert. Dem, der so glaubt, wird es nicht schwer, sich in die Fügungen Gottes zu schicken. Die Grundstimmung seines Lebens ist Geborgenheit. Gewiß ist Gottes Verhalten immer wieder rätselhaft und erschreckend. Aber Gott wird das von ihm selbst herbeigeführte Dunkel wieder verscheuchen, Krankes heilen, Totes wieder lebendig machen. Darum schließt der Sänger des Psalms sein Lied mit der Versicherung, er werde sein ganzes Leben lang dem Herrn singen, seinem Gott auf der Harfe spielen, solange ihm Leben vergönnt ist, denn: „Ich freue mich an Gott."

Nicht erst in unseren Tagen hat der Glaube an Gott diese optimistische Grundstimmung verloren. Nicht erst heute kämpft er – soweit er überhaupt noch Lebenszeichen von sich gibt – gegen Zweifel und Ängste an. Mindestens ebenso alt wie unser Psalm sind die Zeugnisse über die Verzweiflung des Volkes Gottes, von dem viele Tausende umgekommen sind, dessen Heimat zerstört wurde, das ins Exil verschleppt ist und dort im Frondienst zugrunde gerichtet wird. Was ist nun mit Gott und seiner Vorsehung angesichts der Schrecklichkeiten, die mit dem Wort „Krieg" verbunden sind? In der Situation allgemeiner Hoffnungslosigkeit redete und schrieb ein Mensch gegen die Resignation an, ein Prophet, dessen Name bis heute unbekannt ist, dessen Worte im zweiten und dritten Teil des Buches Jesaja aufbewahrt sind (als „Deuterojesaja" und „Tritojesaja" bezeichnet). Tollkühn versuchte er, auch noch das Entsetzliche als Fügungen Gottes begreiflich zu machen: „Wer gab Jakob dem Plünderer preis und Israel den Räubern? ... Wer goß aus über Israel seinen Zorn und furchtbare Kriegsnot?" (Jes 42,24f). Mitten im Elend leiht er Gott seine Stimme, um in zu Herzen gehenden Verheißungen die Wende anzukündigen: „Gedenket nicht mehr der früheren Dinge, und des Vergangenen achtet nicht. Siehe, nun schaffe ich Neues; schon sproßt es, gewahrt ihr es nicht? Ja, ich lege durch die Wüste einen Weg und Ströme durch die Einöde. Mich werden ehren die Tiere des Feldes, Schakale und Strauße; denn ich schaffe in der Wüste Wasser und Ströme in der Einöde, damit ich tränke mein erwähltes Volk, das Volk, das ich mir gebildet habe" (Jes 43,18–20). Immer wieder läßt der Prophet Gott seinem Volk zurufen: „Fürchte dich nicht, ich bin bei dir" (Jes 43,5; vgl. 44,2.8). Der Geist Gottes wird neues Leben möglich machen: „Ich gieße meinen Geist aus über deine Kinder und meinen Segen über deine Sprößlinge, und sie werden sprossen wie Gras zwischen Wassern, wie Weiden an Wasserbächen" (Jes 44,3 f).

Das Wohlergehen in paradiesischem Frieden, wenn es – wie Jes 55,1 verheißt – Brot für alle, Korn, Wein und Milch kostenlos geben wird, diesen Zustand sollen wechselnde Bilder im voraus schildern: „Ich will den Frieden zu deiner Obrigkeit machen und die Gerechtigkeit zu deiner Regierung. Man wird in deinem Lande nicht mehr hören von Gewalttat, von Sturz und Zerstörung in deinen Grenzen; deine Mauern wirst du ‚Heil‘ nennen und deine Tore ‚Ruhm‘. Die Sonne wird nicht mehr dein Licht sein am Tage, und der Glanz des Mondes dir nicht mehr leuchten, sondern der Herr wird dein ewiges Licht sein und dein Gott deine Herrlichkeit. Deine Sonne wird nicht mehr untergehen und dein Mond nicht schwinden; denn der Herr wird dein ewiges Licht sein, und die Tage deiner Trauer haben ein Ende. Deine Bürger werden lauter Gerechte sein und auf ewig das Land besitzen" (Jes 60,17–21). Ein irdisches Heil wird hier in Aussicht gestellt. Gottes Schöpfung soll erneuert, aber ihre Lebensgesetze sollen nicht grundsätzlich verändert werden. Am deutlichsten kommt das in jener Verheißung zum Ausdruck, die zwar einen neuen Himmel und eine neue Erde ankündigt, aber zugleich vom Fortbestehen des Todes spricht, wenn diesem auch das Leid genommen sein wird: „Denn siehe, ich schaffe einen neuen Himmel und eine neue Erde; man wird der früheren Dinge nicht mehr gedenken, und niemand wird sich ihrer mehr erinnern, sondern man wird frohlocken und jubeln auf ewig über das, was ich erschaffe. Denn siehe, ich wandle Jerusalem zu Jubel um und sein Volk zu Frohlocken. Ich werde jubeln über Jerusalem und frohlocken über mein Volk; und nicht soll man darin fürder hören den Laut des Weinens und den Laut der Klage. Es wird daselbst kein Kind mehr nur wenige Tage leben, kein Greis wird sein, der seine Tage nicht erfüllte; denn als jung wird gelten, wer mit hundert Jahren stirbt" (Jes 65,17–20).

Unzählige Menschen haben viele hundert Jahre lang geglaubt, die Weltgeschichte sei nur im äußeren Anschein eine Katastrophengeschichte, in Wirklichkeit aber sei all das Böse eine Heimsuchung Gottes, eine gewiß strenge, ja furchtbare, aber im Grunde sinnvolle Erprobung der Standhaftigkeit des Glaubens. Eines Tages werde Gott sich als der wahre Lenker dieser Geschichte offenbaren, er werde eingreifen, ihren Lauf wenden, Neues schaffen. Für das glaubende Volk Israel hieß das, Gott werde Frieden stiften, das Joch der Unterdrückung wegnehmen, allen ein Leben in Gerechtigkeit ermöglichen, Hungrige und Dürstende sättigen, die Beschwerden des Alters mildern, kurzum: eine Welt schaffen, die man sich vorstellen kann, ganz anders als die jetzige, aber doch eine durch Sehnsüchte und Träume vertraut gewordene Welt. Zu den schon vertrauten Strukturen werde die Grenzlinie gehören, die den Lebensbereich Gottes vom Land der Irdischen trennt. Es werde – erneuert, aber voneinander geschieden – weiterhin einen Himmel und weiterhin eine Erde geben.

Diese Erwartungen wurden enttäuscht. Nirgendwo entstand eine heile Welt. Nirgendwo trat die völlige Versöhnung ein, weder der Menschen mit der Natur noch der Menschen miteinander. Die Menschengeschichte blieb unter dem Vorzeichen der Gewalt, und gewaltsam endeten, die gewaltlos Widerstand leisteten, auch der wehrloseste der Propheten, Jesus von Nazaret, Sohn Gottes und Menschensohn. Etwa um das Jahr 95 nach Christus griff ein christlicher Prophet namens Johannes auf die jesajanischen Verheißungen zurück. Er übernahm sie aber nicht einfach, sondern er formte sie um im Blick auf die Katastrophen seiner Zeit, auf die Kriege und namenlosen Entbehrungen, auf die Verfolgung der Glaubenden durch die staatlichen Gewalttäter – und im Blick auf den getöteten und von Gott in Herrlichkeit erweckten Jesus. Und so entstand im letzten Buch des Neuen Testaments, in der „Offenbarung des Johannes", die letzte Verheißung für die Zukunft, die das Christentum bis heute besitzt: „Und ich sah einen neuen Himmel und eine neue Erde; denn der erste Himmel und die erste Erde sind vergangen, und das Meer ist nicht mehr. Und die heilige Stadt, das neue Jerusalem, sah ich aus dem Himmel von Gott her herabkommen, bereitet wie eine Braut, die für ihren Mann geschmückt ist. Und ich hörte eine mächtige Stimme vom Thron her rufen: ,Siehe, die Wohnstätte Gottes unter den Menschen! Er wird bei ihnen wohnen und sie werden seine Völker sein, und er, Gott, wird bei ihnen sein, und abwaschen wird er alle Tränen von ihren Augen, und der Tod wird nicht mehr sein, weder Leid noch Jammer noch Mühsal wird mehr sein; denn das Erste ist vergangen.' Und der, der auf dem Throne saß, sprach: ‚Siehe, ich mache alles neu'" (Offb 21,1–5 in der Übersetzung von Anton Vögtle).

Diese Ansage der endgültigen und vollendeten Zukunft enthält keinerlei Informationen über das physikalische Schicksal unseres Kosmos. Der Prophet nimmt an, daß die Welt, wie wir sie erfahren, nicht weiterbestehen kann. Das Meer steht hier als Symbol für das Lebensbedrohende – als solches wird es keine Existenzberechtigung mehr haben. Die Aussage über die im christlichen Glauben erwartete Zukunft ist aber an weiteren Einzelheiten nicht interessiert; vielmehr zielt sie darauf ab, das Neue in verschiedenen Bildern als das wirklich und radikal Neue anzukündigen. Dem dient bereits die wesentliche Umformulierung der jesajanischen Verheißung: Dort war „etwas Neues" in Aussicht gestellt worden, hier verspricht Gott, er werde „alles" neu machen. Es handelt sich also um entscheidend mehr als nur um die bloße Sanierung der bekannten Welt. Wie das Neue sein wird, läßt sich nicht an dem Doppelbegriff „neuer Himmel und neue Erde" ablesen, da dieser seinerseits deutungsbedürftig ist; durch das Bild des „neuen Jerusalem" wird er hier allerdings tatsächlich gedeutet.

„Neues Jerusalem", dieses Bild meint nicht eine Stadt aus Steinen oder Beton, sondern die zu Gott gerettete Menschheit und die Art und Weise, wie Gott und die Menschen sein werden: Gott wird für immer bei den Menschen bleiben. Die Trennung der beiden Bereiche Himmel und Erde wird aufgehoben sein, es wird für Gott und die Menschen nur noch eine einzige gemeinsame Wohnstätte geben. Ausdrücklich ist von „den Völkern" die Rede: Die Verheißung gilt nicht mehr nur dem einzigen Gottesvolk Israel, sondern allen Völkern, Lebenden und Toten. Und die vollendete Gemeinschaft von Menschen mit Gott bedeutet authentisches Leben für immer. Alles Lebensfeindliche wird von Gott völlig beseitigt sein. Damit wird aber alles überboten werden, was Menschen in ihrem irdischen Leben je erfahren haben und was sie deshalb, in einer Art Hochrechnung ihrer früheren Erfahrungen, für die Zukunft erwarteten. Das Neue – die Menschen versöhnt bei Gott; Gott für immer bei den Menschen, beglückend und Leben verströmend – dieses Neue ist so unausdenkbar, daß der Prophet es nur stammelnd in undeutlichen Bildern ansagen kann.

Das Wort Gottes enthält keine Auskunft über das weitere Schicksal der Welt, in der wir Menschen leben. Nicht mit letzter Sicherheit lassen sich die Andeutungen entschlüsseln, die einen Untergang dieser Welt voraussagen. Aber noch viel weniger erlauben die biblischen Zukunftstexte eine hoffnungsfrohe Meinung, als werde die Welt einmal, von Gott verwandelnd angenommen, in eine „verklärte", doch prinzipiell unveränderte Endgestalt übergeführt oder als könnten gar Menschen diese Endgestalt, ein irdisches Paradies, das vollendete Reich Gottes, durch gigantische Anstrengungen herbeiführen. Die Erfahrungen, die wir mit dieser Welt machen oder, genauer gesagt, mit dem, was wir aus dieser Welt gemacht haben, zeigen so deutlich wie nur möglich, daß sie zu Gott nicht paßt und sich auch keineswegs auf Gott hin entwickelt. Eine Welt, in der Verbrecher alle nur erdenklichen Formen von Gewalt gegen Menschen anwenden, in der Menschen durch ungerechte Verteilung der reichlich vorhandenen Güter verhungern müssen, in der das Schöne systematisch zerstört wird, Naturschätze ausgeplündert sind, eine Welt, die immer mehr einer übelriechenden Mülldeponie gleicht, mit ihren autogerechten Städten und entlaubten Landschaften, mit ihrem waffenstarrenden Weltraum – sie läßt überall jenes Lebensfeindliche erkennen, das von Gott zur Vernichtung bestimmt ist.

Die Verheißung Gottes gilt den Menschen. Und damit ist dann, einschlußweise, auch etwas über die Welt ausgesagt. Mensch, das heißt nun einmal: mit Materie vermählter Geist, und wenn auch der Geist das Wichtigere am Menschen ist, die Gesinnung, das an Gott und am Mitmenschen orientierte Denken, das liebende Herz, so kann sich dieser Geist doch gar nicht „betätigen" ohne die Materie, in der und an der er erst zu sich selber kommt. Daher können Menschen nicht bleiben, ohne daß – in der einen oder anderen Form – auch die Materie bleibt.

Weiter wird es Gott doch entscheidend darauf ankommen, daß die Menschheit, mit der er in Ewigkeit leben will, als sein Partner zu ihm „paßt". Die Qualität ist ja nicht belanglos. So ist es zwar zweifellos richtig, daß das Reich Gottes nicht von den Tatenfrohen und Machern herbeiorganisiert wird, aber die Verheißung Gottes gilt doch nur jenen Menschen, die mit allen ihren Kräften das Reich Gottes hier auf dieser Erde zu verwirklichen suchen. Von ihnen sagt der Prophet der „Offenbarung des Johannes" ja auch: „Ihre Werke folgen ihnen nach" – in das ewige Leben bei Gott (Offb 14,13). Insofern hat alles eine letzte und radikale Bedeutung, was in Liebe, zum Schutz des Menschen, für Schwache und Benachteiligte, zur Gestaltung einer humaneren Zukunft, zur Erhaltung des Friedens konkret-diesseitig getan wird: All dies ist nicht bloßes Übungsmaterial, da es für die Ewigkeit Gottes bestimmt ist und da Gottesliebe und Menschenliebe eine Einheit bilden. Nur kann keine Phantasie und keine Philosophie eine Vorstellung darüber vermitteln, wie Gott dieses Bleiben der Werke bewirken wird.

Die Verheißung Gottes gilt den Menschen, die im Lauf von Abermillionen Jahren auf dieser Erde gelebt haben werden. Jeder einzelne von ihnen ist von Gott erdacht worden, als sein Partner angerufen, Gottes Du, jede und jeder wird eine eigene Lebensgeschichte gehabt haben. Wenn, der Verheißung entsprechend, diese Menschen zu Gott gerettet werden, kann das nicht im strengen Sinn des Wortes eine Neuschöpfung sein. Würde Gott diese Menschen erst in ihrem Tod auslöschen, um sie dann ganz neu zu schaffen, dann wären es nicht mehr sie selber – mit ihren Schicksalen, mit ihren dürftigen Werken und großen Sünden, mit ihren Leiden und winzigen Erfüllungen. Das Wesentliche am Menschen muß doch bleiben, wenn es sich wirklich noch um dich und mich handeln soll. Und wieder läßt sich dieses Bleiben nicht vorstellen. Denn wir haben ja gar keine wirkliche Erfahrung, wie die wesentlichen Ereignisse unseres Lebens bleiben; Nicht-wahrhaben-Wollen und Altersabbau sorgen bei uns für das Vergessen und Verdrängen. Bei Gott aber wird alles ans Licht kommen, reine Gegenwart sein – anders würde es ja nicht „bleiben".

Die Verheißung Gottes bezieht sich ausdrücklich auf zahllose Menschen, die, mit irdischen Augen gesehen, Tote sind. Das radikal Neue, von Gott angesagt und von den glaubenden Menschen erwartet, setzt das Leben der Toten, der Auferweckten, bei Gott voraus. Die vom Glauben erhoffte Vollendung betrifft nicht nur die kommenden Generationen. Die Verlorenen, die in der bisherigen Weltgeschichte Untergegangenen, die Opfer sind bei Gott nicht abgeschrieben. Wieder ist unser Vorstellungsvermögen hoffnungslos überfordert. Wie werden Abermilliarden Menschen miteinander, beieinander und mit Gott in intimem Austausch leben können? Paulus schon hatte solche Fragen als bedrängend empfunden und den Hinweis gegeben: „Es wird gesät in Verweslichkeit, es wird auferweckt in Unverweslichkeit; es wird gesät in Unehre, es wird auferweckt in Herrlichkeit; es wird gesät in Schwachheit, es wird auferweckt in Kraft; es wird gesät ein natürlicher Leib, es wird auferweckt ein geistgewirkter Leib" (1 Kor 15,42–44). Das Neue wird radikal und unvorstellbar neu sein, und doch wird in ihm das unverlierbare Alte aufgehoben, das heißt aufbewahrt sein. In diesem Sinne werden die bestehenden menschlichen Beziehungen bleiben, aber alle Grenzen und Einengungen verloren haben. Weit, offen und frei, unbegrenzt füreinander werden Du, Ich und Wir sein.

Aus dieser Überlegung ergibt sich auch, was oder wer das verbindende Element ist, das die Einheit unseres jetzigen irdischen Lebens mit dem neuen vollendeten Leben bei Gott bewirkt: Es ist der schon jetzt bei uns gegenwärtige, in der Menschheit wirkende Geist Gottes. Dieser Geist ist es, der der Menschheit immer wieder neue Impulse gibt, die Verhältnisse menschlich zu gestalten. Er läßt in uns Ahnungen aufwachsen, wie gelungene menschliche Beziehungen, Füreinandersein, Miteinanderteilen und grenzenlose Freiheit sein könnten. Er erwirkt alles Positive, das in diesem Leben zustande gebracht wird. So ist er, „ausgegossen über alles Fleisch" (Joel 3,1), die geheime Antriebskraft dieser Menschheitsgeschichte – und doch nicht siegreich, solange diese Geschichte dauert. Er ist es, der das Gelungene und Gültige bewahrt und in das Neue umwandelt. Er wird das Neue und Endgültige durchwalten, er, dessen Natur mit seinem schönsten Namen identisch ist: Liebe.

Es gibt kein angemessenes Denken und keine zutreffenden Vorstellungen über dieses Neue, aber unvermutet tauchen in der Geschichte immer wieder Vorzeichen auf, die die Hoffnung auf Bleiben, auf Gelingen, auf Vollendung nähren und den vom Geist Gottes angebahnten Weg dahin ahnen lassen. Man könnte ein ganzes Buch über solche Vorzeichen des Kommenden schreiben. Zwei Beispiele, eines auf breiterer Basis, eines aus dem individuellen Bereich, seien herausgegriffen.

Erstaunlich und mit unseren üblichen Mitteln nicht erklärbar ist die lebendige Dynamik, die von Jesus, dem Menschen aus dem Kleineleuteland Galiläa, bis heute ausgeht. Wie oft wurde er totgesagt, zur bloßen Erfindung abgestempelt. Um wieviel öfter wurde er manipuliert, verharmlost, zur Kitschfigur gemacht. Wie wurde er von Menschen ferngehalten, auf einen himmlischen Herrscherthron projiziert, in Weihrauchwolken eingehüllt, während Verweser sich seiner Sache tatkräftig annahmen – Dostojewskijs Großinquisitor steht noch immer gültig als Beispiel für derartige Vorgänge. Wie oft wurden seine Namen blasphemisch mißbraucht, seine Impulse in gewünschte Richtungen kanalisiert. Und immer von neuem erweist er sich als lebendig, bricht er aus den Gängelungen aus, ruft er Menschen in die Nachfolge. Keine Macht dieser Welt erlangte Macht über Jesus von Nazaret.

Zu den Impulsen, die von Jesus ausgehen und die mit normaler Vernunft nicht erklärbar sind, gehört im privateren Bereich die Erfahrung wirklicher Versöhnung. Unvermutet wird die Kettenreaktion von Beleidigung, Erstarrung, Feindseligkeit außer Kraft gesetzt. Statt der Hoch- und Nachrüstung einseitige Entwaffnung – im individuellen Bereich gelingt sie, manchmal. Es gibt die Annahme des anderen, so wie er wirklich ist, die Aussöhnung der Lebenspartner, der Eltern und Kinder, die Verwandlung des Feindes in den Freund. Solche Erfahrungen lassen ahnen, wie es sein wird, wenn Gott radikal Neues schafft. Das Alte verschwindet nicht einfach: Alle Narben bleiben, nicht nur die Wundmale des Gekreuzigten. Aber die neue Luft von Frieden, Weite, Offenheit, Freiheit ist so ohne Beispiel in der bisherigen Routine des Lebens, daß es einen fast atemlos macht. Es gibt Vorahnungen der Seligkeit, die Sanftmütigen und Friedensstiftern verheißen ist. Die Erfahrungen des Gelingens sind so überwältigend, daß die Sehnsucht nach der neuen Gottes-Menschheit manchem den Ruf der frühen Christen verständlich macht: „Komm, Herr Jesus!" – und die Antwort der Johannes-Offenbarung ist erfreulich: „Ja, ich komme bald!" (22,20). Doch dunkel wie das Wie bleibt auch das Wann; allein das Daß ist dem Glauben zugesagt: „Siehe, ich mache alles neu!"

„Eine Wohnung habe ich euch bereitet" –
Das endgültige Haus: der Himmel

Von der Vollendung soll hier die Rede sein, vom Inbegriff unserer Hoffnung: daß unser Leben nicht vergeblich gewesen sein wird, daß Gott sein Ziel mit seiner Schöpfung, mit seiner Menschheit, jedem einzelnen Menschen erreichen wird. Dazu soll ich als Theologe etwas sagen. Aber was weiß der Theologe? Wäre der Theologe allein, würde er vielleicht nur seine persönlichen Ansichten zur Sprache bringen, nur seine privaten Sehnsüchte formulieren. Aber er ist nicht allein; er weiß sich hineingebunden in die Gemeinschaft der Ausschau Haltenden. Zur Einstimmung und Einleitung in das Thema möchte ich an einen Text erinnern und ihn zitieren, in dem eine Ortskirche vor 25 Jahren über ihre Hoffnung auf Vollendung sprach, die Synode der westdeutschen Bistümer. Zwei Seiten dieses großen Textes – von dem es heute kaum glaubhaft ist, daß er einmal gelingen konnte – sollen für sich selber sprechen:

„Wir Christen hoffen auf den neuen Menschen, den neuen Himmel und die neue Erde in der Vollendung des Reiches Gottes. Wir können von diesem Reich Gottes nur in Bildern und Gleichnissen sprechen, so wie sie im Alten und Neuen Testament unserer Hoffnung, vor allem von Jesus selbst, erzählt und bezeugt sind. Diese Bilder und Gleichnisse vom großen Frieden der Menschen und der Natur im Angesichte Gottes, von der einen Mahlgemeinschaft der Liebe, von der Heimat und vom Vater, vom Reich der Freiheit, der Versöhnung und der Gerechtigkeit, von den abgewischten Tränen und vom Lachen der Kinder Gottes – sie alle sind genau und unersetzbar. Wir können sie nicht einfach ‚übersetzen‘, wir können sie eigentlich nur schützen, ihnen treu bleiben und ihrer Auflösung in die geheimnisleere Sprache unserer Begriffe und Argumentationen widerstehen, die wohl zu unseren Bedürfnissen und von unseren Plänen, nicht aber zu unserer Sehnsucht und von unseren Hoffnungen spricht.

Die Verheißungen des Reiches Gottes, das durch Jesus unter uns unwiderruflich angebrochen und in der Gemeinschaft der Kirche wirksam ist, führen uns mitten in unsere Lebenswelt hinein – mit ihren je eigenen Zukunftsplänen und Utopien. An ihnen brechen und verdeutlichen sich diese Verheißungen, auch in unserer Zeit der Wissenschaft und Technik, der großen sozialen und politischen Wandlungen.

War unser öffentliches Bewußtsein nicht zu lange von einem naiven Entwicklungsoptimismus durchstimmt? Von der Bereitschaft, sich widerstandslos einem vermeintlichen Stufengang im Fortschritt von Aufklärung und technologischer Zivilisation zu überlassen und darin auch unsere Hoffnungen zu verbrauchen? Heute scheint der Traum von einer schrankenlosen Herrschaft über die Natur im Interesse einer ebenso unbegrenzt vermehrbaren Bedürfnisfindung wie Bedürfnisbefriedigung langsam ausgeträumt. Zugleich spüren wir deutlicher die Fragwürdigkeit und geheime Verheißungslosigkeit, die in einer rein technokratisch geplanten und gesteuerten Zukunft der Menschheit steckt. Schafft sie wirklich einen ‚neuen Menschen‘? Oder nur den völlig angepaßten Menschen? Den Menschen mit vorfabrizierten Lebensmustern, mit nivellierten Träumen, eingemauert in eine überraschungsfreie Computergesellschaft, erfolgreich eingefügt in die anonymen Zwänge und Mechanismen einer von fühlloser Rationalität konstruierten Welt – rückgezüchtet schließlich auf ein anpassungsschlaues Tier? Und zeigt sich nicht auch immer deutlicher im Schicksal der einzelnen, daß diese ‚neue Welt‘ innere Leere, Angst und Flucht erzeugt? Müssen nicht Sexualisierung, Alkoholismus,

Drogenkonsum als Signale verstanden werden? Deuten sie nicht eine Sehnsucht nach Zuwendung, ja einen Hunger nach Liebe an, die eben nicht durch Verheißungen der Technik und der Ökonomie gestillt werden können? Diese Fragen wenden sich keineswegs gegen Wissenschaft und Technik und wollen deren besondere Bedeutung für die Gestaltung einer menschenwürdigen Lebenswelt nicht antasten. Sie richten sich nur gegen einen Verheißungsglauben an Wissenschaft und Technik, der viele (die Wissenschaftler selbst oft noch am wenigsten) unterschwellig bestimmt, ihr Bewußtsein gefangenhält und es so erblinden läßt für die ursprüngliche Verheißungskraft unserer Hoffnung und für die Leuchtkraft der Bilder und Gleichnisse vom Reiche Gottes und von der neuen Menschheit in ihm.

Gewiß ist das christliche Hoffnungsbild vom neuen Menschen im Reiche Gottes tief hineinverwoben in jene Zukunftsbilder, die die politischen und sozialen Freiheits- und Befreiungsgeschichten der Neuzeit bewegt haben und bewegen; es kann und darf von ihnen auch nicht beliebig abgelöst werden. Denn die Verheißungen des Reiches Gottes sind nicht gleichgültig gegen das Grauen und den Terror irdischer Ungerechtigkeit und Unfreiheit, die das Antlitz des Menschen zerstören. Die Hoffnung auf diese Verheißung weckt in uns und fordert von uns eine gesellschaftskritische Freiheit und Verantwortung, die uns vielleicht nur deswegen so blaß und unverbindlich, womöglich gar so ‚unchristlich‘ vorkommt, weil wir sie in der Geschichte unseres kirchlichen und christlichen Lebens so wenig praktiziert haben. Und wo die Unterdrückung und Not sich – wie heute – ins Weltweite steigern, muß diese praktische Verantwortung unserer Hoffnung auf die Vollendung des Reiches Gottes auch ihre privaten und nachbarschaftlichen Grenzen verlassen können. Das Reich Gottes ist nicht indifferent gegenüber den Welthandelspreisen! Dennoch sind seine Verheißungen nicht etwa identisch mit dem Inhalt jener sozialen und politischen Utopien, die einen neuen Menschen und eine neue Erde, eine geglückte Vollendung der Menschheit als Resultat gesellschaftlich-geschichtlicher Kämpfe und Prozesse erwarten und anzielen. Unsere Hoffnung erwartet eine

Vollendung der Menschheit aus der verwandelnden Macht Gottes, als endzeitliches Ereignis, dessen Zukunft für uns in Jesus Christus bereits unwiderruflich begonnen hat ..." („Unsere Hoffnung", S. 95–97).

Der Text ist präzise: Die Vollendung ist uns in Aussicht gestellt, in Bildern und Gleichnissen – nicht in Voraus-Informationen. Die Hoffnungsbilder der biblischen Verheißungen schließen von vornherein jede Vernichtung des nach dem Willen Gottes Entstandenen aus: Nichts von dem einmal Geschaffenen wird Gott jemals an die Vernichtung preisgeben. Die Bilder stellen in Aussicht, daß auch das von Menschen Erwirkte bleiben wird: Auch vom Erarbeiteten und Erwirkten wird nichts der Vernichtung ausgeliefert werden. Sie stellen in Aussicht, daß unser Ich gerettet wird. Und sie verheißen als Inbegriff der Vollendung die selige Gemeinschaft Gottes mit den Menschen. All dies umfaßt das Bildwort „Himmel". Mit seinen Mißdeutungen bei denen, die den Glaubenden Flucht und Projektionen unterstellen, mit seiner Herkunft aus dem antiken Weltbild und aus der ehrfürchtigen jüdischen Umschreibung des Gottesnamens brauchen wir uns hier nicht eigens zu befassen. Wohl aber ist es vielleicht nicht unnütz, einen einzigen kurzen Seitenblick auf die Mißverständnisse zu werfen, die bei Glaubenden möglich sind, wenn die biblischen Verheißungsbilder und Gleichnisse wie Voraus-Informationen vernommen werden.

Woher kommt es, daß im Vorausblick auf den „Himmel", beim Bewußtwerden der Verheißungen Gottes, verbreitet Unbehagen, ja lähmende Furcht aufkommen? Die Vorstellungen des „Alten der Tage" aus dem Danielbuch mit seiner Gerichtsinszenierung, die ebenfalls der Justiz entnommene Dramaturgie bei Matthäus 25 sind viele Jahrhunderte lang als buchstäbliche Voraus-Informationen genommen und zu pädagogischen Zwecken eingesetzt worden. Wo das Gottesbild zu einem gigantischen Über-Ich deformiert wurde, um gefügige Untertanen mit permanenten Schuldgefühlen unterdrücken zu können, darf man sich nicht wundern, wenn die Konfrontation mit diesem Richter nichts Erstrebenswertes an sich hat. Wo die Bilder einer geschichtstheologischen Konzeption wie der Johannes-Apokalypse wörtlich genommen werden – auf Erden der mörderische Kampf des Reiches des Bösen gegen die Glaubenszeugen, die streitende Kirche, im „Himmel" die Schar der Weißgewandeten, Palmen in Händen und Hymnen singend, die Darstellung einer ununterbrochenen Liturgie der Vollendeten –, wo dies alles nicht in seiner Bildhaftigkeit erkannt wird, da stellt sich nicht die Assoziation von Seligkeit, sondern die von monotoner Langeweile ein. Der Synodentext hat recht: Die Bilder lassen sich nicht übersetzen. Dem, der sich die Mühe macht, ihre genaue Absicht und ihre Grenzen zu erkunden, enthüllen sie Faszinierendes auch jenseits alles Informatorischen, in jedem Fall aber ist, wie die Synode sagte, ihrer Auflösung in die geheimnisleere Sprache unserer Begriffe und Argumentationen zu widerstehen.

Sie müssen unausgeglichen nebeneinander stehen bleiben: das nie endende Mahl hochzeitlicher Freude, die neue Stadt, das ewige Haus im Himmel, die vielen Wohnungen, die Heimat, das Schauen Gottes, so wie er ist. Miteinander stellen sie die Mosaiksteine zu einem Ganzen dar, das sich schon in den Fragmenten als Seligkeit abzeichnet, die alle Sehnsüchte unwahrscheinlich überbieten wird. Was aber kann der Theologe dazu noch sagen, wenn er die Bilder in ihrer Verheißungskraft auf sich hat wirken lassen, das Mahl als Inbegriff des Feierns und des Miteinander-Teilens, die neue Stadt als Inbegriff der Geborgenheit, des Sich-sicher-fühlen-Dürfens, eine Stadt mit hohen, hellen Mauern und einem Licht, das Gott selber ist, und was soll er gar sagen zu den unvorstellbaren Verheißungen des Freiseins von Tränen, Mühen und von Tod? Was weiß denn ein Theologe wirklich noch, wenn er die naive meta-physische Eschatologie mit ihrer Jenseits-Geographie aufgegeben hat und seine Hoffnung so formuliert: Wir werden nicht *im* Himmel, sondern wir werden mit Gott zusammen und miteinander *der* Himmel sein?

Es gibt auch ohne Vorwitz und ohne falsches Informationsbedürfnis Schlußfolgerungen aus den biblischen Bildern, Schlußfolgerungen, die auch unser Mit-Denken, nicht nur das Mit-Sehen und Mit-Fühlen ansprechen, Schlußfolgerungen, die darum wichtig sind, weil sie ihrerseits noch einmal ein Stück weit hinaustragen über die müde Skepsis, die uns angesichts der biblischen Bilder immer wieder einreden will: Also, Genaues weiß man nicht ... In drei Schritten möchte ich versuchen, solche Schlußfolgerungen anzudeuten: 1. über die Vielgestaltigkeit der Vollendung, 2. über das, was wir keinesfalls wissen können, und 3. über das, was wir jetzt, heute schon, kennen.

1. Die Vielgestaltigkeit der Vollendung

Die Frage nach der Vollendung kann nicht in einer vermeintlich noblen, desinteressierten Haltung absehen von dem einzelnen Ich und seiner Zukunft. In einer bestimmten Version der Politischen Theologie war eine gewisse Zeit lang das Anprangern des Heilsindividualismus, ja -egoismus üblich, so, als sei die problematische individualistische Sicht „Gott und meine Seele, sonst nichts" heute noch möglich, heute, in einer Zeit, in der das Subjekt primär von seinen Beziehungen her definiert wird. Gegen solcherlei modische Trends muß die Theologie, die den Glauben an Gottes Verheißungen reflektiert, darauf bestehen, daß ein menschliches Ich von der Frage nach sich selber und seiner Zukunft gar nicht absehen kann, wenn ihm wirklich an gelungenen Verhältnissen und Beziehungen liegt. Und das Ich *darf* auch gar nicht von sich selber absehen, wenn es sich von Gott beim Namen gerufen weiß, wenn es von Ewigkeit her von Gott erdacht, von Gott zum Gesprächspartner bestimmt ist, wenn Gott ihm in der Verheißung einen „neuen Namen", den sonst noch niemand kennt, in Aussicht stellt, wenn Jesus die Frage nicht zurückweist, sondern bereitwillig beantwortet: Was muß *ich* tun, damit *ich* das ewige Leben erhalte?

Wenn das Ich sein Leben analysiert und dabei erkennt, daß es nicht nur an das unendliche Geheimnis Gottes rührt, sondern daß dieses absolute Geheimnis von sich aus mit ihm ein Gespräch begonnen hat, dann gründet darin seine tiefste Hoffnung auf Errettung aus dem Tod: weil es hieße, Gott das absolut Sinnwidrige zuzutrauen, wollte er dieses von ihm so gesuchte Gespräch mit dem Tod definitiv abbrechen. So formulierte Martin Luther seine Hoffnung auf „dialogische Unsterblichkeit": „Wo Gott oder mit wem er redet, es sei in Zorn oder in der Gnade, der ist gewiß unsterblich. Die Person Gottes, der da redet, und das Wort zeigen an, daß wir solche Kreaturen sind, mit denen Gott bis in Ewigkeit und unsterblicher Weise reden wollte" (WA 43, 481).

Dieses Gespräch Gottes mit dem menschlichen Ich ist Voraussetzung für den „Himmel". Das Ich ist von unendlichem Wert für Gott. Es ist ein einmaliger, persönlich differenzierter Entwurf Gottes, dem Vollendung zugesagt ist. Das heißt zum einen, daß es, von uns aus gesehen, unzählige solcher Entwürfe in jeweiliger Andersartigkeit gibt, und jedem von ihnen ist Gott als jeweils seine individuelle Vollendung zugedacht und zugesagt: „Im Hause meines Vaters gibt es viele Wohnungen." Vollendung bei Gott kann darum keinesfalls Monotonie und Uniformität bedeuten; sie muß größtmögliche Mannigfaltigkeit sein. Zum andern heißt die Vollendung des je einmaligen Entwurfes Gottes, daß mein Ich bei Gott seine Identität erlangen wird, die ich jetzt erst ansatzweise erfahre. Vollendung kann nichts anderes sein als Befreiung, Befreiung von allem Unwahren und Entfremdenden, durch das ich selber und andere mir meine Identität verstellen. Insofern das Ich aber durch seine Beziehungen definiert wird, gilt erst recht, daß die Beziehungen aus allen fragmentarischen Ansätzen ins volle Gelingen geführt werden, sonst hieße Vollendung nicht – Vollendung. Das gilt für die im Gespräch mit Gott begonnene Gottesbeziehung. Es gilt auch für die Beziehung zu Jesus. Da eine Beziehung um so aussichtsreicher ist, je mehr sie sich nicht verschließt in sich selber, bedeutet die Vollendung dieser Beziehungen auch, daß mein Ich in die Beziehung Jesu zum Vater, dem unendlichen Gott-Geheimnis, einbezogen wird. Auch nichts von dem, was an menschlichen Beziehungen zu meiner Identität gehört, kann in der Vollendung verloren sein, wenn meine Identität nicht nur gerettet, sondern zum vollen Glücken gebracht wird. „Himmel" heißt darum nicht nur „Wiedersehen", sondern Verwirklichung aller Möglichkeiten, die in menschlichen Beziehungen liegen: Sie werden nicht nur befreit und geheilt, sondern auch überbietend erfüllt. Es ist auch keineswegs abwegig, die nichtmenschliche Kreatur in diese Hoffnungen und Träume einzubeziehen. Denn oftmals gehört zur Erfahrung einer menschlichen Identität auch die Zuwendung zur nichtmenschlichen Kreatur – etwa zu den Tieren, bei denen auch Jesus war, wie das Evangelium eigens sagt.

Es gibt heute in manchen Veröffentlichungen zum Thema Tod Anklänge an eine theologische Sicht, die man „Ganztod-Auffassung" nennen könnte, als führe der Tod zur Vernichtung des Menschen, zum Nichts von Leib und Seele, Beziehungen und Geschichte. Der Verheißung Gottes meint man in diesem Fall treu zu bleiben, wenn man eine völlige Neuschaffung durch Gott an einem von ihm bestimmten Tag in Aussicht stellt. Eine solche Theorie erklärt sich aus der Sorge um die Ehre und Souveränität Gottes, die angetastet werden könne, wenn ein Mensch auf der Fortführung seiner Identität beharre. Nun gibt es aber eine autonome Identität nicht. Es gibt nur eine von Gott gewollte, gegebene, vom Menschen anfanghaft angenommene, von Gott zu vollendende Identität. Diese aber ist notwendig, soll die ganze Geschichte eines Menschen zusammen mit seinen Beziehungen wirklich bei Gott, in Gott und mit ihm vollendet werden. Eine völlige Neuschöpfung nach dem radikalen Abbruch einer Vernichtung im Tod wäre nicht mehr mein Ich. Diesem Ich aber gilt die ganze Kraft der Verheißung Gottes in Jesus: Heute noch wirst du mit mir im Paradiese sein!

2. Was wir keinesfalls wissen können

Nur das Grundlegende, nicht aber Einzelheiten konkreter Art können wir aus den Verheißungen Gottes über das *Wie* der Vollendung, des „Himmels", erschließen. Das ist bedrückend, weil wir gern eine Antwort hätten auf die Frage „Wie soll ich mir das vorstellen?", und weil statt dessen nur die Antwort erfolgt: „Das darfst du dir gern ausdenken, weil du Gott nie zuviel zutrauen kannst, du sollst es aber nicht wissen bis hin zum Vorstellenkönnen, weil dein Vertrauen dann nicht mehr frei geschenkt, sondern wissensmäßig abgesichert wäre."

So wie wir diesem Ich, mit dem Gott das Gespräch aufgenommen hat, schlußfolgernd die Vollendung seiner Identität zusprechen dürfen, ohne damit unsere Möglichkeiten illegitim zu überschreiten, so wissen wir, daß zu diesem Ich auch unser Leib gehört, ohne den unser Geist nicht wirklich menschlicher Geist wäre, ausgespannt und eingesenkt in Materie. Und so zählt die Auferweckung des Leibes zu den grundlegenden Verheißungen Gottes über unsere Vollendung. Wir wissen außerdem, daß dieser jetzige Leib, der auf Raum und Zeit angelegt, auf Zellerneuerung und auf Sterben programmiert ist, unweigerlich zugrunde gehen wird. Die einzige Konstante, die sich in dieser Leiblichkeit und der neuen Leibgestalt durchhält, ist Gottes Heiliger Geist, der als Liebe ausgegossen ist in unsere Herzen, der in uns Wohnung genommen hat und der – wie Paulus sagt – den Leib der Auferweckung gestalten und durchprägen wird. Für unsere jetzige Sinnlichkeit ist der neue Leib nicht erfahrbar, wie ja am erweckten Leib Jesu, am aufgenommenen Leib Marias deutlich zu erkennen ist. Und auch der Zeitpunkt, zu dem sich unser Ich in neuer Leiblichkeit in die gerettete Materie hinein aktualisieren wird, ist uns unbekannt.

So wie mit der sichtbaren, materiellen Dimension unseres Ich im Hinblick auf die Rettung und Vollendung, so verhält es sich auch mit der materiellen Dimension der Schöpfung überhaupt und damit mit unserem Milchstraßen- und Sonnensystem und unserem Planeten Erde. Wir wissen, daß die gesamte Schöpfung, wie groß sie auch immer sein mag, sich in Gott und nicht ferne außerhalb Gottes befindet, denn außerhalb Gottes ist ja nur das Nichts, das sich aber eben durch sein Nicht(s)-Sein auszeichnet. Und somit kann nichts von dem einmal Geschaffenen ins Nichts fallen; es bleibt in Gott geborgen. Aber die biblischen Offenbarungszeugnisse sprechen nicht von einem einfachen, unproblematischen Übergang aus dieser sichtbaren, vorläufigen Dimension in die unsichtbare, vollendete Welt Gottes. Sie wissen nichts von einer ungebrochenen Kontinuität. Dort, wo überhaupt eine Zukunft der ganzen Schöpfung angedeutet wird, im Römerbrief des Apostels Paulus, ist von einem Harren und Seufzen und von Geburtswehen dieser empirischen Schöpfung die Rede. Im Zusammenhang mit den

Perspektiven, die für Menschen und Welt gemeinsam in Betracht kommen, sprechen die Offenbarungstexte von einer Vorläufigkeit dieses Lebens in der Welt. Wir werden geheißen, fröhlich oder traurig zu sein, als wären wir es nicht. Die Wesensgestalt dieser Welt sei am Vergehen, heißt es, und auch, wir sollten das suchen, was „droben" ist. Unsere Heimat oder unser Bürgerrecht sei im „Himmel".

Trotz dieser drastischen Hinweise auf das Unvollendetsein der Schöpfung, auf die Vorläufigkeit dieses Lebens, auf die Fremdheit der Christen in dieser Welt hat Jesus und hat mit ihm die frühe Christenheit die jetzige Schöpfung und die in Gang befindliche Geschichte nie völlig abgeschrieben und dem Untergang preisgegeben, so wie das die Apokalyptik tat. Die Gemeinde der an Jesu Auferweckung Glaubenden, die sich in so erstaunlicher Weise – nur erklärlich durch die Erschütterung einer Ostererfahrung – motiviert sah, Jesu Sendung und Verkündigung fortzuführen, diese erste Gemeinde verstand die Universalität der Sendung Jesu: Er hatte seine Botschaft so formuliert, daß sie die Völker, die Heiden, ebenso erreichen konnte wie die Juden, und so, daß im verkündigten Gottesreich Raum erkennbar war für menschliche Beziehungen, Lebensverhältnisse, kurz: für die ganze Schöpfung, an deren Gutheit Jesus nie gezweifelt hatte. Darum besteht kein Grund, nur für die individuellen Gläubigen zu hoffen und die Erde oder die „Welt", die Gott nach dem Zeugnis des Johannesevangeliums so sehr geliebt hat, verloren zu geben. Die erste Haltung, die den Christen gegenüber der Welt empfohlen ist, heißt weder Ausstieg und Flucht noch fortschrittsgläubige und wachstumsfrohe Konformität, sondern Wachhalten der Hoffnung für diese Erde mit dem nimmermüden Versuch zu retten, was zu retten ist. Die zweite Haltung aber soll gelassener Realismus in dem Wissen sein, daß die Schöpfung und mit ihr der Planet Erde sich auf Dauer so, wie sie sind, genausowenig halten lassen, wie das für ein individuelles Menschenleben mit seiner Leiblichkeit gilt. Sowenig wie für uns Einzelmenschen, sowenig gibt es für die übrige Schöpfung Gottes Rettung und Zukunft am Tod vorbei. Tod aber heißt Verwandlung, nicht Abbruch und nicht Vernichtung.

Es ist müßig, über das *Wie* dieser Verwandlung zu spekulieren, denn: „Die Weise wissen wir nicht, wie das Universum umgestaltet werden soll" (Zweites Vatikanisches Konzil, Gaudium et spes 39). Die neue Schöpfung, der „neue Himmel und die neue Erde", die uns verheißen sind, meinen eine von Grund auf erneuerte, Gott gemäße, für Gottes Kommen als seine Wohnung geeignete Schöpfung, in der das Alte nicht vernichtet, sondern erneuert, in der das Gültiggewordene in Identität aufbewahrt ist. Vernichtung ist nur für das angedroht, was dem Nichts zuarbeitet, für die lebensfeindlichen und damit radikal gottwidrigen Kräfte, in erster Linie für den Tod selber.

3. Was uns heute schon bekannt ist

Zum Schluß soll zusammenfassend die Rede sein von den Faktoren des Himmels, die wir jetzt schon kennen, die wir schon erfahren haben. Die biblischen Verheißungen und die sich auf sie berufenden Hoffnungsformulierungen früherer Generationen stellen vom „Himmel" in Aussicht, daß wir Gott selber schauen werden, wie er ist, in der Bildrede gesagt: von Angesicht zu Angesicht, obgleich Gott nicht Gestalt noch Antlitz hat. Andererseits aber hat die biblische Gottesüberlieferung immer daran festgehalten, daß absolute Unbegreiflichkeit zu Gottes Wesen gehört und daß die Kreatur von ihrem eigenen Wesen her nicht imstande ist, diese Unbegreiflichkeit zu durchleuchten und so Gott zu schauen. Inwiefern können wir denn dann davon ausgehen, daß wir Gott kennen?

Die Verheißungen gehen davon aus, daß wir da oder dort eine unbegreifliche Liebe erfahren haben, eine schweigend-trostvolle Annahme unseres Ich, eine vergebende Nähe, die wir nicht anders denn als Erfahrungen Gottes und seines innersten Wesens, das Liebe ist, deuten können. Und wenn einem Menschen niemals etwas Unbegreifliches und Unerklärliches an einer Liebe aufgeleuchtet wäre, bliebe immer noch Jesus als unübersehbares reales Zeichen für den Preis, den Gott für seine Liebe zur Menschheit zu zahlen bereit ist.

So ist „Himmel" zunächst einmal das Zusammenkommen mit Jesus und die vollendete Schau der Liebe Gottes, die in ihm war und ist und in Ewigkeit sein wird. Eben dies heißt: Gott sehen, wie er ist. In Jesus von Nazaret läßt Gott sich sehen, wie er ist, nämlich zwar ganz gewiß verhüllt in Unbegreiflichkeit, aber in die Unbegreiflichkeit von Liebe, die klar zutage liegt für jeden, der sich ehrlich Rechenschaft darüber gibt, was an ihm selber denn so liebenswert sein mag. Ist schon jede Liebe unter Menschen im Kern etwas Unbegreifliches, so Gottes Liebe zu uns unendlich viel mehr. Im Antlitz Jesu wird Gottes Liebe geschaut, so wie sie ist.

Diesen Jesus kennen wir, oder wir können ihn wenigstens kennen. Wir können ihn suchen, mit ihm reden, ihn zu uns sprechen lassen, uns so sehr in ihn einwurzeln, daß wir fast mit dem Apostel sagen können: Ich lebe, doch nicht ich, Jesus lebt in mir. Ihn werden wir finden, um ihn nie mehr zu lassen. Von der Jesus-Beziehung her wird begreiflich – könnte begreiflich werden –, wie Menschen sich nach dem „Himmel" sehnen können, ohne der Erde, den diesseitigen Aufgaben, untreu zu werden. Paulus hat es voraus-buchstabiert, was es heißt, sich zu sehnen, ja, Heimweh danach zu haben, für immer bei Jesus und mit ihm zu sein.

Von da her fällt noch einmal neues Licht auf die neutestamentliche Bezeichnung des „Himmels" als Heimat. Mancher Mensch, der einmal von zuhause ausgezogen und irgendwann zurückgekommen ist, hat die Erfahrung gemacht: Heimat ist nicht schon mit den Umrissen der Berge und Wälder, mit den vertrauten Mauern und Straßen, nicht mit den alten Stühlen und Tapeten gegeben. Heimat ist dort, wo Liebe ist, wo man sich gut aufgehoben und angenommen weiß. Diese Erfahrung bedeutet nicht, daß man die Fremde verachten dürfte, daß es in ihr nichts zu tun gäbe. Sie enthält in sich gleichsam von einer defizitären Seite her die sichere Ahnung, daß das Glück des Menschen mit „Heimat" verbunden ist, und dem Glück gilt die Hoffnung des Menschen, solange er lebt.

Der Glaube, der den Verheißungen Gottes in den Zeugnissen seiner Selbsterschließung traut, und die Hoffnung, die das Gelingen und das Glücken für möglich hält, sie laufen vorwärts auf eine endgültige Erfüllung des menschlichen Lebens zu, bei vielen Menschen getragen von Gotteserfahrungen und von einer Jesus-Beziehung, die hier und jetzt möglich sind und die die Identität von hier und dort garantieren. Das Bildwort für diese endgültige Erfüllung ist eben „Himmel". Dafür könnte auch „erfüllte Liebe" stehen, das Schauen der Liebe Gottes im Antlitz Jesu Christi, das völlige und wirkliche Durchdrungensein unseres Ich in allen seinen Dimensionen und Schichten von der Liebe Gottes, die Hinführung unserer menschlichen Beziehungen zu einem unendlichen Gelingen, die Erfüllung allen Miteinanderlebens in der Schöpfung Gottes.

Die Erfüllung wird das Geschehene nicht ungeschehen machen können. Wenn alles Geschehene in Gott aufgehoben ist, werden wir aller Geschichte bei Gott wiederbegegnen. Was hier gelungen war, was gut gewesen ist, mündet nahtlos in die Erfüllung, weil es ermöglicht und getragen war von dem Geist Gottes, der in der Erfüllung alles vollendet. Aber auch das nicht Gelungene und das Böse, sie werden bleiben. Was uns als sinnlos erschienen war, und davon gibt es vieles, was uns geschmerzt hat: Von alldem werden wir wissen wollen und wissen müssen, inwiefern auch dies in der Liebe Gottes gründet. Was versöhnbar ist, wird versöhnt sein, aber nicht alle Erträge der menschlichen Geschichte sind versöhnbar. Auch vom auferweckten Jesus berichtet die Schrift, daß die Wundmale nicht verschwunden sind. Die Narben und der Schmerz der solidarischen Liebe werden bleiben in jener Erfüllung, in der auch wir Gott etwas werden fragen müssen und das Recht auf eine Antwort haben auf dasjenige, was uns in dieser Geschichte als unvereinbar mit dem Erbarmen Gottes erschienen ist und ständig neu die Frage nach der Rechtfertigung Gottes stellt.

Wenn die theologische Sprache für das Bildwort „Himmel" abstrakte Begriffe wählt wie „Erfüllung" oder „Vollendung", dann vermag sie damit eine wesentliche Komponente des Glücks nicht mit auszusagen, nämlich die dynamische. Für sich genommen, gelingt das auch nicht den in der kirchlichen Tradition bekannten Umschreibungen des „Himmels" als himmlischer Liturgie, die gerade bei jungen Menschen den Verdacht der Monotonie, der Langeweile und des Überdrusses auf den

Plan rufen. Auch nicht weiter hilft hier der alleinige Rückgriff auf den überlieferten Wunsch nach „ewiger Ruhe" für die Verstorbenen, die man nach archaischen Vorstellungen in diesem Zustand vor dem Umherschweifen-Müssen, vor dem Geplagtwerden durch Gewissensbisse bewahrt sah. Wie wäre es möglich, etwa ausgehend vom Inbegriff des „Himmels", der Liebe, der Liebesbeziehung und Liebesgemeinschaft von Gott und Menschen, die Erfüllung als immer neues Geben und Nehmen, Schenken und Annehmen, Glücken und Beglücken zu umschreiben oder zu beschreiben?

Im kirchlichen Altertum haben Theologen zuweilen Anläufe genommen, um eine solche Dynamik der Seligkeit des „Himmels" wenigstens anzudeuten. Augustinus († 430) versuchte, Ruhe und Feiern miteinander zu verbinden: „Dieser siebte Tag wird unser Sabbat sein, und sein Ende wird kein Abend sein, sondern der Tag des Herrn, der ewige achte Tag gleichsam, der durch Christi Auferstehung geheiligt ist und der die ewige Ruhe vorbildet nicht nur des Geistes, sondern auch des Leibes. Dort werden wir feiern und werden sehen, werden sehen und werden lieben, werden lieben und werden preisen. Siehe, und das wird sein am Ende ohne Ende. Denn was wird unser Ende sein, als zum Reich zu kommen, das kein Ende nimmt?" (De civ. Dei XXII 30).

In der griechischen Ostkirche nannte Gregor von Nyssa († 394) die Seligkeit des „Himmels" ein „ununterbrochenes Hineinschreiten in Gott". Niemals, sagt er, steht der Wanderer still. „Er empfängt Beginn aus Beginn", der Lauf ist grenzenlos, das Gehen erlahmt nie. „Das ewige Fortschreiten des Suchens und das Nie-Ruhende des Aufstiegs ist die wahre Stillung der Sehnsucht, wo jede zu Rande erfüllte Sehnsucht ein frisches Sehnen nach dem Höheren erzeugt" (Auslegung des Hohen Liedes, H. U. v. Balthasar, Der versiegelte Quell, 1954).

Die Versuche sind hilflos. Sie knüpfen wieder beim bereits Bekannten an, bei einer Erfüllung, die immer neues Sehnen hervorbringt, und von da aus denken und malen sie sich Lust und Genuß im unaufhörlichen Fortschreiten ohne Ende aus. Wenn wir „Gott" sagen, bezeichnen wir damit eine Unendlichkeit der Möglichkeiten, die dazu führen wird, daß alle Menschen jeweils auf ihre Weise Gott schauen werden und daß sie in der Freude an ihm und miteinander jeweils auf ihre Weise ohne Rest selig sein können. Von der Sehnsucht, ja vom Begehren aus soll die Lust geweckt werden, sehnsüchtig und begierig an den „Himmel" zu denken.

Was aber der „Himmel" schließlich sein wird, das brachte Paulus in die kurze Formulierung: *GOTT* – alles in allem.

Was weiß die Theologie vom Jenseits?

Der große Rahmen

Gegen Ende seiner „Kritik der reinen Vernunft" formulierte Immanuel Kant im Jahre 1781 die berühmten drei Fragen „Was kann ich wissen?", „Was soll ich tun?", „Was darf ich hoffen?" Die Geisteswissenschaften und damit auch die Theologie werden nicht mehr hinter die scharfsinnigen Analysen und Argumente Kants in diesem Zusammenhang zurückkönnen. Die ungeheuren Fortschritte der Naturwissenschaften in den zweihundert Jahren seit Kant haben die Kriterien für dasjenige, was gewußt werden kann, noch schärfer gefaßt, als der Königsberger Philosoph das im Hinblick auf die spekulative Vernunft tat. „Wissen" im wahren Sinne des Wortes kann ich nur dasjenige, was meiner eigenen Erfahrung wenigstens prinzipiell zugänglich ist, und zwar dergestalt, daß ich meine Untersuchungen experimentell jederzeit wiederholen kann. Nun gibt es Sachverhalte, bei denen sich „Wissen" auf die abgesicherte Verläßlichkeit von Zeugen glaubwürdiger Art stützt. Ein einfaches Beispiel: Daß die Türkei durch Erdbeben höchst gefährdet ist und zwei solcher Naturereignisse unlängst ganze Städte des Landes verwüsteten, kann sinnvollerweise nicht bezweifelt werden.

Wenn hier die Rede vom „Jenseits" ist, so ist damit das „Jenseits des Todes" – Was kommt nach meinem Tod? – gemeint, und genauso das „Jenseits der Menschheitsgeschichte" – gibt es hintergründige Dimensionen, die menschlichen Sinnen nicht zugänglich sind? Martin Heidegger hat in seiner Dankrede zur Verleihung des Hebel-Preises 1960 auf die abschließenden Zeilen des letzten der „Alemannischen Gedichte" Johann Peter Hebels aufmerksam gemacht, die im Hinblick auf ein stilles Grab im Kühlen Grund sagen:

Sel Plätzli het e gheimi Tür,
und 's sin no Sachen ehne dra.

„Ehne dra" meint: auf jener Seite, jenseits. Der Philosoph möchte den Vers so verstehen, daß jede Kreatur eine geheime Tür ins

Geheimnis habe, „durch die hindurch es hervorkommt und uns entgegenscheint. Der Beruf des Dichters ist: auf diese gheimi Tür in allen Dingen hinzuzeigen oder gar uns durch sie hindurch zu geleiten" (Heidegger bei: Bosch, S. 189). Dichter, die vom allgegenwärtigen Geheimnis wissen oder gar zu ihm hingeleiten können, gelten dem Philosophen als verläßlich. In der mitteleuropäischen Theologie ist heute ein Konsens selbstverständlich, daß die Theologie mit den Dichtern diese Aufgabe gemeinsam hat: hinter dem Wahrnehmbaren, Meßbaren und allzeit Erfahrbaren, das sich in Banalem zu erschöpfen scheint, ein „ehne dra", jenseits davon waltendes Geheimnis zur Sprache zu bringen. Wiederum Übereinstimmung besteht in der christlichen Theologie aller Konfessionen darin, daß dieses Geheimnis nicht nur stumm aufleuchtet, sondern von sich aus hervortritt, aus sich herausgehend sich erschließt und von alters her sich erschlossen hat. Das Geheimnis hat sich geoffenbart, und die Grundgegebenheiten dieser Offenbarung seit über dreitausend Jahren sind in den Büchern der Bibel enthalten, im Basisdokument jeder christlichen Theologie.

An dieses Dokument stellen theologisch interessierte Menschen die Frage: Kann es als Informationsquelle dienen über „Sachen", das heißt Zustände, Örtlichkeiten und Begegnungen, „ehne dra", im Jenseits-der-Todesgrenze, im Jenseits dieser Erfahrungswelt, oder leuchtet in den Bildern und Dichtungen dieses Dokuments nur ein Geheimnis auf, das streng ein Geheimnis bleibt? An der Antwort auf diese Frage scheiden sich die Geister in der Theologie, und zwar nicht je nach der kirchlichen Konfession, sondern quer durch alle christlichen Kirchen. Wird die Bibel als Informationsquelle verstanden, dann kann ein Grundvertrauen in die Glaubwürdigkeit ihrer Verfasser und Redakteure aufgebaut werden, ähnlich dem, das heutzutage einem glaubwürdigen Journalisten gilt. Aus den Informationen entstünde dann von selbst ein Sachwissen. Aber es gibt genug Theologinnen und Theologen – und in Mitteleuropa sind sie in der Mehrzahl –, die die Bibel nicht als Informationsquelle verstehen wollen und können und die somit auch zu ihrem Nichtwissen stehen. Als ein Beispiel sei der evangelische Theologe Jürgen Moltmann mit einem 1995 erschienenen Text zitiert: „,Der Tod ist kein Ereignis des Lebens. Den Tod erlebt man nicht', behauptete Ludwig Wittgenstein. Wenn mein Tod kein Gegenstand meiner Lebenserfahrung sein kann, kann man auch nicht über ihn und was möglicherweise danach kommt sprechen. Und ,worüber man nicht sprechen kann, darüber muß man schweigen'. Da wir in diesem Leben keine sinnlichen Wahrnehmungen von einer möglichen Welt jenseits des Todes haben und parapsychologische Wahrnehmungen unbeweisbar sind, bleibt uns ohnehin nur ein ,wait and see or not see' übrig. Was wir nicht wissen, können wir nicht verneinen, aber auch nicht bejahen. Bleiben wir auf dem Boden der Tatsachen, dann ist uns der Blick nach drüben versperrt. Wir können uns allenfalls eine Art kindlicher Neugier bewahren und darauf warten, ob etwas und was denn wohl ,danach' kommt" (Das Kommen Gottes, S. 65).

Der katholische Theologe Karl Rahner hat sich schon 1960 mit dem Problem beschäftigt, *wie* denn die Ausführungen der Bibel über die Zukunft nach dem Tod des einzelnen Menschen genau zu verstehen seien, und natürlich auch ihre Aussagen über die Zukunft der Schöpfung. „Theologische Prinzipien zur Hermeneutik eschatologischer Aussagen" nannte er seinen vielbeachteten und weithin mit großer Zustimmung aufgenommenen Beitrag. Seine entscheidende Einsicht in die literarische Eigenart biblischer Zukunftszeugnisse besteht darin, daß diese Zeugnisse nicht den Anspruch erheben, vorwegnehmende Reportagen über später eintretende Ereignisse oder Informationen über jenseitige „Sachen" zu sein, sondern daß sie von der jeweils heutigen Situation des Menschen vor Gott aus – also vom jeweils heute bestehenden Gottesverhältnis aus – auf die endgültige Vollendung dieser Situation und dieses Verhältnisses schauen wollen. Die heutige Situation des Menschen vor Gott, das heutige Gottesverhältnis, sind bekannte Größen. Daraus folgert Rahner: „Der Mensch weiß von dieser wirklich ausständigen Zukunft das und nur das, auch durch Offenbarung, was davon prospektiv *aus* und *an seiner* heilsgeschichtlichen Erfahrung in seiner *Gegenwart* ablesbar ist." In der christlichen Theologie, die hier zu Wort kommt, handelt es sich um die durch Jesus von Nazaret vermittelte Gotteserfahrung. Von ihr aus lassen sich in bestimmten Grenzen Schlußfolgerungen für die zukünftige Vollendung ziehen: „Der Christ, der die Offenbarung Christi annimmt, weiß, um Christus zu kennen und *weil* er ihn kennt, daß die Vollendung eben die Christi ist, und sonst weiß er von ihr eigentlich nichts. Anders ausgedrückt: Der Mensch als Christ weiß von seiner Zukunft, weil und indem und darin, daß er durch die Offenbarung Gottes von sich selbst und seiner Erlösung in Christus weiß. Sein Wissen um das Jenseits (die Eschata) ist nicht eine zusätzliche Mitteilung zu der dogmatischen Anthropologie und Christologie, sondern nichts anderes als eben *deren* Transposition in den Modus der Vollendung" (Theologische Prinzipien, S. 414 f). An einer anderen Stelle sagt Rahner 1967 verdeutlichend: „Die Eschatologie – die Lehre vom Jenseits – meint den erlösten Menschen, wie er jetzt ist; *von ihm* aus weiß sie das Zukünftige als das selig *Unbegreifliche,* das in Freiheit anzunehmen ist; *dieses* Zukünftige, das in Bildern beschworen, aber nicht in Reportage schon jetzt vorgestellt werden kann, wird dem Menschen gesagt, weil er seine Gegenwart nur bestehen kann, wenn er sich in der Bewegung weiß auf seine Zukunft hin, die der unbegreifliche Gott in seinem eigenen Leben ist" (Sacramentum Mundi I [1967] 1188).

Das Zukunftswissen der Theologie besteht also darin, daß heutige, gegenwärtige Gotteserfahrungen, und zwar im Bereich des Christentums die durch Jesus vermittelten Gotteserfahrungen, in den „Modus der Vollendung" transponiert werden. Das eigentliche Wissen ist, ganz im Sinne Moltmanns, Erfahrungswissen, Gegenwartswissen. Bei den Zukunftsaussagen, die auf diesem beruhen, handelt es sich also nicht um Wunschdenken, um Projektionen im Sinn Feuerbachs, die aus der verzweifelten Sehnsucht nach dem Unbekannten und nie Besessenen entstünden. Und selbst dann, wenn die Bibel nicht harmonisierbare, zum Teil dem Mythos entlehnte Bilder zur Beschwörung der Zukunft verwendet, gilt: Widersprüche und Ausmalungen können dem Wahrheitskern nichts anhaben, weil dieser sich aus den Erfahrungen der je jetzigen, heutigen Gegenwart ergibt. Damit stellt sich nun freilich die Frage, welches denn die Heilserfahrungen der Gegenwart seien, die in der Zukunft in den „Modus der Vollendung" übergeführt werden. Hier ist innerhalb der jüdisch-christlichen Tradition eine gewaltige Phasenverschiebung zu konstatieren, die in unserem Zusammenhang nur in ganz groben Zügen wiedergegeben werden kann.

Die Zukunftserwartungen des Gottesvolkes Israel waren zunächst, und das heißt jahrhundertelang, auf das Diesseits konzentriert, und die Aufmerksamkeit galt ganz betont dem Volk im ganzen. Die einzelnen Menschen nahmen im Guten wie im Schlechten an dessen Geschick teil, das von Gott – wie man glaubte – souverän bis in die Einzelheiten bestimmt wurde. So galt die Verfügung des Todes als ein widerspruchslos hinzunehmendes Geschick, das nur bei verfrühtem Tod oder bei Sterben in der ausländischen Fremde besonders beklagt wurde. Das Gottesvolk kannte die Weisungen für ein gott-gemäßes Verhalten; Treue oder Untreue ihnen gegenüber entschieden über Segen und Fluch in der Zukunft. Vieles, was heutigen Christen im Hinblick auf Sterben, Tod und die Zukunft danach teuer ist, war in Wirklichkeit für das Volk Israel im ganzen und nicht für das Individuum bestimmt, etwa die Zusage Gottes beim Propheten Jesaja: „Fürchte dich nicht, denn ich erlöse dich; ich rufe dich bei deinem Namen, mein bist du! Wenn du durch Wasser gehst – ich bin mit dir; wenn durch Ströme – sie werden dich nicht überfluten. Wenn du durch Feuer schreitest, wirst du dich nicht brennen, und die Flamme wird dich nicht versengen. Denn ich, der Herr, bin dein Gott, ich, der Heilige Israels, dein Retter" (43,1–3). Auch die Ansagen des Unheils gelten dem gottvergessenen Volk im ganzen; sie drohen ein Gericht an, das zu Besinnung und Umkehr rufen soll; zu Unrecht werden sie als Prophezeiungen eines universalen Gerichts und eines Endes der Welt gelesen: „Ich habe dich erwählt in der Wüste, dich geweidet in dem Lande der Glut. Als sie Weide hatten, wurden sie satt, und da sie satt wurden, überhob sich ihr Herz; darum vergaßen sie meiner. So werde ich gegen sie denn wie ein Löwe, laure gleich einem Panther am Wege. Ich falle sie an wie eine Bärin, die ihrer Jungen beraubt ist, und zerreiße den Verschluß ihres Herzens. Da werden die Hunde sie fressen und das Getier des Feldes sie zerfleischen. Ich verderbe dich, Israel!

Wer könnte dir helfen? ... Sollte ich sie aus der Gewalt der Unterwelt loskaufen? Vom Tod sie erlösen? Her mit deinen Seuchen, Tod! Her, Unterwelt, mit deiner Pest! Mitleid kenne ich nicht mehr." Auch diese vom Propheten Hosea (13,5–9.14) festgehaltenen Drohworte markieren nicht das Ende und das Endgültige. Denn sie finden ihre unmittelbare Fortsetzung in dem Aufruf „Kehre um, Israel, zu dem Herrn, deinem Gott!" und in der Verheißung: „Ich will ihren Abfall heilen, in freier Gnade will ich sie lieben ... Ich will für Israel sein wie der Tau, es soll blühen wie die Lilie und Wurzel schlagen wie die Pappel" (14,2.5f). Dutzende ähnlicher Texte aus der hebräischen Bibel könnten angeführt werden. Auf härteste Drohworte folgen Verheißungen der Vergebung. Alle beziehen sich auf die innerweltliche, fortlaufende Geschichte. Ist das Volk treulos, befolgt es die sozialen Weisungen zugunsten der Kleinen und Benachteiligten nicht, läuft es hinter fremden Göttern her, so droht ihm Unheil: Dürre, Hungersnöte, kriegerische Niederlagen, Fremdherrschaft. Bewahrt es seine Treue, so werden ihm reiche Ernten, große Nachkommenschaft, ein Gedeihen in Frieden in Aussicht gestellt. Die Konzentration auf den irdischen Fortgang der Dinge gilt auch für die einzelnen Menschen. Waren sie mit Kindern, mit reichen Gütern und mit einem langen Leben gesegnet, so gehen sie klaglos in die Unterwelt, wo sie als graue Schatten, fern jeder Beziehung zu Gott und den Menschen, fortexistieren. Mehr weiß man nicht vom Jenseits, und ein Ende der Schöpfung kommt zunächst nicht in den Blick. Die Erfahrungsgrundlage für ein Festhalten am Gottesglauben bestand im Rückblick auf Gottes Hilfe, die man bei der Befreiung aus der ägyptischen Knechtschaft, bei der Landnahme in Palästina, bei vielen Siegen und in reichen Ernten verspürt zu haben meinte. Solche positiven Erfahrungen reichten aus, um den Verheißungen in die Zukunft hinein zu trauen.

Diese Perspektiven änderten sich etwa zweihundert Jahre vor Christus, als die Bedrückungen immer schrecklicher, die Aussichten für das gedemütigte Volk immer negativer wurden. Schon zuvor hatten hinsichtlich derjenigen Menschen, die Gott unbeirrt treu geblieben waren, intensive Reflexionen über ihr Schicksal nach dem Tod eingesetzt. Die Bibel enthält Zeugnisse höchst unterschiedlicher Auffassungen. Während der „Prediger" sagt: „Das Geschick der Menschenkinder ist gleich dem Geschick des Tiers; ein Geschick haben sie beide. Wie dieses stirbt, so sterben auch jene, einen Odem haben sie alle. Der Mensch hat vor dem Tier keinen Vorzug. Denn alle gehen sie an *einen* Ort; alle sind sie aus Staub geworden, und alle werden sie wieder zu Staub" (3,19 f), und weiter: „Die Toten wissen gar nichts; sie haben keinen Lohn mehr; denn ihr Andenken ist vergessen. Auch ihr Lieben und Hassen und Neiden ist längst dahin, und sie haben an nichts mehr teil von allem, was unter der Sonne geschieht" (9,5 f), während also diese pessimistische Zukunftsicht als Inbegriff von Weisheit galt, trat in den Psalmenliedern ein Vertrauen des Menschen auf Gott, eine Zuversicht hervor, für die nur ein einziges Beispiel zitiert sei: „Nun aber bleibe ich stets bei dir, du hältst mich bei meiner rechten Hand. Du leitest mich nach deinem Ratschluß und nimmst mich hernach in die Herrlichkeit. Wen hätte ich im Himmel außer dir? Und wenn ich dich habe, so wünsche ich nichts auf Erden. Mag Leib und Sinn mir schwinden, Gott ist ewig mein Fels und mein Anteil" (Ps 73,23–26). Zwei Überlegungen stützen eine solche Zuversicht: Wenn Gott in Wahrheit Gott ist, dann kann seine Macht nicht an den Grenzen des Totenreiches enden. Und: Ein Treueverhältnis ist stärker als der Tod. Der treue Gott läßt seine Getreuen nicht im Stich. Über die Art und Weise, wie Gott die zu ihm gehörenden Menschen aus dem Tod rettet, wird nichts gesagt.

Mit der Erfahrung der anscheinend nie mehr enden wollenden Unterdrückung des Gottesvolkes etwa zweihundert Jahre vor Christus tritt eine neue Geschichtsauffassung auf den Plan, die den Fachbegriff „Apokalyptik" trägt. Sie rechnet damit, daß Gott in einem furchtbaren Gericht über seine und seines Volkes Feinde dieser alten Weltzeit ein Ende machen und einen neuen Äon des Friedens und der Gerechtigkeit herbeiführen wird. In diesem Zusammenhang kann auch vom Ende der Welt und von einer ganz neuen Schöpfung gesprochen werden. Die Autoren der apokalyptischen Literatur, die der Stärkung des Widerstandswillens dienen soll, wissen über die Endkatastrophe und den rettenden Ausgang genau Bescheid. In die theologische Reflexion bringen sie einen Gedanken ein, der im antiken Griechenland schon bei Platon von höchster Wichtigkeit war: Die ewige Idee der Gerechtigkeit muß siegen. Sie garantiert, daß die Tyrannen und Schurken schließlich und endlich nicht die Gewinner, ihre Opfer nicht die ewigen Verlierer sein werden. Zu den Schlußfolgerungen über Gottes todüberwindende Macht gesellt sich die der ausgleichenden Gerechtigkeit. Die Jenseitsperspektive wird um die Themen Lohn und Strafe erweitert. Aus der Gesamtheit dieser Überlegungen ergibt sich die Erwartung einer Totenerweckung, einer Auferstehung, praktisch von selbst. Ein Text aus der apokalyptischen Literatur, aus dem Buch des Propheten Daniel, sei hierfür zitiert: „Zu jener Zeit wird sich Michael erheben, der große Fürst, der die Söhne deines Volkes beschützt, und es wird eine Zeit der Bedrängnis sein, wie noch keine gewesen ist, seit Völker bestehen, bis auf jene Zeit. Und in jener Zeit wird dein Volk errettet werden, ein jeder, der sich aufgezeichnet findet im Buche. Und viele von denen, die schlafen im Erdenstaube, werden erwachen, die einen zu ewigem Leben, die andern zu Schmach, zu ewigem Abscheu. Die Weisen aber werden leuchten wie der Glanz der Himmelsfeste und, die viele zur Gerechtigkeit geführt, wie die Sterne immer und ewig" (12,1–3).

Zu den typischen Eigenarten der apokalyptischen Literatur gehört es, daß die Verfasser vorgeben, am Ende der Zeiten zu leben, auf die Niederlagen der gottfeindlichen Mächte bereits zurückschauen zu können und imstande zu sein, das Endgericht als unmittelbar bevorstehend anzusagen. Das Neue, das dann – nach der großen Abrechnung – kommen wird, hat schon bei jüdischen Apokalyptikern vor Jesus zum Teil den Namen „Reich Gottes", auch wiedergegeben mit „Herrschaft" oder „Königsherrschaft" Gottes. Die Apokalyptiker kündigen an, die aus der Katastrophe geretteten, zu Gott gehörenden Getreuen würden zusammen mit den aus dem Tod erweckten Gerechten jene erneuerte Menschheit bilden, in der Gott für immer wohnen könne und werde.

Damit ist nun aber auch der große Rahmen sichtbar, innerhalb dessen Jesus von Nazaret mit seiner Predigt und mit seiner Lebenspraxis gesehen werden muß. Dem Diesseits der

Schöpfung zugewandt, wußte er sich nicht dazu bestimmt, das Jenseits zu predigen und den Menschen zu erklären, wie sie „in den Himmel kommen" könnten. Sein großes Lebensthema war das Reich Gottes, das von Israel seinen Anfang nehmen und durch die Dienste Israels alle auf Gott hin orientierten Völker umfassen werde. In der Radikalisierung der jüdischen Weisungen, wie sie in der Bergpredigt noch deutlich greifbar ist, legte er die Einlaßbedingungen in das Reich Gottes dar, und er rechnete freilich auch mit solchen, die darauf nicht eingehen und darum zu ihrem eigenen Unglück „draußen" bleiben würden. Das Programm, die Herrschaft Gottes anzubieten und zu verwirklichen, war für ihn von höchster Dringlichkeit; er war überzeugt, es müsse innerhalb seiner eigenen Lebenszeit zum Gelingen gebracht werden.

Unter den Fachtheologen besteht kein Zweifel daran, daß Jesus dieses Ziel nicht erreicht hat. Seine Hoffnung auf das Kommen des Reiches Gottes veränderte sich angesichts des ihm klar vor Augen stehenden gewaltsamen Todes. Er hielt an der Hoffnung, das Reich Gottes werde in vollendeter Gestalt kommen, fest, aber er mußte einsehen, daß er selber den Tod werde auf sich nehmen müssen. Als ein Jude, der fest im Glauben verwurzelt war, daß Gott seine Getreuen im Tod nicht im Stich lassen werde, formulierte Jesus nun seine Hoffnung über den Tod hinaus: „Amen, ich sage euch: Ich werde nicht mehr von der Frucht des Weinstocks trinken bis zu dem Tag, an dem ich von neuem davon trinke im Reich Gottes" (Mk 14,25). Mit der Hinrichtung Jesu von Nazaret durch die römische Besatzungsmacht, angestiftet durch die Tempelpriesterschaft, endet die irdische Geschichte Jesu, im Neuen Testament mit unterschiedlichen letzten Worten verbunden: mit Worten der Vergebung, mit der Feststellung, es sei vollbracht, mit der Übergabe des Lebensfunkens in die Hände dessen, den er seinen Vater nannte, mit der Klage, er sei von ebendiesem Gott verlassen. Das älteste Evangelium, das letzteres berichtet, sagt dann nur noch, Jesus sei laut schreiend gestorben (Mk 15,37).

Vom engeren Kreis der Anhängerinnen und Jünger Jesu ging alsbald die Nachricht aus, man habe Jesus als den Lebendigen erfahren. Die schriftliche Fixierung dieser Nachricht in den heute vorliegenden Evangelien bedient sich des apokalyptischen Begriffs der Auferstehung der Toten und möchte damit sagen, daß nun dasjenige einzutreten beginne, was die apokalyptischen Schriftsteller für die letzten Tage der Menschheitsgeschichte in Aussicht gestellt hatten. Den ersten Gemeinden der Jesusanhänger war die Überzeugung, daß Gott seinen Auserwählten nicht im Tod gelassen habe, nicht genug. In der Kombination mehrerer apokalyptischer Elemente, darunter der Figur des Menschensohnes, bekundeten sie allenthalben ihre Überzeugung, der schmählich Hingerichtete sei nicht nur von Gott vom Tod erweckt, sondern auch zum alsbald kommenden Richter aller Lebenden und Toten eingesetzt worden. „Parusie" war das Kurzwort für diese Erwartung: ein Kommen Jesu Christi nicht als „Wiederkunft", denn das erste Kommen war ärmlich und unscheinbar gewesen, sondern ein Kommen in offenbarer Herrlichkeit als Weltenrichter. So fand die sogenannte Naherwartung der Gläubigen ihre Fortsetzung: Nicht nur das Ende der alten Weltzeit, das kommende große Gericht, wie in der alten Apokalyptik, nicht nur die vollkommene Gottesherrschaft wie bei Jesus, sondern auch dessen triumphales Kommen zum Gericht stünden unmittelbar bevor. Wenn die Hoffnungen sich auf ein Kommen Jesu Christi zu den Lebenden und den Toten richteten, so war es für die Anhänger der Naherwartung klar: Sie selber würden als Lebende, schon bald, dieses Kommen als Verwandlung zu einem für immer bleibenden Zustand erleben. In den Briefen des Apostels Paulus zeichnen sich Hoffnungen und Erwartungen konkret genug ab. Im ältesten erhaltenen Schreiben, älter als alle Evangelien, heißt es: „Der Herr selbst wird unter einem Befehlsruf, unter der Stimme eines Erzengels und unter dem Schall der Posaune Gottes vom Himmel herabkommen, und die Toten in Christus werden zuerst auferstehen; danach werden wir, die Lebenden, die Übrigbleibenden, zugleich mit ihnen entrückt werden in Wolken dem Herrn entgegen in die Luft; und so werden wir allezeit bei dem Herrn sein" (1 Thess 4,16f). Später heißt es bei Paulus in gut apokalyptischem Stil, da die Apokalyptiker Einsicht in Geheimnisse zu haben beanspruchten: „Siehe, ich sage euch ein Geheimnis: Wir werden nicht alle entschlafen, wir werden aber alle verwandelt im Nu, in einem Augenblick, bei der letzten Posaune; denn die Posaune wird erschallen, und die Toten werden auferweckt werden unverweslich, und wir werden verwandelt werden" (1 Kor 15,51f). Aussagen dieser Art sind überprüfbar. Unzählige Gläubige sind seither gestorben, ohne daß die Posaune erklungen und Lebende verwandelt worden wären. Die Erwartungen wurden nicht erfüllt; die Gebete der frühen Christen „Komm, Herr Jesus" wurden nicht erhört. Mit dieser unbestreitbaren Situation hat sich die christliche Theologie seither auseinander-zusetzen, wenn sie den „Hoffnungskern", Hoffnung für die einzelnen Menschen und für die Schöpfung, retten will ohne den Versuch, dasjenige retten zu wollen, was offensichtlich nicht zu retten ist.

Das theologische Nachdenken über die einzelnen Elemente der Hoffnung führte zu einem Nacheinander, einer Anein-anderreihung der Thematik, die der Sache nach nicht zu um-gehen ist. Die Frage „Was weiß die Theologie vom Jenseits?" soll daher die traditionell gewordenen Einzelthemen der Reihe nach anvisieren. Dabei sollen rein historische Einlassungen so weit wie möglich übergangen werden und die Aufmerksamkeit vielmehr den Überlegungen der Theologie *heute* gelten. Die Ausgangssituation, wie sie sich in den biblischen Grunddoku-menten und ihrer Umwelt widerspiegelt, sollte dabei immer im Bewußtsein bleiben.

Einer sinnvollen Reihenfolge nach sind diese Einzelthemen, in denen „Jenseitiges" zur Sprache kommt: Das Kommen Jesu von Nazaret in Herrlichkeit, die sogenannte Parusie – Das Ster-ben und der Tod; das Todesgeschick der Menschen – Das Ge-richt – Die Möglichkeit einer Läuterung nach dem Tod – Die Frage nach ewiger Verwerfung in einer Hölle oder nach einer Allversöhnung – Die Vollendung der Einzelmenschen und der Schöpfung in der Seligkeit eines „Himmels".

Die Parusie

Im Apostolischen Glaubensbekenntnis, das die Christen der getrennten Kirchen in Ost und West gemeinsam haben, sprechen sie ihre Überzeugung im Hinblick auf Jesus von Nazaret so aus: „… am dritten Tage auferstanden von den Toten, aufgefahren in den Himmel, er sitzt zur Rechten Gottes, des allmächtigen Vaters; von dort wird er kommen, zu richten die Lebenden und die Toten". Die Theologie steht vor der Aufgabe, nicht nur das mit den alten mythischen Bildern „eigentlich" Gemeinte zu verdeutlichen – die „Auffahrt" in einen als oben gedachten Himmel, das Sitzen bei Gott, der gewiß nicht über eine rechte Seite verfügt –, sie hat auch Stellung zu beziehen zu der Frage, was von der Annahme eines Kommens Jesu in die konkrete Welt zu halten sei. Wie verhält sich die Erwartung der Christen zu der Erfahrungswelt? Mehrere Antworten werden angeboten. Dabei ist innerhalb eines relativ kurzen Zeitraums von fünfzig Jahren ein radikaler Wechsel in der Mentalität zu beobachten. Weit verbreitet war unter den Menschen des 20. Jahrhunderts die Überzeugung, das „Ende der Welt" sei wenigstens im absehbaren Zeitraum von einigen Milliarden Jahren nicht zu erwarten, und darum sei die Hoffnung auf ein Kommen Jesu Christi in diese Welt einfach aufzugeben. Die Erfahrungen globaler Gefährdung haben eine neue Stimmung heraufgeführt, die bei Theologen wie Johann Baptist Metz oder Jürgen Moltmann deutlich von apokalyptischem Pessimismus geprägt ist.

Moltmann faßt den Stimmungsumschwung folgendermaßen zusammen: „Rudolf Bultmann glaubte noch 1941: ‚Die mythische Eschatologie ist im Grunde durch die einfache Tatsache erledigt, daß Christi Parusie nicht, wie das Neue Testament erwartet, alsbald stattgefunden hat, sondern daß die Weltgeschichte weiterlief und – wie jeder Zurechnungsfähige überzeugt ist – weiterlaufen wird'. Heute ist die Vorstellung von der weiterlaufenden Weltgeschichte nichts als ein frommer Wunschtraum. Jeder Zurechnungsfähige kennt die drohenden nuklearen, ökologischen und ökonomischen Katastrophen der modernen Welt. Die apokalyptische Eschatologie, die Bultmann für ‚mythisch' hielt, ist realistischer als sein Glaube an das unaufhaltsame Weiterlaufen der Weltgeschichte. Der Glaube, es ginge ‚immer weiter' und ein Ende wäre nicht in Sicht, jedenfalls für uns nicht, gehört zu den Märchen der ‚modernen Welt', den Märchen von ihrer Endlosigkeit und ihrer Alternativlosigkeit" (Das Kommen Gottes, S. 155).

Theologen wie Metz oder Moltmann gehen von einer derartigen Befristung der Zeit aus, daß sie ein baldiges Ende und darum das Kommen Jesu Christi als bald bevorstehend für möglich halten.

Es gibt demgegenüber eine „typisch katholische" Auffassung, typisch katholisch wegen ihres gedanklichen Hintergrundes, nicht etwa wegen des amtlichen Ranges ihrer Vertreter, wenn diese Auffassung auch von einem offiziellen Theologen wie Kardinal Joseph Ratzinger mitvertreten wird. Das Verblüffende an ihr ist die Behauptung, Jesus Christus sei bereits in Herrlichkeit wiedergekommen. Der Jesuit Medard Kehl macht sich diese Sicht folgendermaßen zu eigen: „In der Auferstehung Jesu und der Sendung seines Geistes hat diese machtvolle Wiederkunft des ‚Menschensohnes‘ bereits begonnen; Gott ist seitdem unaufhaltsam dabei, seine menschliche ‚Gesellschaftsordnung‘ unter uns aufzurichten. Der Ort, wo sich dies sichtbar ereignet, ist – von ihrer Bestimmung her – die Kirche: Hier versuchen Menschen, in der Umkehr aus allen gewalttätigen Trieben und in der geistgewirkten Kraft des Vertrauens, der Hoffnung, der Liebe miteinander zu leben. Wo immer dies geschieht, vor allem in der Eucharistiefeier und in allen mit ihr verbundenen Zeichen des Heils, kommt deswegen der auferstandene Herr stets von neuem ‚wieder‘, um in seinem Geist ‚das Angesicht der Erde zu erneuern‘ – eben auf das endgültig glückende, menschliche Reich Gottes hin. So verwandelt der ‚wiederkommende Herr‘ unaufhörlich unsere Erde" (Eschatologie, S. 245).

Diese Auffassung sieht sich freilich mit der Frage konfrontiert, welche empirischen Tatsachen, sowohl an der Kirche als auch an der angeblich positiv verwandelten Welt, eine solche Gewißheit stützen.

Eine dritte Sicht, der nicht gravierend widersprochen wurde, ist schon 1961 von Karl Rahner und mir kurz so zusammengefaßt worden: Die Vollendung der Welt müsse nicht als ein schlagartig katastrophisches Geschehen verstanden werden; man könne sie auch als einen im Gang befindlichen Prozeß ansehen, wobei der auferstandene Jesus Christus insofern „wiederkehre", als alle Menschen nacheinander bei ihm ankommen. Das Kommen in Bälde träfe so bei jedem einzelnen Menschen zu, dessen Tod ja unmittelbar bevorsteht. Mindestens sei es realistisch, in einer persönlichen Naherwartung zu leben.

Sterben und Tod

Die ältere Deutung des Todes, die auf Paulus zurückgeht (Röm 5,12), sieht im Tod die Strafe Gottes für die Sünde der ersten Menschen im Paradies. Noch der neue katholische Katechismus von 1992 wiederholt diese Meinung. In der Theologie wird sie indessen immer weniger geteilt, aus mehreren Gründen: weil die Verhältnismäßigkeit von Schuld und Strafe nicht einsichtig gemacht werden kann; weil eine derartige Kollektivbestrafung Gottes nicht würdig wäre; weil der Tod durch das Prinzip der begrenzten Zellteilung und -regeneration in die Evolution alles Lebendigen einprogrammiert und schon vor dem Auftreten der ersten Menschen überall in der Schöpfung vorhanden war. Die Thematik ist im Zusammenhang mit der Frage nach dem, was die Theologie vom Jenseits weiß, von besonderer Bedeutung, weil sie zeigt, daß die Theologie in diesem zentralen Bereich des Übergangs eines Menschen vom Diesseits zum Jenseits keine Antwort weiß. Sie weiß nicht, warum ein zugleich allmächtiger und gütiger Schöpfer der Menschheit die Qualen von Krebs und Immunschwächekrankheiten nicht ersparen konnte oder wollte. Gibt es auf diese entscheidende Frage des Warum, der Theodizee, der Rechtfertigung Gottes angesichts von Übel und Leid, kein Wissen, sondern nur Ratlosigkeit, dann wird verständlich, warum gegenüber dem Jenseits in besonders intensiver Weise nur gehofft, aber nicht gewußt werden kann.

Die Theologie gründet ihre Hoffnung auf bestimmte Gotteserfahrungen in der Geschichte der Menschheit. Darauf logisch und scharfsinnig aufbauend, errichtete sie Systeme von Schlußfolgerungen, denen eine innere Stimmigkeit nicht abzusprechen ist. Dazu gehörte das Ja der christlichen Theologie zur Dualität von Leib und Seele, die sie von der griechischen Philosophie übernahm. Eine bestimmte Entwicklungslinie des abendländischen Denkens sprach mit einem solchen Pathos von der natürlichen Unsterblichkeit der menschlichen Geistseele, daß das Überleben des Todes jedenfalls denkerisch gesichert zu sein schien. Als Beispiel für einen solchen dem Tod trotzenden Triumphalismus seien einige Sätze des Philosophen Johann Gottlieb Fichte, der 1814 starb, angeführt: „Das, was man Tod nennt, kann mein Werk nicht abbrechen; denn mein Werk soll vollendet werden, und es kann in keiner Zeit vollendet werden, mithin ist meinem Dasein keine Zeit bestimmt – und ich bin ewig. Ich habe zugleich mit der Übernehmung jener großen Aufgabe die Ewigkeit an mich gerissen. Ich hebe mein Haupt kühn empor zu dem drohenden Felsengebirge, und zu dem tobenden Wassersturz, und zu den krachenden, in einem Feuermeere schwimmenden Wolken, und sage: ich bin ewig, und ich trotze eurer Macht! ... Zerreibt im wilden Kampfe das letzte Sonnenstäubchen des Körpers, den ich mein nenne – mein Wille allein mit seinem festen Plane soll kühl und kalt über den Trümmern des Weltalls schweben; denn ich habe meine Bestimmung ergriffen, und die ist dauernder als ihr; sie ist ewig, und ich bin ewig, wie sie" (Fichte, Vorlesungen, S. 60).

Sollte die Theologie einmal der Versuchung erlegen sein, die Unsterblichkeit der Seele *wissen* zu wollen, so trifft das jedenfalls heute nicht mehr zu. Gegen die Vertreter einer Ganztod-Theorie – der ganze Mensch gehe im Tod mit seinen materiellen wie mit seinen geistigen Anteilen zugrunde – sagen Theologen aller Kirchen lediglich, *wenn* Gott die Rettung des Menschen aus dem Tod wolle, und das gehöre nach den Verheißungen der Bibel und nach der Botschaft von der Auferweckung Jesu als des Erstlings der Entschlafenen zu den Grundannahmen des Glaubens, dann dürfe man annehmen, daß der geistige Anteil des Menschen, die Seele, für die Identität des irdischen mit dem geretteten Menschen bürge. So sagt zum Beispiel der evangelische Theologe Jürgen Moltmann: „Die Auferweckung der Toten setzt zwar den Tod, nicht aber die Vernichtung der Identität der Toten voraus. Gott muß die Toten vielmehr identifizieren können, um sie aufzuwecken, denn es tritt kein anderes Leben an ihre Stelle, sondern ihr Leben wird auferweckt. Auferweckung ist keine neue Schöpfung, sondern eine Neuschöpfung dieses sterblichen Lebens zum ewigen Leben, nämlich die Aufnahme unseres menschlichen Lebens in das göttliche Leben" (Das Kommen Gottes, S. 92f.).

Im Zusammenhang mit der gelebten und über den Tod hinaus erhofften Gottesbeziehung von natürlicher Unsterblichkeit zu reden – die man dann auch ohne Berücksichtigung der gelebten Gottesbeziehung spiritistisch im Experiment testen könnte – hat für die Sicht heutiger Theologie keinen Sinn. Sie hat sich angewöhnt, statt von natürlicher von dialogischer Unsterblichkeit zu sprechen. Zuerst sei ein katholischer Zeuge dafür zitiert. In seiner Abhandlung „Schöpfungsglaube und Evolutionstheorie" schrieb Joseph Ratzinger 1969: „Der Lehm war in dem Augenblick zum Menschen geworden, in dem ein Wesen erstmals, wenn auch noch so verschattet, den Gedanken Gott zu bilden vermochte. Das erste Du, das – wie stammelnd auch immer – von Menschenmund zu Gott gesagt wurde, bezeichnet den Augenblick, in dem der Geist aufgestanden war in der Welt. Hier war der Rubikon der Menschwerdung überschritten" (in: Schultz, Wer ist das eigentlich – Gott?, S. 244). Und in seiner „Einführung in das Christentum" sagt Ratzinger: „Eine geistige Seele haben heißt: ein Wesen sein, das von Gott auf ewigen Dialog hin gerufen und darum seinerseits fähig ist, Gott zu erkennen und ihm zu antworten. Was wir in einer mehr substantialischen Sprache ‚Seele haben' nennen, werden wir in einer geschichtlichen, aktualen Sprache bezeichnen ‚Dialogpartner Gottes sein' ... Wenn wir also sagen, daß des Menschen Unsterblichkeit in seiner dialogischen Verwiesenheit auf Gott hin gründet, dessen Liebe allein Ewigkeit gibt, so ist darin nicht ein Sondergeschick des Frommen angesprochen, sondern die wesentliche Unsterblichkeit des Menschen als Menschen herausgestellt" (S. 296f.).

Ganz ähnliche Ausführungen finden sich bei Moltmann, der an Martin Luthers Wort erinnert „Mit wem Gott redet, es sei im Zorn oder in der Gnade, derselbe ist gewiß unsterblich"; dies weiterführend äußert Moltmann: „Weil dies von Gott gilt, darum liegt in dieser vorherbestimmten Bundespartnerschaft der Menschen eine objektive Unsterblichkeit vor, ob sie der Mensch wahrnimmt oder nicht" (Das Kommen Gottes, S. 92).

Die Hinweise der Theologie auf die Hoffnung, Gott werde die Menschen aus dem Tod retten, gründen also nicht einzig und allein auf den Evangelien und ihrer Botschaft der Auferweckung Jesu, mit der die Totenauferstehung der Endzeit begonnen habe, sondern auf der Erschaffung des Menschen als des Dialogpartners Gottes, in dem, so muß hinzugefügt werden, nach biblischem Zeugnis der Geist Gottes Wohnung genommen hat, für immer, und nicht etwa nur vorübergehend wie bei einem Abbruchunternehmen.

Die Theologie der letzten 35 Jahre nimmt nicht nur zunehmend Abschied von der angeblich über das Jenseitige Bescheid wissenden Apokalyptik mit ihren so oft buchstäblich genommenen Bildern; sie läßt auch den platonischen Dualismus von Leib und Seele als zwei getrennten und trennbaren Substanzen hinter sich. Wenn der Mensch stirbt, bleibt als Deutung nicht nur die Auskunft vieler Naturwissenschaftler übrig, mit dem Gehirn als dem biologischen Substrat gehe die Seele im Tod für immer zugrunde. Es besteht auch die Möglichkeit, auf den biblischen Gedanken der Verwandlung zurückzugreifen, immer auf der Basis eines Grundvertrauens in den lebensbejahenden und lebenschenkenden Gott. Ist es für den Menschen nicht charakteristisch, aus selbständigen Substanzen zusammengestückelt zu sein, sondern in einem Beziehungsgeflecht zu leben, dann ließe sich denken, daß im Tod eine Neuordnung dieses Beziehungsgefüges durch Gott geschenkt wird: eine neue Beziehung zum eigenen bewußten Ich, aber auch zur Materialität, zu Gott, zu den in der Geschichte lebenden Menschen, zu den außerhalb der Geschichte lebenden bisherigen Verstorbenen. Mit einem kurzen Wort: Die neuere Theologie nimmt, von Impulsen Karl Rahners ausgehend, in einem immer größer werdenden Konsens eine Auferstehung des einen und ganzen Menschen in seinem Tod an. Das heißt: Die Verwandlung im Augenblick des Todes geschähe so sehr als Vervollkommnung, daß dem einzelnen Menschen an seiner Vollendung nichts mehr fehlte. Eine Totenerweckung am Ende der Zeiten in Gestalt einer Wiedergewinnung der physikalischen Leiblichkeit – womöglich aller Milliarden verstorbenen Menschen auf dem Planeten Erde – gilt als unwahrscheinlich, wenn natürlich die Vollendung der Menschheitsgeschichte als Ganzer erst mit ihrem wirklichen Ende gegeben sein kann. Ihren biblischen Anhaltspunkt hat diese Theorie der Auferstehung im Tod im 15. Kapitel des 1. Korintherbriefs, in dem Paulus auf die völlige Andersartigkeit des auferweckten Leibes gegenüber dem irdischen hinweist: „Was gesät wird, ist verweslich, was auferweckt wird, unverweslich. Was gesät wird, ist armselig, was auferweckt wird, herrlich. Was gesät wird, ist schwach, was auferweckt wird, ist stark. Gesät wird ein irdischer Leib, auferweckt wird ein geistdurchwirkter Leib" (VV. 42–44). Auch die evangelische Theologie spricht immer weniger von einem Schlafen der Toten und ihrem Warten auf eine Auferweckung. So schreibt Jürgen Moltmann: „Wo also finden wir und wie erfahren wir die Nähe der Toten? In der Gemeinschaft Christi. Wo immer uns diese unbedingte Liebe Gottes nahe kommt, dort sind auch die Toten uns nahe, die wir lieben. Je näher wir Christus kommen, desto tiefer kommen wir in die Gemeinschaft mit den Toten" (Das Kommen Gottes, S. 129).

Das Gericht

Mit dem Abschied von der apokalyptischen Bilderwelt ist auch eine Absage an jene Gottesvorstellung verbunden, nach der Gott als großer Bilanzbuchhalter und Gerichtsherr ausgegeben wird. Unter der Voraussetzung, daß Menschen durch Gott aus dem Tod gerettet werden, hält die heutige Theologie vor allem an zwei Aspekten aus der alten Gerichtsthematik fest. Zum einen: Auferweckung aus dem Tod, Eintritt in die Nähe Gottes, bedeutet Selbsterkenntnis. Medard Kehl faßt die Ansicht vieler katholischer Theologen so zusammen: „In dieser endgültigen Teilhabe an der Liebe Gottes wird der Mensch auch erst voll der ‚Wahrheit' seines Lebens inne. Denn in dieser umfassenden ‚Krisis' wird genau das in die ‚Unverborgenheit' seiner Selbsterkenntnis gebracht, was er in Wahrheit ist und wer er geworden ist. Es geht ihm unverdrängbar auf, was nur Schein an ihm ist, eben vertuschter Egoismus und abgelehnte Liebe; aber auch umgekehrt das, was von unbedingter Beständigkeit und Gültigkeit an ihm ist" (Eschatologie, S. 284). Der andere Aspekt: Nach der neutestamentlichen Tradition wird Jesus Christus der Richter sein. Jürgen Moltmann versteht das so: Das Endgericht ist „kein Urbild für kaiserliche oder königliche Gerichte. Es handelt sich um Gott und seine schöpferische Gerechtigkeit, und die ist ganz anders als unsere irdischen Formen von Gerechtigkeit. Das sog. ,jüngste Gericht' ist nichts anderes als die universale Offenbarung Jesu Christi und die Vollendung seines Rettungswerkes. Im ,Gericht' des gekreuzigten Christus wird kein ,Sühnestrafrecht' exerziert. Es werden keine ewigen Todesstrafen verhängt. Die endgültige Ausbreitung der rechtschaffenden, göttlichen Gerechtigkeit dient dem ewigen Reich Gottes, nicht der abschließenden Wiederherstellung einer verletzten göttlichen Weltordnung. Das Endgericht ist kein Ende, sondern der Anfang. Sein Ziel ist die Wiederbringung aller Dinge für den Aufbau des ewigen Reiches Gottes" (Das Kommen Gottes, S. 279).

Die Läuterung

Die Vollendung eines Menschenlebens, wenn denn die biblische Verheißung zutrifft, als Anfang eines unabsehbaren Geschehens zu sehen, das bedeutet: So wie die Menschheitsgeschichte im Prozeß der vielen einzelnen Todesfälle auf ihre Vollendung zugeht, so endet auch im einzelnen Tod nicht die Dynamik der Vollendung. Sie könnte unter verschiedenen Aspekten bedacht werden. Einer davon ist von einer ins kirchliche Altertum zurückreichenden Tradition her die Läuterung nach dem Tod, deren Gedanke im katholischen Bereich lange Zeit zu den abergläubischen Vorstellungen eines Fegfeuers geführt hat. Die Sichtweise heutiger Theologen besagt kurz und einfach: Wenn ein Mensch im Tod zu einer Selbsterkenntnis gebracht wird, dann trägt dies unvermeidlich auch schmerzhafte Züge an sich; zugleich ist die Möglichkeit einer Integration des Verkehrten und damit einer radikalen Heilung eröff-

net. Auch evangelische Theologen, die sich mit einer Sühne-
leistung im Jenseits nicht anfreunden können, finden zutref-
fende Formulierungen für diese neue Sicht einer Läuterung im
Tod; zugleich wird aus christlicher Sicht damit dasjenige positiv aufgenommen, was an den Ideen einer Reinkarnation ak-
zeptierbar ist. So sagt Jürgen Moltmann: „Ich werde noch einmal auf mein Leben zurückkommen und im Licht der Gnade
Gottes und in der Kraft seiner Barmherzigkeit das Verquere
zurechtrücken, das Angefangene zu Ende bringen, das Ver-
säumte nachholen, die Schulden vergeben, die Schmerzen aus-
heilen und die Momente des Glücks aufsammeln und die Trauer in Freude verwandeln dürfen. Das heißt nicht, dieses Leben
noch einmal leben zu wollen. Das heißt auch nicht, nach dem
gnadenlosen Karma-Gesetz mit Wiederholungen bestraft zu
werden. Das heißt endlich gar nicht, auf einer neuen Entwick-
lungsstufe seine unerfüllten Lebensaufgaben nachzuarbeiten.
Aber es heißt denn doch, die Chance zu bekommen, die oder
der zu werden, die eine oder der einer nach Gottes Bestimmung sein sollte. Ist jeder Mensch, wie wir gern sagen, ein
eigener Gedanke Gottes, dann wird Gott daran liegen, daß dieser Gedanke auch seine eigene Verwirklichung und seine gelungene und vollendete Gestalt gewinnt. Sollte unser Tod ihn
daran hindern können?" (Das Kommen Gottes, S. 138). Es
versteht sich von selbst, daß diese Gedanken auch für die christliche Hoffnung im Hinblick auf die allzufrüh Verstorbenen
oder Ermordeten, auf das behinderte und kranke oder auf das
kaum begonnene Leben von großer Bedeutung sind.

Die Hölle

An der Frage, ob diese Chance der Läuterung allen Menschen
nach dem Tod gewährt wird oder ob einige oder viele für immer
von Gott verworfen und in einer ewigen Hölle gestraft werden,
scheiden sich bis heute innerhalb der christlichen Theologie die
Geister. Zwar sind die schrecklichen Ausmalungen der Hölle,
die auf die Bilderwelt des Neuen Testaments zurückgehen, auch
aus offiziellen Glaubensbüchern und Katechismen verschwun-

den. Festgehalten wird aber an der anderen Seite der Höllen-
strafen, dem Liebesentzug durch Gott und damit an der furcht-
bar schmerzenden ewigen Gottesferne, und zwar deswegen, weil
die Verteidiger des Höllengedankens meinen, nicht anders die
Freiheit des Menschen betonen zu können. Gott könne, sagen
sie, niemanden zwangsweise mit seiner Seligkeit beglücken. Das
freie und bewußte Nein zu Gott sei nicht Ergebnis eines Verdam-
mungsurteils, sondern die bleibende Selbstdistanzierung eines
Menschen von seiner eigenen glücklichen Vollendung. Bedeutende Theologen und in den Kirchen respektierte Persönlichkei-
ten wie Karl Barth, Karl Rahner, Joseph Ratzinger oder die in
Auschwitz umgebrachte Karmelitin Edith Stein gehörten zu dem
Kreis derer, die Hans Urs von Balthasar die „Hoffenden" im
Unterschied zu den „Wissenden" nannte. Sie gaben unmißverständlich ihrer Hoffnung Ausdruck, kein einziger Mensch werde dieses endgültige Nein zu Gott sprechen. In der Tat scheint
eine Theologie der Freiheit, die von der Selbstverdammung
spricht, die Möglichkeiten menschlicher Freiheit, die so vielfach
determiniert und beschädigt ist, zu überschätzen; die Möglichkeiten Gottes, auch die Unheilsworte der Bibel noch einmal zu
überbieten, scheint sie dagegen ungebührlich einzuengen. So
wächst der Kreis derjenigen, die das Unrecht nicht verharmlo-
sen, am Ende aber den Sieg der Gnade Gottes sehen wollen. Für
viele von ihnen spricht noch einmal Jürgen Moltmann: „Das
Gericht ist die der Geschichte zugewandte Seite des ewigen Reiches. Im Gericht werden alle Sünden, jede Bosheit und jede Gewalttat, das ganze Unrecht dieser mörderischen und leidenden
Welt verurteilt und vernichtet, weil Gottes Urteil bewirkt, was es
sagt. Im Gericht Gottes werden alle Sünder, die Bösen, die Gewalttäter, die Mörder, die Satanskinder, die Teufel und die gefal-
lenen Engel befreit und aus ihrem tödlichen Verderben durch
Verwandlung zu ihrem wahren, geschaffenen Wesen gerettet, weil
Gott sich selbst treu bleibt und nicht aufgibt und verlorengehen
läßt, was er einmal geschaffen und bejaht hat. Das ,jüngste Gericht' ist kein Schrecken, sondern in der Wahrheit Christi das
Wunderbarste, was Menschen verkündet werden kann. Es ist
eine Quelle unendlich tröstlicher Freude zu wissen, daß die
Mörder nicht nur nicht endgültig über ihre Opfer triumphieren

werden, sondern sie nicht einmal in Ewigkeit die Mörder ihrer Opfer bleiben können" (Das Kommen Gottes, S. 284). Eine Jenseits-Theologie dieser Art gewinnt ihre an Wissen grenzende Hoffnung durch ein Neubedenken der Göttlichkeit Gottes.

Die Vollendung

Für Menschen, deren Glaube untrennbar mit der Gestalt Jesu von Nazaret verbunden ist, gehört es zum Inbegriff ihrer Vollendung, für immer bei Jesus sein zu dürfen. In den biblischen Schriften haben besonders Paulus und Johannes dieser Sehnsucht Ausdruck gegeben. Für die gläubigen Juden war und ist es das denkbar größte Glück, für immer auf dem Zion in der Nähe Gottes verweilen, ja die Herrlichkeit Gottes schauen zu dürfen. Gott zu schauen, „wie er ist", stellt das Höchste dar, was auch das Neue Testament für das Jenseits in Aussicht stellt. Die theologische Tradition hat selbst mit dazu beigetragen, daß der Gedanke einer bleibenden Begegnung und Gemeinschaft mit Gott weniger anziehend geworden ist. Die Vorstellung einer immerwährenden Anbetung Gottes in einer himmlischen Liturgie wird von vielen Menschen als eher abschreckend empfunden. Ein von Platon und Aristoteles ausgehender und bei Thomas von Aquin übernommener philosophischer Grundsatz besagt, daß jede Bewegung etwas Unvollkommenes sei und daß das Ziel alles menschlichen Tuns in der *Theoria*, der beschaulichen Betrachtung, bestehe. Daher wünscht die Tradition den Verstorbenen „ewige Ruhe" und beschreibt den „Himmel" als die völlig unbewegte Ruhe der Kontemplation, bei der die Freuden der Sinne weitestgehend ausgeblendet sind. Dagegen kam und kommt in den offiziellen Himmelslehren nicht zur Geltung, daß es auch eine andere Traditionslinie gibt, die sich Glück nur im unablässigen Fortschreiten, im immer tieferen beglückenden Eindringen in das unbegreifliche Gott-Geheimnis, vorstellen kann; diese Überlieferungslinie spricht zum Beispiel in den Auslegungen des biblischen Hohenliedes von einem nie endenden Wandern in der Vollendung,. Die neuere Theologie versteht den Himmel des Menschen von einer nicht wissenden, aber hoffenden Sehnsucht her, in das unbegreifliche Geheimnis Gott als den Inbegriff des unerschöpflichen seligen Glücks für immer eintauchen zu dürfen.

Für viele Menschen, die einem religiösen Glauben anhängen, ist der Inbegriff des Himmels jedoch das Wiedersehen mit geliebten Menschen. Die Theologie hat sich hierzu immer sehr zurückhaltend geäußert. Das Thema bietet noch einmal einen Anlaß, auf den Unterschied von Sprachgestalt und Sachgehalt hinzuweisen, der in der Rede vom Jenseits eine so große Rolle spielt. In den apokalyptischen Bildern, die beanspruchen, das Kommende und Jenseitige mit großer Sicherheit ansagen zu können, ist das Miteinanderleben der Menschen, die dem Tod entrissen oder vor ihm bewahrt worden sind, eindeutig mit ausgesagt. Vorherrschend sind die Bilder einer großen Stadt. Dafür sei ein Beispiel aus dem dritten Teil des Buches Jesaja zitiert, das von dem Jerusalem jenseits der Geschichtswende sagt: „Deine Sonne wird nicht mehr untergehen und dein Mond nicht schwinden; denn der Herr wird dein ewiges Licht sein, und die Tage deiner Trauer haben ein Ende. Deine Bürger werden lauter Gerechte sein und auf ewig das Land besitzen" (Jes 60,20 f). Im Neuen Testament sagt Johannes, der Apokalyptiker von Patmos: „Und ich sah einen neuen Himmel und eine neue Erde; denn der erste Himmel und die erste Erde sind vergangen, und das Meer ist nicht mehr. Und die heilige Stadt, das neue Jerusalem, sah ich aus dem Himmel von Gott her herabkommen, bereitet wie eine Braut, die für ihren Mann geschmückt ist. Und ich hörte eine mächtige Stimme vom Thron her rufen: ‚Siehe, die Wohnstätte Gottes unter den Menschen! Er wird bei ihnen wohnen und sie werden seine Völker sein, und er, Gott, wird bei ihnen sein, und abwaschen wird er alle Tränen von ihren Augen, und der Tod wird nicht mehr sein, weder Leid noch Jammer noch Mühsal wird mehr sein; denn das Erste ist vergangen.' Und der, der auf dem Throne saß, sprach: ‚Siehe, ich mache alles neu'" (Offb 21,1–5). Die Deutung des Neuen und Endgültigen als großes Gemeinwesen, als Stadt, und die Verwendung der Mehrzahl von „Mensch", wenn davon die Rede ist, wer mit Gott zusammen eine bleibende Wohngemeinschaft bilden werde, diese Inhalte der apokalyptischen Ansagen schließen wie selbstverständlich ein Sich-wiederfinden aller durch den Tod getrennten Menschen, ein Wiedersehen und ein Beieinandersein auf Dauer ein.

Über die Art und Weise, *wie* die Schöpfung so erneuert werden würde, daß sie im ganzen – Menschen und nicht-menschliche Kreatur – verwandelt, vollendet und für immer Gottes Reich wäre, sagen selbst die apokalyptischen Bilder nichts. Im Neuen Testament spricht Paulus einmal davon, daß die Schöpfung auf die Hoffnung hin existiere, befreit zu werden „von der Knechtschaft des Verderbens" (Röm 8,21). Daraus wird deutlich, daß die Jenseitserwartung der Christen keinesfalls rein geistiger Art ist. Die Zusage der Bewahrung nach der erwarteten Verwandlung gilt auch der Materie und damit der menschlichen Sinnlichkeit. Das von Gott in Aussicht gestellte Glück wird, dieser Hoffnung nach, das Glück des ganzen Menschen in allen Dimensionen dessen sein, was als gut und schön erfahrbar ist. Die Jenseitsvorstellungen der apokalyptischen Bilderwelt sind von der heutigen Theologie weitestgehend aufgegeben, weil sie als bloße phantasievolle Veranschaulichungen erkannt worden sind, Veranschaulichungen dessen, was eine abstraktere Sprache genauer zu sagen vermag mit Worten wie Verwandlung, Vergebung, Vollendung. Und doch findet auch die heutige Theologie für die Vollendung des Universums in Gott als dem wahren Jenseits der Schöpfung keine genauere Formulierung als:

Ein Fest ewiger Freude.

Zitierte Literatur

Bosch, Manfred: Der Johann-Peter-Hebel-Preis 1936–1988, hg. vom Oberrheinischen Dichtermuseum, Waldkirch 1988.

Fichte, Johann G.: Fichte-Gesamtaugabe der Bayerischen Akademie der Wissenschaften Bd. II: Einige Vorlesungen aus der Bestimmung des Gelehrten, Stuttgart 1966; darin: Vorlesung Nr. 3.

Gnilka, Joachim: Das Evangelium nach Markus, Bd. 2: Mk 8,27–16,20 (= Ev.-Kath. Komm. z. NT, 2/2), Zürich/Neukirchen-Vluyn 1979.

Kehl, Medard: Eschatologie, 3. Aufl. Würzburg 1996.

Moltmann, Jürgen: Das Kommen Gottes. Christliche Eschatologie, Gütersloh 1995.

Rahner, Karl: Theologische Prinzipien zur Hermeneutik eschatologischer Aussagen, in: Rahner, Karl: Schriften zur Theologie IV, Einsiedeln, Zürich, Köln 1960, 401–428.

Rahner, Karl: Von der Not und dem Segen des Gebetes, Freiburg i. Br. 1958.

Ratzinger, Joseph: Einführung in das Christentum, 5. Aufl. München 1985.

Schenker, Adrian: Versöhnung und Sühne, Fribourg 1981.

Schlette, Heinz Robert: Was bedeutet „die Frage nach Gott" heute?, in: Orientierung, Jg. 1999, S. 50–53.

Schneider, Reinhold: Im Anfang liegt das Ende, Baden-Baden 1946.

Schultz, H. J. (Hrsg.): Wer ist das eigentlich – Gott?, München 1969.

„Der Spiegel" 52/1991: Interview mit Eugen Drewermann.

„Unsere Hoffnung": Text der Gemeinsamen Synode von 1975, in: Gemeinsame Synode der Bistümer in der Bundersrepublik Deutschland. Offizielle Gesamtausgabe Bd. I, Freiburg i. Br. 1976, S. 71–111.

Vorgrimler, Herbert (Hrsg.): Exegese und Dogmatik, Mainz 1962.

Welte, Bernhard: Auf der Spur des Ewigen, Freiburg i. Br. 1965.

Wiesel, Elie: Der Vergessene, 2. Aufl. Freiburg i. Br. 1998.

Topos^{plus}

Herbert Vorgrimler

Wiederkehr der Engel?
Ein altes Thema neu durchdacht

120 Seiten
Topos plus, Band 301
ISBN 3-7867-8301-2

Das Thema Engel stößt in Zeiten von New Age und Esoterik wieder auf stärkeres Interesse. Viele Menschen halten es für wichtig, den Kontakt zur geistigen Welt, zu Geistwesen und damit auch zu Engeln zu suchen. Der Autor möchte dazu Informationen und Anstöße zur Besinnung geben.
Was sagen Heilige Schrift und kirchliche Tradition zum Thema Engel? Kann man an Engel „glauben"? Welchen Stellenwert haben Engel in der persönlichen Spiritualität? Das Buch möchte nicht „letzte Antworten", sondern Hilfen zu eigenem Nachdenken geben. Aber angesichts vieler Erfahrungsberichte – auch in Kunst und Literatur – möchte der Autor die Überzeugung aufrechterhalten, daß Gott auch heute durch Botinnen und Boten zu Menschen spricht.

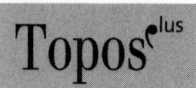

Das Programm von Topos plus bietet Ihnen:

– aktuelle Themen
– religiöse Sachbücher
– Lebenshilfe
– Spiritualität
– Biographien

Mitglieder der Verlagsgemeinschaft Topos plus:

Butzon & Bercker, Kevelaer
Don Bosco Verlag, München
Echter Verlag, Würzburg
Lahn-Verlag, Limburg
Matthias-Grünewald-Verlag, Mainz
Paulusverlag, Freiburg (CH)
Verlag Friedrich Pustet, Regensburg
Verlag Styria, Graz–Wien–Köln
Verlagsanstalt Tyrolia, Innsbruck–Wien

Hoogeweg 71 • D-47623 Kevelaer